Bertram | Hegels »Phänomenologie des Geistes«

Georg W. Bertram

Hegels »Phänomenologie des Geistes«

Ein systematischer Kommentar

Reclam

RECLAMS UNIVERSAL-BIBLIOTHEK Nr. 19443
2017, 2021 Philipp Reclam jun. Verlag GmbH,
Siemensstraße 32, 71254 Ditzingen
Durchgesehene Ausgabe 2021
Gestaltung: Cornelia Feyll, Friedrich Forssman
Druck und Bindung: Esser printSolutions GmbH,
Untere Sonnenstraße 5, 84030 Ergolding
Printed in Germany 2024

ISBN 978-3-15-019443-0

Auch als E-Book erhältlich

www.reclam.de

Inhalt

Einführung

Eine Lektüre von Hegels *Phänomenologie des Geistes* (*PhG*) sieht sich mit erheblichen Schwierigkeiten konfrontiert. Hegel galt und gilt für viele der ihm nachfolgenden Philosophinnen und Philosophen als ein besonders unzugänglicher Autor. Oft wurde er als Dunkelmann gescholten und aus der philosophischen Tradition verbannt. Zugleich aber ging von Hegel immer eine besondere Faszination aus, die sich zum Beispiel inzwischen darin niederschlägt, dass er in der sogenannten sprachanalytischen Tradition, in der er lange Zeit verpönt war, mehr und mehr rezipiert wird.[1] Für die entsprechenden negativen und positiven Vorurteile Hegel gegenüber ist besonders seine *PhG* verantwortlich. Sie sticht aus Hegels Werk heraus. Dies liegt unter anderem darin begründet, dass es sein erster großer Wurf und zugleich ein sehr eigenwillig komponiertes Buch ist. Die *PhG* bietet einerseits eine umfassende Weiterentwicklung der großen philosophischen Entwürfe von Kant, Fichte und Schelling – Hegels Vorgängern. Dabei führt sie in umfassender Weise Fragestellungen der theoretischen und der praktischen Philosophie zusammen. Andererseits entwickelt sie eine großangelegte Rekonstruktion der abendländischen Philosophie- und Geistesgeschichte. Schon allein die Kombination dieser unterschiedlichen Zielsetzungen hebt die *PhG* auch aus Hegels Werk heraus: Es ist ein rundum hybrides Buch.

Den weitreichenden Ambitionen des Textes stehen die Leserinnen und Leser aber in mancher Hinsicht hilflos gegenüber. Oftmals gewinnen sie – zu Recht – den Eindruck, dass Hegel nicht klar sagt, was er eigentlich sagen will. Zudem bleibt immer wieder unklar, warum Hegel in so komplexer Weise

1 Vgl. Paul Redding, *Analytic Philosophy and the Return of Hegelian Thought*, Cambridge/MA 2007.

historische Überlegungen mit systematischen Überlegungen verbindet, so dass sich an unterschiedlichen Stellen des Textes die Fragen stellen, welche Bedeutung die historischen Bezüge haben und warum Hegel es nicht bei systematischen Überlegungen belassen hat – zumal die systematischen Zusammenhänge, die er in den Blick nimmt, durchaus ausreichend komplex und schwer zu durchschauen sind.

Diesen Schwierigkeiten bei der Lektüre der *PhG* steht der Zauber gegenüber, den der Text ausübt. Gerade seine unorthodoxe Gestalt, seine pointierte und polemische Diktion und sein allumfassender Erklärungsanspruch ziehen Leserinnen und Leser immer wieder aufs Neue in ihren Bann. Oft hat man bei der Lektüre den Eindruck, dass hier Bedeutsames geschieht, auch wenn man nicht genau zu sagen weiß, was es denn nun eigentlich ist. Die Suggestionskraft von Hegels Schreiben und Denken mag ein Grund dafür gewesen sein, dass man ihm gegenüber misstrauisch geworden ist und – wie dies zum Beispiel im Umfeld des Neukantianismus auf der Schwelle zum 20. Jahrhundert der Fall war – die vergleichsweise klarere und nüchternere Diktion Kants vorzieht.

Hegels Text ist aber unbedingt der Auseinandersetzung wert. Dafür ist es erforderlich, ihn so zu interpretieren, dass sein Beitrag zu systematischen Fragestellungen verständlich wird. Dieser Kommentar will eine entsprechende Interpretation entwerfen.

Diese kurze Einführung setzt sich zur Aufgabe, das so weit umrissene Vorhaben in vier knappen Abschnitten vorzubereiten. Im ersten dieser Abschnitte gebe ich einen Überblick über die Entstehung des Textes, bevor ich ihn im zweiten in seinen Eigentümlichkeiten charakterisiere. Der dritte Abschnitt skizziert in einer ersten Annäherung, worum es in Hegels *PhG* in der Sache geht. Der vierte und letzte Abschnitt erläutert schließlich genauer die Ziele und den Aufbau des Kommentars.

Die Entstehung der *PhG*

Hegels Weg in die akademische Philosophie war alles andere als gradlinig. Nach seinem Studium am Tübinger Stift von 1788 bis 1793 (das er mit der theologischen Konsistorialprüfung abschloss), arbeitete er zunächst als Hauslehrer (damals nannte man den entsprechenden Beruf »Hofmeister«). Er war dabei zuerst in Bern und dann, auf Vermittlung seines Jahrgangsgenossen und Freundes aus Tübinger Tagen Friedrich Hölderlin (1770–1843), in Frankfurt. Als Hegels Vater im Jahr 1799 starb, erbte Hegel eine größere Summe. Dies ermöglichte es ihm, seine Tätigkeit als Hofmeister an den Nagel zu hängen und sich wieder im engeren Sinn seinen Studien zu widmen. So ging er im Januar des Jahres 1801 nach Jena.

Es ist nicht so, dass Hegel in den Jahren seiner Hauslehrertätigkeit nicht auch wissenschaftlich gearbeitet hätte. Dennoch intensiviert sich seine Arbeit mit der Ankunft in Jena erheblich. Schon nach einem halben Jahr legte er (an seinem 31. Geburtstag, dem 27. August 1801) seine Habilitation ab und begann im Wintersemester 1801/02 damit, als Privatdozent (also – das ist bei dieser Form der Zugehörigkeit zum Lehrkörper einer Universität heute noch genauso, wie es damals war – ohne feste Bezahlung) Vorlesungen zu halten.

Als Hegel nach Jena kam, stand die dortige Universität durchaus noch in ihren Blütejahren, wenn auch kurz vor deren Ende. Gerade im letzten Jahrzehnt des 18. Jahrhunderts hatte sie, unter der Herrschaft Carl Augusts (1757–1828) und seines Ministers Johann Wolfgang Goethe (1749–1832), eine große Bedeutung, die wesentlich darin bestand, dass Jena zu einem Ort der seinerzeit modernsten Philosophie in deutscher Sprache wurde. Bereits 1789 hatte der Kantianer Karl Reinhold (1757–1823) seine Lehrtätigkeit an der Universität aufgenommen – in demselben Jahr übrigens, in dem Friedrich Schiller

(1759–1805) seine Geschichtsprofessur antrat. 1794 wurde dann Johann Gottlieb Fichte (1762–1814) berufen und 1798 Friedrich Wilhelm Joseph Schelling (1775–1854), der, obgleich fünf Jahre jünger als Hegel, in denselben Jahren wie Hegel und Hölderlin gemeinsam mit den beiden am Tübinger Stift studiert hatte. Da Fichte und Schelling beide mit dem Anspruch auftraten, Kants moderne Philosophie, die Transzendentalphilosophie, ihren eigenen Maßstäben entsprechend weiterzuentwickeln und von Problemen zu befreien, und beide aufgrund ihrer Schriften als avancierteste philosophische Stimmen anerkannt waren, hatte Jena in dieser Zeit eine philosophiegeschichtlich außerordentliche Stellung. Deren Ende kündigte sich im Jahr 1799 an, als Fichte der gegen seine Philosophie erhobenen Atheismus-Vorwürfe wegen die Professur räumen musste und Jena verließ.

Hegel wurde nach seiner Ankunft in Jena von seinem Freund Schelling unterstützt, mit dem er auch ein gemeinsames Projekt aufnahm: das *Critische Journal für Philosophie*. Mit diesem Journal profilierte Hegel sich nicht nur als Mitstreiter Schellings, sondern gewann auch ein Publikationsorgan, in dem er erste wichtige Abhandlungen veröffentlichen konnte. Darüber hinaus trat er auch gleich mit einer ersten Monographie an die Öffentlichkeit, die 1801 erschien und sich einem Vergleich der Philosophien Fichtes und Schellings (vor dem Hintergrund der Kantischen Philosophie) widmet. Der genaue Titel des Buches lautet: *Die Differenz des Fichteschen und Schellingschen Systems der Philosophie* (es hat sich eingebürgert, diesen Text kurz als »Differenz-Schrift« zu bezeichnen). Hegel wurde mit seinen Überlegungen allgemein als Parteigänger von Schelling wahrgenommen. Das ist insofern verständlich, als Hegel sich in seinem Vokabular und seiner Kritik an Fichte unübersehbar Schelling anschließt, ist aber zugleich auch unberechtigt, da sich schon in diesem ersten Buch Hegels eine eigene Position andeutet – vor allem eine Positivierung der Begriffe des Widerspruchs und der Entfremdung.

Hegel wollte es dabei jedoch nicht belassen. Gleich im Zuge der ersten Vorlesung im Wintersemester 1801/02 kündigte er ein Buch an, das sein eigenes System entwickeln sollte und an dem er seine Vorlesungen orientieren wollte. Dieses Buch aber kam längere Zeit nicht zustande. Hegel arbeitete durchweg an Texten, vielfach auch im Zusammenhang seiner Lehrtätigkeit. Diejenigen dieser Texte, die uns erhalten geblieben sind, zeigen deutlich die Entwicklung von Hegels eigener Philosophie, für die besonders auch die Auseinandersetzung mit Fichtes Denken von größerer Bedeutung ist. Bereits im Jahr 1802, also im zweiten Jahr seiner Zeit in Jena, hat Hegel ein Manuskript verfasst, das unter dem Titel »System der Sittlichkeit« bekannt geworden ist. Dabei orientiert Hegel sich kritisch an Fichtes *Grundlagen des Naturrechts* von 1796 und dem dort eingeführten Begriff der Anerkennung. Anerkennung ist für Fichte ein transzendentales Prinzip des Bezugs von selbstbestimmten und in diesem Sinn rationalen Individuen aufeinander. Sie können Selbstbestimmung nur dann für sich reklamieren, wenn sie sie auch anderen zugestehen, diese also als gleichermaßen selbstbestimmte Individuen anerkennen. Fichtes Gedanke hat, so zeigen die frühen Jenaer Arbeiten, von Anfang an eine große Faszinationskraft auf Hegel ausgeübt. Er sah in ihm das Potential, Probleme der von Kant, Fichte und Schelling vorgelegten Positionen zu lösen. Insofern lässt sich die Kritik des Naturrechts-Ansatzes von Fichte, die Hegel auch in einer Abhandlung im *Critischen Journal* publiziert hat, als Keimzelle der Loslösung auch von seinem Freund Schelling begreifen.

Diese Loslösung wurde im Jahr 1803 erheblich dadurch beschleunigt, dass Schelling – wie viele andere seiner renommierteren Kollegen – Jena verließ und einen Ruf an die Universität Würzburg annahm. Durch diesen Weggang war Hegel nun in Jena in mehrfacher Weise auf sich allein gestellt. Erstens fiel die gemeinsame Arbeit am *Critischen Journal* weg – das Journal wurde, nach zwei Jahrgängen mit jeweils drei Heften, wieder eingestellt. Zweitens verlor Hegel seinen Mentor und Unterstützer. Drittens verlor Jena nach Fichte nun auch die zweite maßgebliche Stimme avanciertesten Philosophierens in deutscher Sprache. Aus Schellings Abschied ergab sich deshalb für Hegel sicherlich im ersten Moment eine schwierige Situation. Im zweiten Moment bot sich ihm damit aber auch eine gute Gelegenheit, sich selbst zu profilieren. Und letztlich nutzte er diese Gelegenheit. Er erarbeitete sich in den Folgejahren bis zu seinem Abschied aus Jena im März 1807 die Grundlage dafür, sich seinerseits als eine wichtige neue Gestalt in der deutschsprachigen Philosophie zu etablieren.

Auch wenn Hegel in den Jahren nach 1803 nach wie vor als Privatdozent ohne feste Bezahlung tätig war, so erregte seine Lehrtätigkeit in Jena zunehmend größere Aufmerksamkeit. Gerade in den Vorlesungen der Jahre von 1803 bis 1806 zeichnet sich auch mehr und mehr eine neue Konzeption ab, die dann ihre erste Gestalt in der *PhG* fand. Diese Vorlesungen werden heute unter dem Titel *Jenaer Systementwürfe I–III* diskutiert (früher waren zwei von ihnen unter dem Titel *Jenaer Realphilosophie I+II* bekannt). In ihnen wird nicht nur der von Fichte her entwickelte Anerkennungsbegriff immer wichtiger, sondern es wird zunehmend auch der Idealismus Schellingscher Prägung überwunden, also eine primäre Orientierung an der grundlegenden Einheit von Subjekt und Objekt. Hegel geht es im Gegensatz dazu nun besonders um die Auseinandersetzungen von Subjekten mit Objekten und um diejenigen von Subjekten mit anderen Subjekten – kurz gesagt: um Differenzen und Konflikte. Von einer Einheit kann ihm zufolge nur auf Basis dieser Differenzen und Konflikte die Rede sein. Dabei betont er, wie vor ihm bereits Fichte und Schelling, die Bedeutung von Praxis, die er aber konkreter versteht als seine Vorgänger. Sowohl die Auseinandersetzung mit Objekten als auch diejenige mit anderen Subjekten muss demnach unter Rekurs auf historisch-kulturell entwickelte Praktiken gedacht werden.

Nicht zuletzt seine sich zusehends verschlechternde ökonomische Situation brachte Hegel wohl dazu, den lange gehegten Plan einer Niederschrift seines Systems in einem eigenen Buch nicht weiter aufzuschieben. Die im Jahr 1805 aufgenommene Arbeit an dem Text, den wir als *PhG* kennen, verlief jedoch nicht ohne Komplikationen. So hatte Hegel mit dem Verleger (Goebhardt in Bamberg) eigentlich vereinbart, dass er bei der Ablieferung der Hälfte des Manuskripts entlohnt würde. Der Verleger wurde aber wegen Hegels unklarem Text- und Zeitmanagement so unruhig, dass er die Verabredung änderte und erst bei Abgabe des Gesamtmanuskripts zur Zahlung bereit war. Diese wurde – unter Vermittlung von Hegels Freund Immanuel Niethammer (1766–1848) – auf den 18. Oktober 1806 festgesetzt. Zu dem Druck, unter dem Hegel stand, trugen auch die politischen Umstände bei. Im Sommer 1806 entwickelte sich zunehmend ein Konflikt zwischen dem napoleonischen Frankreich und Preußen, der dazu führte, dass Napoleon mit seinen Truppen am 13. Oktober in Jena einmarschierte – am Vorabend der Schlacht von Jena und Auerstedt. Hegel hat sein Erstlingswerk mit diesen historischen Ereignissen verbunden, indem er behauptete, es an diesem Abend fertiggestellt zu haben. Richtig ist wohl, dass er das Ende des Buches in diesen Tagen fertigstellte und dann sehr besorgt war, das resultierende Teilmanuskript durch die feindlichen Linien zu seinem Verleger nach Bamberg bringen zu lassen (ein anderer Teil des Manuskripts befand sich schon lange dort und war, wie damals üblich, auch schon gedruckt worden). Erst im Januar 1807 aber lieferte er mit der Vorrede den letzten Textteil ab. Das Buch erschien dann im April 1807 unter dem Titel *System der*

Wissenschaft. Erster Theil, die Phänomenologie des Geistes, als Hegel Jena bereits verlassen hatte und als Redakteur bei der *Bamberger Zeitung* arbeitete.

Das Buch wurde zuerst nicht sonderlich euphorisch aufgenommen. Die erste Rezension am 6. August 1807 in der *Oberdeutschen Allgemeinen Literaturzeitung* kritisierte die *PhG* besonders für eine übertrieben idealistische Position. Moniert wurden eine angeblich intellektualistische Grundtendenz von Hegels Philosophie sowie eine Orientierung an einem allumfassenden Absoluten. Da Letzteres in der Position Schellings tatsächlich eine größere Rolle spielt, kann man vermuten, dass Hegel weiterhin durch die Brille seines Freundes gelesen wurde, von dessen Ansatz er sich inzwischen aber entfernt hatte. Schelling selbst realisierte dies sofort und war, verständlicherweise, nicht sonderlich erfreut über Hegels Werk. Die philosophische Mitwelt aber brauchte einige Zeit, um zu verstehen, dass Hegel eine eigenständige Position erarbeitet hatte. Dies mag ein Grund dafür sein, dass seine eigentliche akademische Karriere noch ein wenig auf sich warten ließ. Erst im Jahr 1816 erfolgte der Ruf auf die erste Professur (in Heidelberg), und das Jahr 1818 brachte ihn dann an seine Wirkungsstätte Berlin, wo er mit seiner Philosophie großes Ansehen erlangte. Dort fing er gegen Ende seines Lebens, im Jahr 1831, erste Arbeiten an einer geplanten Neuauflage des Buches an. Zu dieser Neuauflage kam es dann aber wegen Hegels Tod nicht mehr.

Nach der *PhG* hat Hegel Texte publiziert, die im engeren Sinne das ausmachen, was man als sein System bezeichnet: besonders die *Wissenschaft der Logik* (1812–1816) und die *Enzyklopädie der philosophischen Wissenschaften im Grundrisse* (1817). Damit ist die notorische Frage aufgeworfen, wie sich die *PhG* zu Hegels reiferem Werk verhält. Diese Frage wird gewissermaßen dadurch verschärft, dass Hegel in der *Enzyklopädie* eine »Phänomenologie des Geistes« in die Explikation des

Geistes integriert hat. Dies suggeriert, durch die reiferen Arbeiten sei die *PhG* überwunden. Das ist aber nicht notwendigerweise der Fall. Gerade wenn man die *PhG* als Einleitung des Systems[2] liest, kann man sie als einen eigenständigen und wichtigen Teil dieses Systems begreifen. Im »Vorwort« der *Wissenschaft der Logik* verweist Hegel auch klar auf den Standpunkt der *PhG* als eine Voraussetzung für die systematische Perspektive, die er dort bezieht.[3] So scheint es mir richtig, davon auszugehen, dass der *PhG* im Kontext von Hegels System eine Funktion zukommt, die sich durch das System nicht erübrigt hat (in den letzten beiden Teilen dieses Kommentars werde ich diese Funktion genauer bestimmen).

Gestalt und Struktur der *PhG*

Die *PhG* ist ein eigentümliches philosophisches Buch. Vergleicht man sie zum Beispiel mit den großen philosophischen Abhandlungen der Neuzeit – also zum Beispiel mit Descartes' *Meditationes de prima philosophia*, mit Lockes *Essai Concerning Human Understanding* und Kants *Kritik der reinen Vernunft* –, so fällt auf, dass Hegel keinen Traktat geschrieben hat: Das Buch entwickelt nicht systematisch eine Position, mit der ein bestimmter Bereich philosophischer Fragestellungen gewissermaßen sukzessive ab- und ausgearbeitet wird. Hegel rechtfertigt diese Eigentümlichkeit in der Einleitung der *PhG*,

2 Vgl. hierzu exemplarisch Michael N. Forster, *Hegel's Idea of a Phenomenology of Spirit*, Chicago 1998.

3 Vgl. Georg Wilhelm Friedrich Hegel, *Wissenschaft der Logik*, in: G. W. F. H.: *Werke in 20 Bden. (Theorie-Werkausgabe)*, hrsg. von Eva Moldenhauer / Karl Markus Michel, Frankfurt a. M. 1970 [im Folgenden wird die Theorie-Werkausgabe abgekürzt zit. als: *TWA*], Bd. 5, S. 16 ff.

in der er die Gründe dafür darlegt, warum es aus seiner Sicht problematisch ist, einfach systematisch eine philosophische Position zu entwickeln.

Diese Gründe werde ich im Kommentar der Einleitung ausführlich erörtern. An diesem Punkt reicht es erst einmal, die Eigentümlichkeit der *PhG* weiter zu charakterisieren: Sie entwickelt nicht systematisch eine eigene Position, sondern ordnet vielmehr andere Positionen in einer systematischen Art und Weise. Diese Positionen sind aber oftmals nicht klar als solche einzelner Philosophen zu erkennen; sie beziehen auch naturwissenschaftliche Theorien wie die Newtonsche Theorie der Massenanziehung und historische Ereignisse wie die Französische Revolution im weitesten Sinn mit ein. So haben Leserinnen und Leser erst einmal den Eindruck, in der *PhG* mit einem bunten Reigen an Themen konfrontiert zu werden, die sich nicht in ein klares und stringent entwickeltes Gesamtbild fügen.

Eine weitere Eigentümlichkeit der *PhG* besteht darin, dass sich im Laufe von Hegels Arbeit an dem Text das Projekt verändert hat.[4] Besonders markant ist hier die Änderung des Titels, die sich an der zuerst geschriebenen Einleitung festmachen lässt, die den Titel erläutert, den Hegel dem Buch zuerst geben wollte: *Wissenschaft der Erfahrung des Bewusstseins*. Die Konzeption einer solchen Wissenschaft bestimmt dann auch nicht nur die Einleitung, sondern auch die ersten Kapitel. Bis zum Vernunftkapitel lässt sich das Buch durchaus so lesen, als ob Hegel seiner ursprünglichen Konzeption gefolgt ist. Dann aber scheint er diese Konzeption verschoben zu haben.[5]

4 Vgl. zu den entsprechenden Änderungen auch die instruktiven Darstellungen von Eckart Förster, *Die 25 Jahre der Philosophie: eine systematische Rekonstruktion*, Frankfurt a. M. 2012, 13. und 14. Kap.

5 Freilich fällt die Konzeptionsänderung nicht so aus, dass Hegel alles

Äußerlich schlägt sich diese Verschiebung darin nieder, dass die Proportionen des Buches zunehmend unwuchtig werden. Der ersten Gliederung Hegels zufolge gibt es vier Teile (Bewusstsein, Wahrnehmung, Kraft und Verstand sowie Selbstbewusstsein), die zwar nicht gleich lang sind, aber doch im weitesten Sinn in einem gemeinsamen Rahmen bleiben. Mit dem Vernunftkapitel aber kommt es zu einem deutlichen Ungleichgewicht, und spätestens das Geistkapitel sprengt den zuerst entwickelten Rahmen ganz, denn es ist vom Umfang her gesehen fast so lang wie alle bisherigen Teile zusammen. Die Disproportionen im Aufbau des Buches kann man als Symptom dafür verstehen, dass Hegel die Konzeption seines Buches während der Niederschrift verändert hat. Inhaltlich hängt die Revision damit zusammen, dass ihm die Wichtigkeit dessen, was er Geist nennt, für sein Vorhaben zunehmend klarer geworden sein dürfte. Entsprechend kommt es mit dem Geistkapitel auch zu einem gewissen Neuansatz in dem Buch, der sich symptomatisch daran zeigt, dass Hegel sagt, er habe bislang »Gestalten [...] des Bewusstseins« rekonstruiert, widme sich nun aber »Gestalten einer Welt« (340/326)[6] (hier will ich dies nur als Symptom anführen, lasse also die Begriffe noch unkommentiert).

Die konzeptionellen Änderungen schlagen sich auch darin nieder, dass Hegel seinem Werk einen neuen Titel gibt: *Phäno-*

umgeworfen hätte. Das sieht man unter anderem daran, dass schon in der Einleitung von dem »absoluten Wissen« (84/81) die Rede ist, bei dem die systematische Ordnung von Positionen am Ende ankommen soll.

6 Ich zitiere die *PhG* nach der Reclam-Ausgabe (Stuttgart 2020). Zudem führe ich auch die Seitenzahlen der Suhrkamp-Ausgabe (*TWA*, Bd. 3) an. Die vor dem Querstrich genannte Seitenzahl bezieht sich auf die Reclam-Ausgabe; die danach auf diejenige aus dem Suhrkamp-Verlag.

menologie des Geistes. Dieser neue Titel wurde aber durch die Ankündigungen der Einleitung nicht vorbereitet. Dies mag einer der Gründe dafür sein, dass Hegel dem Buch am Ende noch eine lange Vorrede beigegeben hat, die das Projekt mit Blick auf die geänderte Konzeption erklärt.

Hegel hat nicht nur den Titel geändert, sondern auch noch eine zweite Gliederung eingefügt, mit der die Unwucht jedoch nicht beseitigt wird. Hat die erste Gliederung schon nach 20 Prozent des Textes vier von acht Teilen absolviert, so dass 80 Prozent des Textes eine Hälfte der Gliederung ausmachen, so hat die zweite Gliederung nach den besagten 20 Prozent bereits zwei von drei Teilen zurückgelegt.

Immerhin wird in der zweiten Gliederung der große Schlussteil in vier Unterteile gegliedert. Hegel stellt damit einen Zusammenhang von der Vernunft bis zum absoluten Wissen her. Irritierend aber ist wiederum, dass dieser große Schlussteil keinen eigenen Titel trägt, so dass nicht recht klar wird, unter welchem Oberbegriff für Hegel dieser Zusammenhang besteht. Wie bereits erwähnt, wird inhaltlich besonders mit dem Beginn des Geistkapitels eine Zäsur in dem Text deutlich. Dies würde dafür sprechen, einen Zusammenhang von diesem Kapitel bis zum Ende herzustellen. Warum genau Hegel den abschließenden Zusammenhang in der neuen Gliederung schon mit dem Vernunftkapitel beginnen lässt, bleibt offen.

Zusammenfassend lässt sich sagen, dass der Text ohne jeden Zweifel Spuren eines *work in progress* trägt. Die textliche Gestalt ist weder, was den Titel angeht, noch mit Blick auf Gliederung und Gesamtstruktur aus einem Guss. Das heißt selbstverständlich nicht, dass hier unterschiedliche Gedanken vorlägen, die wir nicht in einen Zusammenhang bringen könnten. Es heißt aber, dass jede Interpretation der *PhG* mit dem Problem konfrontiert ist, mit den Verwerfungen in der Struktur umzugehen und sie als Aspekt der Eigentümlichkeit von Hegels Text im Blick zu behalten.

Die zentralen Fragen und Thesen der *PhG*

Nähert man sich der *PhG* inhaltlich, so ist es hilfreich, den Hintergrund in den Blick zu nehmen, vor dem Hegel schreibt: die rasante Entwicklung der Philosophie in deutscher Sprache. Im Jahr 1781 hat Kant mit seiner *Kritik der reinen Vernunft* nicht weniger als die philosophische Moderne eingeläutet. Der epochale Ansatz Kants ist von seinen Zeitgenossen unter anderem dadurch gewürdigt worden, dass rasch nach ihm eine intensive Debatte über Weiterentwicklungen seiner Transzendentalphilosophie zustande kam. Hier spielten die bereits mehrfach erwähnten Fichte und Schelling eine entscheidende Rolle, da beide im letzten Jahrzehnt des 18. Jahrhunderts mehrere Hauptwerke publizierten. Auf Fichtes und Schellings Weiterentwicklungen der modernen Philosophie Kants antwortete nun seinerseits Hegel mit der *PhG*. So können wir fragen, an welche Elemente des Diskussionszusammenhangs zwischen Kant und Schelling Hegel in besonderer Weise anknüpft.

Ich schlage vor, bei den Kantischen Grundgedanken der Selbstbegrenzung des menschlichen Wissens sowie der Selbstbestimmung als Form menschlichen Handelns anzusetzen. Das Ziel von Kants Transzendentalphilosophie besteht unter anderem darin zu zeigen, dass alle Erkenntnis von Menschen in Formen vonstattengeht, mit denen Menschen in ihrem Erkennen die Natur konfrontieren, so dass der menschlichen Erkenntnis in doppelter Weise Grenzen gesetzt sind: Erstens bedürfen Menschen einer Welt, die ihnen sinnlich begegnet, um überhaupt etwas erkennen zu können, und zweitens sind bei ihrem Erkennen immer Formen im Spiel, die es ihnen unmöglich machen, ein Wissen davon zu erlangen, wie die Welt, vom Gottesstandpunkt aus betrachtet, beschaffen ist. Diese Selbstbegrenzung menschlichen Wissens hat für Kant die positive Kehrseite, dass Menschen als Wesen verständlich werden, die eigenen Bestimmungen folgen. Insofern schafft die Selbstbegrenzung aus Kants Sicht Raum für den Gedanken der Selbstbestimmung von Menschen in ihrem Handeln. Es ist dabei wichtig zu beachten, dass es Kant nicht um zwei voneinander getrennte Elemente geht. Kant verfolgt insgesamt das Vorhaben, den spezifischen kognitiven Standpunkt sinnlicher Wesen, die erkenntnisfähig sind, zu erklären. Die Selbstbegrenzung des Wissens und die vernünftige Selbstbestimmung sind aus seiner Sicht für eine solche Erklärung entscheidend.

Die beiden Grundelemente des Kantischen Denkens sind sowohl von Fichte als auch von Schelling weiterentwickelt worden. Dabei ging es ihnen jeweils darum, Kant dafür zu kritisieren, dass er diese Elemente nicht plausibel genug ausbuchstabiert habe. Hegel setzt mit seiner kritischen Fortsetzung der Bestimmung dieser Elemente anders an: Es geht ihm nicht primär darum, dem Geist der Kantischen Elemente besser gerecht zu werden, als Kant es aus seiner Perspektive getan hat, sondern er fragt, wes Geistes Kind die Elemente sind, die Kant geltend macht. Das heißt: Hegel will die Grundlage für die Auseinandersetzung mit den von Kant aufgeworfenen Fragen klären. Er will die Voraussetzungen, die Kant mit seinem Neuansatz gemacht hat, hinterfragen und auf diese Weise erhellen, wie man überhaupt dazu kommt, so zu denken, wie Kant es vorschlägt. Das ist keine psychologische, sondern eine konstitutionslogische Frage: Was sind die Bedingungen dafür, dass man im Kantischen Sinn eine Selbstbegrenzung des eigenen Denkens vornimmt und das menschliche Tun als ein selbstbestimmtes Tun begreift? Hegels Vorhaben lässt sich mit Blick auf die beiden Elemente der Selbstbegrenzung und der Selbstbestimmung so etwas genauer artikulieren, indem man zwei Fragen voneinander unterscheidet, um die es ihm in seinem Text geht:

(a) Wie ist es möglich, Grenzen des Wissen zu begreifen und in diesem Sinn eine Selbstbegrenzung des Wissens vorzunehmen?
(b) Wie können epistemische Subjekte als freie Subjekte begriffen werden, als Subjekte, die die von ihnen erhobenen Wissensansprüche anderen gegenüber zu vertreten und zu verteidigen vermögen?

Formuliert man die Fragen so, haben sie zuerst einmal nicht direkt etwas miteinander zu tun. Es wird sich aber im Laufe von Hegels Überlegungen herausstellen, dass sie untrennbar miteinander zusammenhängen. Die erste Frage impliziert für ihn in erster Linie, dass wir aufklären, inwiefern wir überhaupt ein Wissen von unserem Wissen, ein Wissen des Wissens haben. Wie kommt ein Wissen davon zustande, dass man Wissen hat? Welche Bedingungen müssen erfüllt sein, damit eine Selbstbegrenzung des Wissens realisiert werden kann? Hegel argumentiert, dass wir unser Wissen vom eigenen Wissen nicht allein aus unserer Auseinandersetzung mit Objekten heraus verstehen können. Es bedarf dazu ihm zufolge eines verwirklichten intersubjektiven Kontexts von Praktiken, innerhalb deren wir von anderen als solche anerkannt werden, die ein bestimmtes Wissen haben. Aus diesem Grund wendet Hegel (im Verlauf des Buches zum ersten Mal im Selbstbewusstseinskapitel) seinen Blick von Beziehungen zwischen Subjekten und Objekten auf Beziehungen zwischen Subjekten und Subjekten, um die Selbstbegrenzung des Wissens in seiner Konstitution zu analysieren. Er schließt dabei an seine bereits erwähnte Auseinandersetzungen mit Fichtes Naturrechtslehre an und verfolgt den Gedanken, dass die Freiheit von Subjekten anderen Subjekten gegenüber nur aus Anerkennungsbeziehungen heraus verständlich gemacht werden kann. Dabei aber weicht er in erheblichem Maße von Fichte ab, der behauptet, dass die Anerkennung von anderen als eine Begrenzung der eigenen Freiheit um der Freiheit anderer willen zu verstehen ist. Genau diesen Gedanken hält Hegel für unhaltbar, da ihm zufolge die Anerkennung selbst als ein Akt der Freiheit zu verstehen ist. Sollte etwas mich zwingen, andere zu bestätigen, sie als Autorität zu achten oder in anderer Weise auf sie einzugehen, so sprechen wir nicht davon, dass ich sie anerkenne. Anerkennung ist nur dann gegeben, wenn ich sie anderen aus freien Stücken gewähre. Es ist aus diesem Grund für Hegel irreführend, Anerkennung als eine Begrenzung von Freiheit zu verstehen, wenn sie doch gerade Freiheit manifestiert. Hegel sieht sich dadurch zu dem Gedanken gedrängt, dass die Selbstbegrenzung als ein Akt der Realisierung von Freiheit im Rahmen intersubjektiver Interaktionen zu verstehen ist. Damit deutet sich an, was es heißen könnte, Selbstbegrenzung und Selbstbestimmung als zwei Seiten ein und derselben Medaille zu begreifen.

Hegel stellt also einen direkten Zusammenhang zwischen seinen Antworten auf die Fragen (a) und (b) her. Selbstbegrenzung gilt ihm nicht nur, wie Kant, als eine Voraussetzung für Selbstbestimmung. Für Hegel *ist* Selbstbegrenzung ein Akt der Selbstbestimmung. Den damit hergestellten Zusammenhang kann man allerdings ihm zufolge nicht ohne den Hintergrund einer gemeinschaftlichen Praxis begreiflich machen. Dies liegt unter anderem darin begründet, dass für die Realisierung von Anerkennung anderer als solcher, die ein bestimmtes Wissen haben, Praktiken erforderlich sind, die in einer Tradition entwickelt sein und in die Individuen hineinsozialisiert werden müssen. Hegel hat für den Hintergrund der Tradition schon früh den Begriff der Sittlichkeit eingeführt, der auch in den entsprechenden Passagen der *PhG* eine entscheidende Rolle spielt (und an dem Hegel auch in späteren Arbeiten festgehalten hat[7]). Eine sittliche Praxis in Hegels Sinn können wir vorerst als einen traditionsgebundenen Zusammenhang von Praktiken verstehen, die von Individuen in einer Gemeinschaft geteilt werden. Damit habe ich ausreichend Material zusammengetragen, um Hegel zwei Thesen zuzuschreiben, mit denen er auf die beiden von mir unterschiedenen Fragen antwortet:

(*Antwort auf a*) Eine Selbstbegrenzung des Wissens wird dadurch realisiert, dass erkennende Subjekte die (begrifflichen) Strukturen ihres Erkennens von den Objekten, die sie in diesen Strukturen erfassen, dadurch unterscheiden, dass sie diese Strukturen thematisieren.

(*Antwort auf b*) Erkennende Subjekte sind dadurch in der Lage, ihre Wissensansprüche anderen gegenüber aus freien Stücken zu vertreten, dass sie diese Wissensansprüche und damit auch die Strukturen ihres Erkennens in einer gemeinschaftlichen Praxis der konfliktiven Auseinandersetzung mit anderen thematisieren und so verteidigen können.

Natürlich ist es unmöglich, einen so komplexen Text wie die *PhG* auf zwei Thesen zu reduzieren. Dennoch können die beiden genannten Thesen vielleicht einen ersten Eindruck davon geben, worum es Hegel in seinem Text geht. Sie deuten auch an, inwiefern die beiden Elemente, die Hegel von Kant und seinen anderen Vorgängern her aufgreift, aus seiner Sicht nicht

7 Vgl. bes. Hegel, *Grundlinien der Philosophie des Rechts*, in: *TWA*, Bd. 7, §§ 142 ff.

zu trennen sind: Auf der einen Seite betont er, dass die Freiheit von Subjekten nur in einem Anerkennungsgeschehen zustande kommen kann, das seinerseits an eine in einer Gemeinschaft realisierte Tradition gebunden ist. Auf der anderen Seite behauptet er, dass eine entsprechende Freiheit nicht ohne Konflikte begreiflich ist, in denen Subjekte mit ihren Perspektiven anderen gegenüber Bestand haben, dass solche Konflikte aber nur dann möglich sind, wenn innerhalb der Tradition Praktiken verfügbar sind, mittels deren Subjekte sich auf ihre jeweils vertretenen Verständnisse beziehen können.

Diese grundlegende Kontur von Hegels Position lässt sich mit dem von ihm eingeführten Begriff des *Geistes* zusammenfassen. Geist verstehe ich dabei als Begriff für eine konfliktive gemeinschaftliche Praxis, die von Selbstverständnissen – also von Praktiken, mittels deren Subjekte innerhalb der mit anderen geteilten Praxis ihre Verständnisse thematisieren – getragen ist. Im Rahmen einer solchen Praxis sind Individuen in der Lage, sich erstens auf die Strukturen ihres Erkennens zu beziehen und damit zweitens anderen gegenüber Wissensansprüche zu vertreten. Hegels Projekt ist so tatsächlich als eine »Phänomenologie des Geistes« zu verstehen: Es geht ihm darum, die Konstitution – das In-Erscheinung-Treten – einer Praxis nachzuvollziehen, in der Selbstbegrenzung und Selbstbestimmung zwei Seiten ein und derselben Medaille sind. Der Begriff des Geistes ist dabei, und das wird bereits an diesem Punkt deutlich, nicht mit dem Begriff des Geistes zu verwechseln, wie er in der sogenannten *philosophy of mind* gebraucht wird, die man im Deutschen heute als »Philosophie des Geistes« übersetzt. Hier ist von Geist in dem Sinne die Rede, dass ein einzelnes Individuum – paradigmatisch ein Mensch – ein geistiges Wesen ist, etwa im Gegensatz zu einem Baum oder einem Stein. Hegels Begriff des Geistes setzt hingegen auf einer Ebene an, die sich nicht auf das Wirken einzelner Subjekte reduzieren lässt. Er meint dezidiert eine gemeinschaftliche Praxis, die bestimmte Eigenschaften aufweist, nämlich insbesondere die Eigenschaft, mit symbolischen Artikulationen verbunden zu sein, die die Herausbildung von Selbstverständnissen ermöglichen, die in Konflikten verteidigt werden.

Jedoch nicht nur der Begriff des Geistes ist hilfreich, um die Thesen der *PhG* zusammenzufassen, sondern auch der Begriff der *Moderne*. Aus Hegels Sicht sind die Konstitutionsbedingungen einer Praxis, in der Selbstbegrenzung und Selbstbestimmung im Zusammenhang miteinander realisiert sind, in historischen Entwicklungen zustande gekommen. Sie haben keine überzeitliche Gültigkeit – wie die Kantischen Formen transzendentaler Subjektivität –, sondern unterliegen historischen Entstehungsbedingungen (auch wenn das nicht heißt, dass sie einfach zur Disposition gestellt werden könnten). Insofern zeigt die *PhG* ein Charakteristikum Hegelschen Philosophierens, das er später mit der Aussage artikuliert hat, Philosophie sei *»ihre Zeit in Gedanken erfaßt«*.[8] Die *PhG* begreift menschliche Selbstbegrenzung und Selbstbestimmung in ihrer spezifisch modernen Ausprägung. Das ist kein historiographisches Vorhaben, so dass insbesondere das Geistkapitel als ein Kurzabriss abendländischer Geschichte zu lesen wäre. Es geht Hegel vielmehr um eine Rekonstruktion der strukturellen Entwicklung von Praktiken, die für eine moderne Praxis der Selbstbegrenzung und der Selbstbestimmung wesentlich sind.

Ein Vorbegriff einer solchen Praxis lässt sich mit zwei Charakterisierungen geben: Erstens ist eine moderne Praxis nicht in dem Sinne traditionsgebunden, dass sie durch einen bestimmten historisch-kulturellen Kontext bestimmt wäre. Zwar bestehen auch in einer modernen Praxis solche Kontexte; sie

8 Hegel, *Grundlinien der Philosophie des Rechts*, in: *TWA*, Bd. 7, S. 26.

können aber von den Individuen immer unter Bezugnahme auf andere Kontexte überschritten werden. Die Möglichkeit einer solchen Überschreitung liegt zweitens in der kritischen Haltung begründet, die Individuen im Rahmen einer modernen Praxis den sie bindenden Normen gegenüber einnehmen. Das von Kant artikulierte Selbstverständnis eines aufgeklärten Denkens ist in diesem Sinn als paradigmatisch für die Moderne zu verstehen. Hegel geht es darum, die Entwicklungen nachzuvollziehen, die zu einem solchen Selbstverständnis geführt haben.

Zielsetzung und Aufbau des Kommentars

Das Ziel eines systematischen Kommentars zu Hegels komplexem Text muss in erster Linie sein, klärende Vorschläge zur Interpretation zu machen und in diesem Sinne Lesarten des Textes zu eröffnen. Dies muss zudem in einer übersichtlichen Art und Weise geschehen, so dass es wichtig ist, den sowieso unüberschaubar langen Text Hegels nicht noch einmal durch einen gleichermaßen ausgreifenden Kommentar zu vermehren. Entscheidend für das Vorhaben dieses Buches sind also Klarheit und Kürze.

Wiederum darf Klarheit nicht einfach behauptet werden. Die *PhG* ist an vielen Stellen unklar und lässt mehrere Interpretationen zu, ja mehr noch: Sie fordert geradezu unterschiedliche Interpretationen. Meine Vorschläge zur Interpretation will ich also so entwickeln, dass ich jeweils auch auf wichtige andere Interpretationsmöglichkeiten hinweise und darlege, warum ich diese nicht vertrete. Auch wenn dies jeweils nur in knapper Form geschehen kann, so will ich auf diese Weise der Vielstimmigkeit von Hegels Text Rechnung tragen.

Besonders wichtig für meinen Kommentar ist das Ziel, Hegels Text systematisch zu erläutern. Wie bereits mehrfach betont, bleibt die systematische Anlage in Hegels Text an vielen Punkten unklar. Das ist auch den vielfältigen historischen Bezügen geschuldet, die insbesondere das Geistkapitel bestimmen und die dazu führen, dass viele der vorliegenden Kommentare zu Hegels Text sich ab einem bestimmten Moment in erster Linie auf eine Erläuterung dieser Bezüge konzentrieren.[9] Ich halte es für besonders wichtig, gerade auch dort, wo Hegels Text dem ersten Anschein nach historischen Orientierungen folgt, auch noch die systematische Linie des Textes nachvollziehbar zu machen. Das betrifft viele Passagen des Geistkapitels, aber zum Beispiel auch den Übergang zum Religionskapitel. An solchen Punkten ist es mein besonderer Anspruch, Hegels Text systematisch zu interpretieren, so dass ich insgesamt die Thesen und Argumente klären will, die Hegel bis zum Ende des Buches entwickelt und die meinem Verständnis zufolge in einem engen Zusammenhang stehen, der von den ersten Seiten des Bewusstseinskapitels bis zum absoluten Wissen reicht.

Um die so weit benannten Ziele zu realisieren, gebe ich meinem Kommentar eine Struktur, die von der eines durchlaufenden Kommentars abweicht: Ich teile den Text in grundlegende Einheiten auf und gehe in Bezug auf diese Einheiten jeweils in analoger Art und Weise vor:

9 Besonders wichtige Ausnahmen sind aus meiner Sicht: Jean Hyppolite, *Genesis and Structure of Hegel's »Phenomenology of Spirit«*, Chicago 1979; Terry Pinkard, *Hegel's Phenomenology. The Sociality of Reason*, Cambridge/MA 2008; Pirmin Stekeler-Weithofer, *Hegels Phänomenologie des Geistes: Ein dialogischer Kommentar*, 2 Bde., Hamburg 2014.

1. Zuerst lege ich kurz dar, worum es in der jeweiligen Einheit geht, um dann
2. wichtige Fragen zu benennen, mit denen jede Interpretation sich auseinandersetzen muss.
3. Daraufhin entwickle ich meinen Kommentar entlang von Hegels Text in Orientierung an diesen Fragen und fasse
4. die systematischen Ergebnisse, zu denen Hegel in den Abschnitten kommt, abschließend zusammen.

Die Einheiten, in die ich den Text Hegels einteile, bestimme ich in Anlehnung an seine Gliederung, und zwar an jene zweite Gliederung, die er dem Text gegeben hat. So beginne ich mit der Einleitung und behandele dann jeweils das Bewusstseins-, das Selbstbewusstseins- und das Vernunftkapitel im Zusammenhang. Das lange Geistkapitel unterteile ich in drei Abschnitte, wobei ich zuerst die Zusammenhänge, die Hegel als sittliche Welt begreift, dann die Bildung und schließlich die Abschnitte zu Moralität und Gewissen kommentiere. Im Anschluss folgen Teile zu Religion und absolutem Wissen sowie schließlich noch zu der Vorrede als dem Textteil, den Hegel als Letztes geschrieben hat.

Diese Einteilung mag die Frage aufwerfen, warum ich nur das lange Geistkapitel und nicht auch das zwar kürzere, aber durchaus auch sehr lange Vernunftkapitel unterteile. Ich verzichte hier deshalb auf eine Unterteilung, da Hegel insgesamt Vernunft noch als eine Abstraktion aus dem Gesamtbild begreift, das mit dem Begriff des Geistes positiv umrissen wird. Mir geht es dezidiert darum, im Geistkapitel, das viele Interpretationen nicht sehr systematisch artikulieren, den Schwerpunkt zu setzen, den auch Hegel in ihm gesetzt hat. Gerade die zweite Hälfte von Hegels Text verdient mehr Aufmerksamkeit, als ihr oft zuteilwird. Allzu viele Interpretationen richten sich besonders auf das Bewusstseins- und Selbstbewusstseinskapitel, obwohl Hegel hier unmissverständlicherweise erst am Anfang seiner systematischen Entwicklungen ist. Mein Anspruch ist es, den systematischen Entwicklungen zu folgen, bis sie den Stand gewonnen haben, den Hegel in der *PhG* erreicht. Dies macht es erforderlich, dass ich durchaus auch eigene Vorschläge zur Interpretation des Textes systematisch ausarbeite.[10] Meine Einführung will also beides sein: eine echte Einführung und ein Beitrag zu der komplexen Debatte darüber, wie Hegel zu verstehen und zu verteidigen ist.[11]

10 Vgl. im Sinne einer Vorarbeit zu dieser Interpretation: Georg W. Bertram, »Hegel und die Frage der Intersubjektivität. Die *Phänomenologie* des Geistes als Explikation der sozialen Strukturen der Rationalität«, in: *Deutsche Zeitschrift für Philosophie* 56 (2008), S. 877–898.

11 In meiner Arbeit an dem Kommentar habe ich von der engagierten Mitarbeit von Tobias Wieland und von kritischen Lektüren von Dina Emundts, Daniel Feige, Matthias Flatscher und Sally Sedgwick profitiert. Nicht zuletzt waren die Diskussionen eines Workshops zu einer Vorversion des Textes im Oktober 2015 mit den Mitgliedern meines Forschungskolloquiums und Gästen an der FU Berlin sowie auch gemeinsam mit Felix Koch, Jasper Liptow, Martin Seel und Holm Tetens unterrichtete Seminare zur *PhG* hilfreich und wichtig für mich. Allen sei an dieser Stelle sehr herzlich gedankt.

I. Einleitung

Überblick

In der Einleitung stellt Hegel das Projekt der *PhG* vor. Es handelt sich dabei um einen sehr dichten Text, der vielfach als Kernstück von Hegels Buch verstanden worden ist. Die wenigen Seiten sind entsprechend Gegenstand vieler Interpretationen geworden.[1] Nach allem, was man weiß, hat Hegel diesen Textteil am Anfang seiner Arbeit an der *PhG* niedergeschrieben (die »Vorrede« ist erst am Ende entstanden). Aus diesem Grund führt er in der Einleitung noch in das Projekt ein, wie es ihm am Anfang vorschwebte: in eine »Wissenschaft der Erfahrung des Bewusstseins«. Dieses Projekt hat sich im Laufe seiner Arbeit an dem Buch dann zur »Phänomenologie des Geistes« gewandelt. Auch wenn damit die Weichenstellungen der Einleitung weitgehend nicht verabschiedet werden, ist mit dem neuen Titel doch zumindest eine Akzentverschiebung gegenüber dem zu beobachten, was die Einleitung ankündigt.

Die 17 Absätze des Textes der Einleitung lassen sich in drei Abschnitte aufteilen.

1. Die ersten drei Absätze (71–73/68–70)[2] artikulieren einen Ausgangspunkt, gegen den Hegel sich wendet, klären also indirekt, wie er nicht anfangen will.
2. Die Absätze vier bis acht (73–78/70–75) geben dann knapp

1 Vgl. zu einer eindringlichen Interpretation: Martin Heidegger, »Hegels Begriff der Erfahrung«, in: M. H., *Holzwege*, Frankfurt a. M. [6]1980, S. 111–204.

2 Vgl. zur Zitierweise nochmals FN. 6 der Einführung.

an, wie er (stattdessen) vorgeht. Sie bieten in geraffter Form einen Ausblick auf die Entwicklung, die er in seinem Buch präsentieren will.

3. Die Absätze neun bis siebzehn (73–84/75–81) schließlich machen Angaben zur Methode der Entwicklung, die Hegel in der *PhG* präsentiert. Dabei behauptet er paradoxerweise, keine eigene Methode zu verfolgen.

In allen drei Teilen kann die Einleitung so gelesen werden, dass sie Hegels Selbstverständnis von Philosophie skizziert. Genau dies macht den Text reich und gleichermaßen dicht. Besonders wichtig aber ist, dass der Text klare Ankündigungen dazu macht, wie Hegel in dem Buch insgesamt vorgehen wird. Eine Lektüre der Einleitung sollte also dazu führen, dass Leserinnen und Leser ein erstes Verständnis dieses Vorgehens gewinnen.

Probleme der Interpretation

Die zentralen Fragen in der Interpretation der Einleitung lassen sich so fassen, dass jeder ihrer drei Abschnitte eine bestimmte Frage aufwirft.

(a) Gegen welche philosophischen Positionen und – sofern sich dies überhaupt sagen lässt – gegen wen richtet sich Hegel mit seinen Eingangsüberlegungen? Er kann leicht so verstanden werden, dass er hier bereits seine direkten Vorgänger Kant, Fichte und Schelling attackiert. Ist dies aber wirklich so und wenn ja: Was genau kritisiert Hegel an den Philosophien, von denen er sich abgrenzt?

Die zweite Frage betrifft die gerafften Angaben, die Hegel zu der in dem Buch präsentierten Entwicklung macht:

(b) Wie ist der Weg zu begreifen, den Hegel hier mit unterschiedlichen Formulierungen ankündigt? Er spricht zum Beispiel von einem »Weg der Seele«, dessen Ziel darin bestehe, »dass sie sich zum Geiste läutere« (75/72). Er spricht aber auch von einem »Weg der Verzweiflung« (75/72). Was besagen solche Formulierungen?

Die dritte Frage ist angestoßen von Hegels These, er benötige für sein Projekt keine eigene Methode und, damit zusammenhängend, von dem Begriff der Erfahrung, den Hegel ins Spiel bringt.

(c) Warum geht Hegel davon aus, dass Bewusstseinsgestalten sich immanent kritisieren, dass sie also in dem Sinne Erfahrungen machen, dass ihre Wissensansprüche sich in Bezug auf ihre Gegenstände als unzureichend erweisen, woraufhin sich, wie er sagt, sowohl das Wissen als auch sein Gegenstand ändert? Wie funktioniert eine solche immanente Kritik und insbesondere: Was kann es heißen, dass ein Gegenstand sich ändert? Wir gehen normalerweise davon aus, dass die Gegenstände, von denen wir Wissen zu erlangen suchen, sich nicht verändern, sondern dass sich zuweilen unsere Überzeugungen wandeln, während die Gegenstände bleiben, was sie sind. Revidiert Hegel dieses Verständnis von Erfahrung?

Detaillierter Kommentar

Hegel beginnt das große Buch damit, dass er von einer »natürlichen Vorstellung« spricht. Er erläutert sie folgendermaßen:

> Es ist eine natürliche Vorstellung, dass, eh in der Philosophie an die Sache selbst, nämlich an das wirkliche Erkennen des-

> sen, was in Wahrheit ist, gegangen wird, es notwendig sei, vorher über das Erkennen sich zu verständigen, das als das Werkzeug, wodurch man des Absoluten sich bemächtige, oder als das Mittel, durch welches hindurch man es erblicke, betrachtet wird. (71/68)

Es liegt nahe zu denken, dass Hegel erst einmal philosophische Positionen kritisiert, mit denen er sich auseinandersetzt, so zum Beispiel – wie bereits angeführt – die Positionen seiner Vorgänger Kant, Fichte und Schelling. Auch andere neuzeitliche Philosophen wie Descartes, Locke, Leibniz und Hume könnten als Positionen verstanden werden, mit denen Hegel gleich zu Beginn eine kritische Abrechnung vornimmt. So könnte er die These vertreten, dass manche oder alle dieser Philosophien einer natürlichen Vorstellung folgen, die es aber zu überwinden gelte (oder so ähnlich).

Genau das macht Hegel aber nicht. Er spricht nicht von unterschiedlichen philosophischen Positionen beziehungsweise einem bestimmten Typ von philosophischen Positionen. Vielmehr spricht er – im Sinne einer Reflexion darauf, was es heißt, mit einer philosophischen Reflexion anzufangen – von einem oftmals selbstverständlich gesetzten Ausgangspunkt. Viele Philosophien gehen demnach davon aus, dass die erste Aufgabe (der theoretischen Philosophie) in einer Analyse des Erkennens besteht. Dieser Ausgangspunkt lässt sich knapper fassen, wenn man sagt, dass Philosophie einer gängigen Auffassung zufolge Erkenntniskritik leisten soll. Demnach gibt es auf der einen Seite das Erkennen (die menschlichen Erkenntnisvermögen) sowie auf der anderen Seite das (von diesen Vermögen) Erkannte, und es muss zuerst geklärt werden, welche Mittel das Erkennen zur Verfügung hat, um Zugang zu dem zu bekommen, was erkannt werden soll. Das, was erkannt werden soll, ist die unabhängig von erkennenden Wesen bestehende

Realität. Hegel spricht hier knapp von dem Absoluten. Absolut ist die Realität, weil sie losgelöst von uns als erkennenden Wesen Bestand hat. Das Erkennen – also die Kräfte in uns Subjekten, die uns erkenntnisfähig machen – wird, wie Hegel sagt, immer wieder als ein Werkzeug oder ein Mittel (beziehungsweise Medium) verstanden, das den Zugang zur Realität ermöglichen soll. Die natürliche Vorstellung besagt also, dass die Realität auf der einen Seite steht und das Subjekt mit seinen Erkenntniskräften auf der anderen und dass es zuerst zu klären gilt, in welcher Weise die Erkenntniskräfte uns Zugang zur Realität verschaffen.

Was kritisiert Hegel nun an dieser Vorstellung? Er sagt es deutlich im zweiten Absatz. Seine Kritik besteht erst einmal nicht darin, dass die Vorstellung falsch ist (auch wenn er am Ende zweifelsohne zu dieser Auffassung kommt). Vielmehr besagt sie in erster Linie, dass unbegründete Voraussetzungen im Spiel sind. Er formuliert folgendermaßen:

> Sie [die Furcht zu irren, wenn man nicht zuerst die Möglichkeiten des Erkennens untersucht] setzt nämlich *Vorstellungen* von dem *Erkennen* als einem *Werkzeuge* und *Medium*, auch einen *Unterschied unserer selbst von diesem Erkennen* voraus; vorzüglich aber dies, dass das Absolute *auf einer Seite* stehe, und *das Erkennen auf der andern Seite* für sich und getrennt von dem Absoluten doch etwas Reelles, [...]. (72 f./69 f.)

Wer denkt, dass die Philosophie mit Erkenntniskritik zu beginnen habe, macht also die Voraussetzung, dass es zwei Seiten gibt: die Seite des für sich bestehenden Objekts und die Seite des erkennenden Subjekts. Das Subjekt ist getrennt vom Objekt: Diese These wird von erkenntniskritischen Überlegungen vorausgesetzt. Aber wie ist diese These begründet?

Woher weiß eine erkenntniskritische Philosophie, dass diese These gilt? Sie weiß es nicht – sie muss es unhinterfragt voraussetzen. Hegel spricht in diesem Sinn von einer »leere[n] Erscheinung des Wissens« (74/71). Die Erscheinung des Wissens ist deshalb leer, weil zentrale Begriffe wie die des Objekts oder des Subjekts nicht bestimmt worden sind, sondern einfach unbestimmt an den Anfang gesetzt werden. Damit führt sich das Projekt der Erkenntniskritik aber selbst *ad absurdum*. Es ist keine kritische Reflexion über die Möglichkeiten des Erkennens, sondern ein Sammelsurium unkritischer Behauptungen darüber, wie das Verhältnis von erkennendem Subjekt und erkanntem Objekt beschaffen ist. Hegel beginnt damit in diesem Sinn seine Überlegungen mit einer Kritik des Projekts der Erkenntniskritik.

Es geht ihm also nicht primär darum, bestimmte Philosophien zu kritisieren. Seine Kritik richtet sich weder primär gegen Kant noch gegen Fichte oder – was man auch immer wieder vermutet hat – gegen Friedrich Heinrich Jacobi (1743–1819), einen Zeitgenossen, der eine spiritualistische philosophische Position in Anlehnung an Spinoza vertrat. Zwar ist es sicher richtig, dass alle diese Philosophen erkenntniskritische Ansätze verfolgen (und insofern auch von Hegels Kritik der Erkenntniskritik getroffen werden). Sie teilen dies mit nahezu allen anderen Philosophien, die in der Neuzeit und auch bereits in der Antike formuliert worden sind (und auch, nebenbei bemerkt, mit einer großen Zahl der Philosophien, deren Zeitgenossinnen und Zeitgenossen wir sind). Hegel geht es jedoch um den erkenntniskritischen Ansatz als solchen, den er zu überwinden trachtet.

Somit haben wir eine erste Idee davon gewonnen, wie die einleitende Kritik Hegels zu verstehen ist. Sie hat, von Anfang an, eine positive Seite, die folgendermaßen artikuliert werden kann: Hegel will nicht mit unbegründeten Voraussetzungen beginnen. Er erläutert dies auch mit Blick auf den Gehalt der zentralen Begriffe (wie derjenigen von Subjekt, Objekt, dem unabhängigen Bestehen des Objekts oder dem Erkennen im Unterschied zum Erkannten): Er will diesen Gehalt, wie er sagt, »geben« (74/71), das heißt: er will ihn entwickeln und nicht voraussetzen.

Hegels Kritik des Projekts der Erkenntniskritik macht selbstverständlich noch nicht klar, wie er selbst sich den Anfang des Philosophierens vorstellt. Dieser Frage wendet er sich im vierten Absatz der Einleitung zu. Gerade hier ist der Text recht kurzatmig und erklärt nicht allzu viel. Nachdem Hegel festgehalten hat, dass unbegründete Voraussetzungen genau das sind, was durch Wissenschaft und damit durch Philosophie überwunden werden soll, heißt es: »Aber die Wissenschaft darin, dass sie auftritt, ist sie selbst eine Erscheinung; ihr Auftreten ist noch nicht sie in ihrer Wahrheit ausgeführt und ausgebreitet.« (74/71) Es ist entscheidend zu klären, was Hegel hier sagen will. Ich schlage vor, ihn folgendermaßen zu verstehen: Wissenschaft ist immer mit Wissensansprüchen verbunden. Wenn diese erhoben werden, ist aber noch nicht klar, ob sie auch tatsächlich eingelöst werden. Das ist zunächst immer eine offene Frage. In diesem Sinne ist Wissenschaft zuerst einmal eine Erscheinung: ein Erheben von Wissensansprüchen, die in der Folge geprüft werden müssen.

Aus diesem Grund stellt Hegel auch nicht zu Beginn ein anderes Projekt gegen das Projekt der Erkenntniskritik. Er sagt in Bezug auf ein solches mögliches Vorgehen in aller Deutlichkeit: »*ein* trockenes Versichern gilt aber gerade soviel als ein anderes.« (74/71) Wissenschaft kann sich so nicht damit zufriedengeben, dass sie eine bestimmte Position bezieht. Genau darin ist sie eine bloße Erscheinung, wie Hegel sagt, bloß ein trockenes Versichern – oder anders gesagt: bloß ein erhobener Wissensanspruch. Wissensansprüche aber müssen eingelöst werden. Sie müssen sich anderen gegenüber bewähren. Wissenschaft ist eine Praxis, in der Wissensansprüche nicht einfach für sich stehen, sondern zu überprüfen sind. Eine entsprechende Überprüfung aber kann es nur dann geben, wenn das Wissen als Wissen thematisiert werden kann. Nur dann kann sich zeigen, ob erhobene Wissensansprüche auch eingelöst werden. Wissenschaft ist, kurz gesagt, notwendig mit einem Wissen vom Wissen verbunden. Wissenschaft ist nicht nur das Projekt, Wissen zu erlangen, sondern auch das Projekt, Wissen als Wissen zu thematisieren. In der Wissenschaft geht es um ein Wissen vom Wissen, um ein höherstufiges Wissen – ein Wissen, das sich als Wissen weiß. Drückt man es in dieser Weise aus, ist leicht zu sehen, dass Hegel nicht einfach allgemein von Wissenschaft spricht, sondern Wissenschaft in spezifischer Weise versteht: als Philosophie. Die Ausführungen Hegels zur Wissenschaft handeln von Philosophie, präsentieren also Philosophie als Wissenschaft *par excellence*.

Wissenschaft in diesem Sinn beginnt damit, dass von Positionen Wissensansprüche erhoben werden und dabei ein bestimmtes Verständnis davon vertreten wird, was Wissen ist. Solche Positionen werden immer in konkreter Weise auf etwas bezogen. Sie sind mit spezifischen historischen Umständen verbunden, mit körperlichen Aktivitäten und Interaktionen von Subjekten innerhalb von Gemeinschaften. Wissenschaft ist dabei, wie erläutert, insofern eine Erscheinung, als die erhobenen Wissensansprüche immer einem kritischen Blick unterworfen werden müssen, was in einem Prozess des immer neuen Überprüfens von Wissensansprüchen geschieht. So kann man die erste positive Angabe verstehen, die Hegel macht und der zufolge »diese Darstellung nur das erscheinende Wissen zum Gegenstande hat« (75/72). Die *PhG* ist also eine Darstellung davon, wie unterschiedliche Ansprüche, ein Wissen vom

Wissen zu haben, an sich selbst scheitern und inwiefern daraus Rückschlüsse für ein angemessenes Wissen vom Wissen gezogen werden können.

Damit gewinnen wir zugleich ein erstes Verständnis der wiederkehrenden Rede von einem Weg: Es geht Hegel darum, ein Wissen, das sich als Wissen weiß, in angemessener Weise zu entfalten. Dies soll dadurch geleistet werden, dass unterschiedliche Varianten des Wissens vom Wissen als einseitig verständlich gemacht werden, also als solche, die an ihren Wissensansprüchen scheitern. Dadurch sollen sich zunehmend Konturen eines angemessenen Wissens vom Wissen ergeben. Heidegger schreibt sehr treffend, dass der Weg, den Hegel sich vornimmt, nicht als eine Reisebeschreibung durch das »Museum der Gestalten des Bewußtseins«[3] zu verstehen ist. Vielmehr geht es um eine sukzessive Befragung von Einseitigkeiten, die ein Wissen vom Wissen verhindern.

Hegel charakterisiert im Anschluss den Weg, den er sich vornimmt, mit zwei weiteren Formulierungen, die beide auf ihre Weise klärend sind. Er charakterisiert ihn als den »Weg des natürlichen Bewusstseins, das zum wahren Wissen dringt« (75/72), und als »Weg der Verzweiflung« (75/72). Das »natürliche Bewusstsein«, von dem Hegel hier spricht, ist nicht mit der »natürlichen Vorstellung« zu verwechseln, die am Anfang der Einleitung steht. Wie wir gesehen haben, ist die »natürliche Vorstellung« eine solche, die Hegel überhaupt nicht für natürlich hält. Er ist vielmehr der Meinung, dass in dem Projekt der Erkenntniskritik viele unbegründete und überhaupt nicht selbstverständliche Voraussetzungen stecken. Hegels Charakterisierung der Vorstellung als »natürlich« ist also als ironisch zu verstehen. Seine Rede von einem »natürlichen Bewusstsein« ist hingegen nicht ironisch. Sie bezeichnet vielmehr ein

3 Heidegger, »Hegels Begriff der Erfahrung«, S. 132.

einfaches Wissen vom Wissen im Sinne eines Wissensanspruchs, der besonders voraussetzungslos vertreten wird.

In dieser Erläuterung steckt eine entscheidende These, die Hegel mit vielen seiner Vorläufer teilt: Jedes Bewusstsein ist ein Wissen vom Wissen. Bewusstsein ist immer Selbstbewusstsein. Dies hat bereits Descartes behauptet,[4] und alle wesentlichen neuzeitlichen Positionen sind ihm darin gefolgt. Hegel macht damit noch einmal deutlich, dass es ihm nicht darum geht, seinen Vorgängern einfach eine andere Position entgegenzusetzen. Er will vielmehr von gegebenen Positionen ausgehend eine Position entwickeln, die nicht mehr an ihren Wissensansprüchen scheitert. Das natürliche Bewusstsein ist als ein selbstverständlich erhobener Wissensanspruch ein geeigneter Ausgangspunkt, um zu diesem Punkt zu gelangen.

Auf der Basis des bislang Geklärten lässt sich auch verstehen, was Hegel meint, wenn er von einem »Weg der Verzweiflung« spricht. Es handelt sich um einen Weg, in dem zunehmend die Selbstverständlichkeit, Wissensansprüche zu erheben, verlorengeht. In diesem Sinn verzweifelt das natürliche Bewusstsein. Diese Verzweiflung ist dabei nicht einfach ein theoretisches Geschehen, sondern hat eine existentielle Dimension. In dem Maße, in dem das Erheben von Wissensansprüchen für uns immer selbstverständlich ist und auf selbstverständliche Weise vollzogen wird, sind wir es, die verzweifeln. Die *PhG* behandelt unterschiedlichste Positionen, denen das Erheben von Wissensansprüchen in der ein oder anderen Weise selbstverständlich ist. Und da sich immer wieder Selbstverständlichkeiten in das Erheben von Wissensansprüchen einschleichen, geht die Verzweiflung immer weiter.

Hegel stellt genau in diesem Sinne einen Bezug zum Skepti-

4 Vgl. René Descartes, *Meditationes de Prima Philosophia*, Stuttgart 1986, Meditatio II, 15.

zismus her, indem er von einem »sich vollbringende[n] Skeptizismus« (75/72) spricht. Der Skeptizismus ist eine Position, die besagt, dass wir nicht zu Wissen gelangen können. Es gibt ihn mindestens in einer antiken und einer neuzeitlichen Variante. Der antike Skeptizismus der pyrrhonischen Schule plädiert auf Basis der These von der Unmöglichkeit des Wissens für eine bestimmte Lebenshaltung. Hegel kommentiert diese Variante des Skeptizismus im Rahmen des Selbstbewusstseinskapitels. Der neuzeitliche Skeptizismus vertritt hingegen die These von der Unmöglichkeit des Wissens im vollen Sinne; so zum Beispiel in der Variante, die David Hume (1711–1776) vor Hegel explizit vertreten hat.[5] Hegel knüpft mit seiner Bemerkung in der Einleitung mehr an dieses neuzeitliche Verständnis des Skeptizismus als an seinen antiken Vorläufer an. Dass der Skeptizismus sich vollbringt, heißt so gesehen: Das Verzweifeln an den Selbstverständlichkeiten, die bei Wissensansprüchen im Spiel sind, führt dazu, dass Wissen als eine zunehmend unsichere Sache erscheint. Genau dies aber ist eine grundsätzliche Voraussetzung von Wissen: Wissen ist nur im Durchgang durch den Skeptizismus möglich. Es muss ausgehalten werden, dass Wissen nicht endgültig abgesichert zu werden vermag. Alles Wissen muss so die Herausforderung des Skeptizismus bestehen, und zwar nicht in dem Sinne, dass der Skeptizismus widerlegt wird (wie unter anderem Kant dachte),[6] sondern in dem Sinne, dass der Skeptizismus als Herausforderung aller Wissensansprüche zugelassen wird. Der Skeptizismus ist eine Bedrohung unseres Wissens; aber er wäre falsch verstanden, wenn man ihn als allein destruktiv ver-

5 Vgl. David Hume, *Eine Untersuchung über den menschlichen Verstand*, Stuttgart 1986, Abschnitt V.

6 Vgl. Immanuel Kant, *Kritik der reinen Vernunft*, Stuttgart 1986, B XXXIX Anm.

stünde. Konsequent betrachtet ist der Skeptizismus produktiv. Erst durch den Skeptizismus wird Wissen möglich, das Bestand hat. Hegel verkehrt damit die skeptische Doktrin: Der Skeptizismus ist für ihn eine Theorie von der Möglichkeit des Wissens, die sich gerade aus dem Abbau von Selbstverständlichkeiten ergibt. Wir können jetzt vielleicht besser verstehen, wie Hegel seine Überlegungen zusammenfasst:

> Der sich auf den ganzen Umfang des erscheinenden Bewusstseins richtende Skeptizismus macht dagegen den Geist erst geschickt zu prüfen, was Wahrheit ist, indem er eine Verzweiflung an den sogenannten natürlichen Vorstellungen, Gedanken und Meinungen zustande bringt, welche es gleichgültig ist, eigene oder fremde zu nennen, und mit welchen das Bewusstsein, das *geradezu* ans Prüfen geht, noch erfüllt und behaftet, dadurch aber in der Tat dessen unfähig ist, was es unternehmen will. (76/73)

Die bislang nachvollzogenen Überlegungen machen auch verständlich, wie Hegel das Ziel des von ihm projektierten Weges versteht. Er sagt ja sehr deutlich: »Das *Ziel* aber ist dem Wissen ebenso notwendig als die Reihe des Fortganges gesteckt [...].« (77/74) Das Ziel liegt dort, wo der Skeptizismus sich vollbringt, und das heißt: dort, wo Wissen gerade durch die Herausforderungen des Skeptizismus hindurch verständlich wird. Das Ziel liegt also für Hegel nicht dort, wo der Skeptizismus ausgeschaltet wurde, sondern dort, wo er sich gewissermaßen selbst verwirklicht hat.[7] Das Ziel kann man in Hegels Sinn also

7 Diese Positivierung des Skeptizismus wird nicht von allen Interpretationen der *PhG* geteilt. So verstehen z. B. Robert Stern und Robert Brandom Hegel so, dass er den Skeptizismus als Bedrohung der Vernunft eliminieren wolle (Robert Stern, *Hegel and the »Pheno-*

mit folgender Frage auf den Punkt bringen: Wie kann man skeptisch sein, ohne zum Skeptiker zu werden? Die Antwort auf diese Frage kann vorläufig lauten: Man kann dies dadurch sein, dass man sich zu sich selbst immer und durchweg kritisch verhält, ohne sich und die eigenen Ansprüche dabei insgesamt aufzugeben. Wenn man sich in seinem Wissen durchsichtig geworden ist, dann weiß man, dass es einer ständigen kritischen Befragung des Wissens bedarf. Man identifiziert sich in diesem Fall auch mit der kritischen Selbstreflexion und nicht nur mit bestimmten Wissensinhalten, die man auf die ein oder andere Art und Weise erworben hat. Aus diesem Grund bleibt man auch in aller Kritik bei sich selbst. Hegel deutet in diese Richtung, das Ziel des von ihm anvisierten Weges zu verstehen, wenn er sagt:

> Was auf ein natürliches Leben beschränkt ist, vermag durch sich selbst nicht über sein unmittelbares Dasein hinauszugehen; aber es wird durch ein anderes darüber hinausgetrieben, und dies Hinausgerissenwerden ist sein Tod. Das Bewusstsein aber ist für sich selbst sein *Begriff*, dadurch unmittelbar das Hinausgehen über das Beschränkte, und, da ihm dies Beschränkte angehört, über sich selbst; mit dem Einzelnen ist ihm zugleich das Jenseits gesetzt, wäre es auch nur, wie im räumlichen Anschauen, *neben* dem Beschränk-

menology of Spirit«, London / New York 2002, S. 13 ff.; Robert Brandom, *A Spirit of Trust. A Semantic Reading of Hegel's Phenomenology*, Cambridge 2019, 1. Kap.; vgl. zu einer intensiven Auseinandersetzung in eliminativer Hinsicht mit Hegels Umgang mit dem Skeptizismus auch Dietmar Heidemann, *Der Begriff des Skeptizismus*, Berlin 2007, bes. dort das 2. und 3. Kap.; Heidemann spricht von Hegels »integrativem Antiskeptizismus«). Ich denke aber, dass damit nicht verständlich wird, dass der Skeptizismus sich Hegel zufolge vollbringt.

ten. Das Bewusstsein leidet also diese Gewalt, sich die beschränkte Befriedigung zu verderben, von ihm selbst. (77 f./74)

Mit diesen Ausführungen bezieht sich Hegel auf einen Unterschied, den unter anderem ein anderer der wichtigen Vorgänger Hegels, Johann Gottfried Herder (1744–1802), in seinen anthropologischen Überlegungen gemacht hat:[8] Natürliche Lebewesen haben organische Anlagen, um in bestimmten Umgebungen lebensfähig zu sein. Sie sind in diesem Sinn unmittelbar an diese Umgebungen gebunden und auf diese beschränkt. Kommt es zu relevanten Änderungen dieser Umgebungen, zum Beispiel durch einen menschlichen Eingriff oder durch Naturkatastrophen, verändern sie sich oder gehen zugrunde. Bewusste beziehungsweise rationale Lebewesen hingegen können sich von ihren Umgebungen distanzieren. Sie können sich und ihre Umwelt befragen. Insofern ist für Menschen nichts einfach in ihrer bloßen Natur begründet, sondern immer erst dadurch, dass sie sich zu etwas verhalten. Sie können immer Fragen stellen wie: »Ist das richtig?«, oder: »Sollten wir das so machen?« Durch solche Fragen verderben sie sich, wie Hegel pointiert sagt, jede beschränkte Befriedigung. Alles, was ihnen einfach natürlich vorkommt, kann sich als unnatürlich, falsch oder anders erweisen.

Nun ist es allerdings Hegel zufolge nicht so, dass Menschen einfach von Natur aus kritikfähig sind. Sie müssen sich Kritikfähigkeit erarbeiten. In diesem Sinn spricht er davon, dass der Weg zum Wissen vom Wissen nur durch »*Bildung*« (76/73) zu erreichen ist (dieser Begriff wird entsprechend auch im Geistkapitel eine wichtige Rolle spielen). Er behauptet in der Einlei-

8 Vgl. Johann Gottfried Herder, *Abhandlung über den Ursprung der Sprache*, Stuttgart 1986, 1. Teil, 2. Abschnitt.

tung damit, dass es sein Anspruch ist, das Wissen vom Wissen bis zu dem Punkt zu verfolgen, an dem wir uns in unserer – nichtnatürlichen – Konstitution als selbstkritische Wesen verständlich werden – als Wesen, die alles einer kritischen Prüfung zu unterziehen vermögen. Ist dieser Punkt erreicht, wird verständlich, dass ein Wesen bleiben kann, was es ist, auch und gerade dann, wenn es durch Selbstkritik Veränderungen anstößt. Genau diese Struktur will Hegel aufklären.

Damit lässt sich bereits ein erster Hinweis darauf gewinnen, warum die *PhG* immer wieder historische Entwicklungen einbezieht. Der Punkt, an dem wir uns als selbstkritische Wesen verständlich werden, ist aus Hegels Sicht als ein solcher zu verstehen, der historisch erreicht wurde – und zwar in der Moderne. Ich habe bereits in der Einführung dieses Kommentars betont, dass die Konstitutionsbedingungen eines angemessenen Wissens vom Wissen aus Hegels Sicht eine historische Dimension haben.[9] Aus diesem Grund verfolgt er in dem Nachvollzug der Einseitigkeit unterschiedlicher Konzeptionen eines Wissens vom Wissen einen Weg, der zu einem modernen Standpunkt führt: zu einem sich vollbringenden Skeptizismus.[10]

Nachdem das Ziel des Hegelschen Projekts so weit umrissen ist, wendet sich Hegel der Frage der Methode zu und macht sich gewissermaßen selbst einen Einwand: Muss eine Unter-

9 Ich betone am Rande, dass damit nicht gesagt ist, Hegel gehe es um den Nachvollzug einer historischen Entwicklung. Meiner Meinung nach ist es unzutreffend, über die *PhG* zu sagen, sie enthalte »the whole course of history« (Forster 1998, S. 299).

10 Die Wichtigkeit des modernen Standpunkts für Hegels Selbstverständnis betonen u. a. auch Terry Pinkard und Robert Pippin. Vgl. Pinkard 2008, 5. Kap.; Robert B. Pippin, *Modernism as a Philosophical Problem: on the Dissatisfactions of European High Culture*, Cambridge/MA 1991, 3. Kap.

suchung unterschiedlicher Arten und Weisen, Wissen zu verstehen, nicht auf eine Methode zurückgreifen? Wenn wir gesagt haben, dass es Hegel darum geht, die Wissensansprüche derer zu prüfen, die beanspruchen, etwas über Wissen zu wissen: Braucht eine solche Prüfung nicht bereits ein Wissen davon, wie Wissen richtig zu bestimmen ist, und in diesem Sinn einen Maßstab? In Hegels Worten klingt dieser Einwand folgendermaßen:

> Diese Darstellung als ein *Verhalten* der *Wissenschaft* zu dem *erscheinenden* Wissen, und als *Untersuchung* und *Prüfung der Realität des Erkennens* vorgestellt, scheint nicht ohne irgendeine Voraussetzung, die als *Maßstab* zugrunde gelegt wird, stattfinden zu können. (78/75)

Hegel weiß, dass er aus der Perspektive von jemandem schreibt, der das Ziel bereits erreicht hat. Aus diesem Grund begreift er seine Darstellung als das »*Verhalten* der *Wissenschaft* zu dem *erscheinenden* Wissen«, und stellt sich vor die Frage, ob er nicht immer schon seine Erkenntnisse als Maßstab einbringen wird, wenn er irgendwelche Konzeptionen davon, was Wissen ist, in ihren Ansprüchen prüft. Die Antwort auf diese Frage ist entscheidend für das Verständnis des Vorgehens in dem Buch selbst. Hegel schenkt ihr im Rahmen der Einleitung auch fast die Hälfte des Platzes. Ich will sie in zwei Schritten resümieren:

Der erste Schritt besteht darin zu verstehen, was Hegel meint, wenn er sagt, das Bewusstsein gebe »seinen Maßstab an ihm selbst« (80/76). Diese wichtige Formulierung erfordert erst einmal eine terminologische Klärung: »Bewusstsein« bedeutet, wissend zu sein. Ein Bewusstsein ist eine bestimmte Art und Weise, etwas zu wissen. Es ist hilfreich, hier den Begriff der Bewusstseinsgestalt einzuführen, der sich bei Hegel erstmals am Ende der Einleitung findet (vgl. 83/80) und der – im Anschluss an Hegels Diktion – in der Sekundärliteratur vielfach verwendet wird, um Hegels Vorgehen in der *PhG* zu erklären. Hegel handelt in seinem Buch, so kann man mit diesem Begriff sagen, von unterschiedlichen Bewusstseinsgestalten. Wir wissen bereits, dass diese Bewusstseinsgestalten jeweils unterschiedliche Ideen davon haben, was Wissen ist und wie man es haben kann: Sie vertreten ein unterschiedliches Wissen vom Wissen. Ich will für solche Ideen einen knappen Begriff einführen, den ich den gesamten Kommentar über verwenden werde, nämlich den Begriff der Wissenskonzeption. Jede Bewusstseinsgestalt vertritt eine spezifische Wissenskonzeption.

Wir können damit erste wichtige Konturen für den Gang der *PhG* festhalten: Dieser Gang bietet eine Abfolge von Bewusstseinsgestalten, also Wissenskonzeptionen. Bewusstseinsgestalten sind also nicht irgendwelche historisch realisierten einzelnen Bestände von Wissen (zum Beispiel der christliche Schöpfungsglaube oder die Newtonsche Physik). Es handelt sich vielmehr um unterschiedliche Verständnisse von Wissen – um unterschiedliche Theorien davon, was Wissen ist.

Hegel schlägt nun plausiblerweise vor zu sagen, dass eine Wissenskonzeption (eine Bewusstseinsgestalt) immer zwei Momente umfasst: Einerseits hält sie etwas Bestimmtes für Wissen, und andererseits bezieht sie sich mittels dieses Wissens auf etwas (sie hat das Wissen, das sie hat, von etwas). Sie erhebt einen Wissensanspruch und hat einen Gegenstand, auf den sie sich mit diesem Wissensanspruch bezieht. Jede Wissenskonzeption vertritt eine bestimmte Auffassung davon, wie Gegenstände, in Bezug auf die wir zu Wissen gelangen können, zu verstehen sind, und davon, was es heißt, in Bezug auf diese Gegenstände Wissen zu haben. Kurz gesagt: Eine Wissenskonzeption ist immer als eine Verbindung von einem

Wissensanspruch und einer Gegenstandsauffassung zu verstehen (auch diese Begrifflichkeit werde ich im Kommentar immer wieder verwenden). Hegel sagt nun, dass wir diese beiden Seiten, die in einer Bewusstseinsgestalt notwendig zusammenhängen, jeweils als Maßstäbe füreinander verstehen können. Wir können sagen, dass die Auffassung von Gegenständen der Maßstab dafür ist, dass Wissensansprüche (»der Begriff«) eingelöst werden oder scheitern. In Hegels Worten:

> Nennen wir das *Wissen* den *Begriff*, das Wesen oder das *Wahre* aber das Seiende oder den *Gegenstand*, so besteht die Prüfung darin, zuzusehen, ob der Begriff dem Gegenstande entspricht. (80/77)

Wir können aber auch den Wissensanspruch als den objektiven Maßstab verstehen und entsprechend ihn vom Gegenstand her verstehen, so dass die Gegenstandsauffassung sich als das erweist, was an einem verfolgten Wissensanspruch scheitern kann. Wiederum in Hegels Worten:

> Nennen wir aber *das Wesen* oder das An-sich *des Gegenstandes den Begriff*, und verstehen dagegen unter dem *Gegenstande*, ihn als *Gegenstand*, nämlich wie er *für ein anderes* ist, so besteht die Prüfung darin, dass wir zusehen, ob der Gegenstand seinem Begriff entspricht. (80/77)

Die zwei Momente, die in jeder Wissenskonzeption zusammenhängen, prüfen sich, so verstanden, wechselseitig. Die Gegenstandsauffassung bildet einen Prüfstein des erhobenen Wissensanspruchs und dieser Anspruch den Prüfstein der Gegenstandsauffassung. Aus diesem Grund muss der Wissensanspruch, den eine Wissenskonzeption vertritt, nicht extern geprüft werden, sondern es kommt immer zu einer internen

Prüfung. Diese Struktur wird uns den gesamten Text der *PhG* hindurch begleiten. Durchweg kommentiert Hegel Bewusstseinsgestalten in der Polarität, die zwischen den von ihr vertretenen Wissensansprüchen und ihren Gegenstandsauffassungen besteht.

Damit ist klar, dass die Kenntnis des Ziels keine Voraussetzung für die Prüfung von Bewusstseinsgestalten im Sinne von Wissenskonzeptionen darstellt. Jede Bewusstseinsgestalt enthält alle Momente, die für die Prüfung relevant sind. Und mehr noch: Jede Bewusstseinsgestalt vollzieht in sich selbst diese Prüfung, da sie immer ein Verständnis ihres eigenen Wissensanspruchs mitbringt. So ist – grundsätzlich (wir werden sehen, dass Hegel durchaus Ausnahmen macht) – jede Bewusstseinsgestalt in Selbstkritik begriffen und entwickelt sich von daher stets weiter. Jede Wissenskonzeption weiß, welchen Wissensanspruch sie erhebt, und kann sich insofern darin reflektieren, wie sie ein bestimmtes Verständnis des Wissens mit einer Gegenstandsauffassung verbindet. Hegel drückt dies folgendermaßen aus:

> Denn das Bewusstsein ist einerseits Bewusstsein des Gegenstandes, anderseits Bewusstsein seiner selbst; Bewusstsein dessen, was ihm das Wahre ist, und Bewusstsein seines Wissens davon. (81/77)

Die Erläuterungen, mit denen Hegel die Selbstkritik von Wissenskonzeptionen in der *PhG* verfolgt, sind mit einem technischen Vokabular verbunden, das er bereits in den hier kommentierten Absätzen der Einleitung gebraucht. Es handelt sich um die Bezeichnungen »an sich«, »für es«, »für sich«, »für anderes« und »für uns«. Erste Erläuterungen dieser Bezeichnungen lassen sich gut auf Basis der Überlegungen zu den grundlegenden Strukturen des Bewusstseins geben.

»An sich« hat eine Bewusstseinsgestalt immer die beiden Momente, von denen bislang die Rede war, und das heißt: unabhängig davon, ob die Bewusstseinsgestalt sich von sich aus auf sie bezieht oder nicht. Wenn die Bewusstseinsgestalt sich hingegen selbst auf die Momente, die für sie wesentlich sind, bezieht, dann spricht Hegel davon, dass sie »für es« (das Bewusstsein) beziehungsweise »für sich« sind. In diesem Fall entwickelt Hegel seine Artikulationen aus der Perspektive des Bewusstseins. In anderen Fällen spricht er davon, dass »für uns« die Momente so oder so zu verstehen sind. Damit ist die Perspektive desjenigen bezeichnet, der die Entwicklung der *PhG* durchlaufen hat und der aus diesem Grund die jeweiligen Positionen aus dem am Ende erzielten Überblick heraus artikulieren kann. Die bislang erläuterten Bezeichnungen unterscheiden die Perspektiven, aus denen heraus die Momente einer Bewusstseinsgestalt zugänglich sind und aus denen man sich auf sie bezieht (im Sinne einer Erkenntnistheorie dieser Momente).

Die Bezeichnungen »für anderes« und korrelativ dazu auch »für sich« (in einer anderen als der eben bereits kommentierten Verwendung) beschreiben die Art und Weise, wie die Momente einer Bewusstseinsgestalt konstituiert sind (also die Ontologie der Momente). Spricht Hegel hier davon, ein Moment sei »für sich«, bedeutet dies, dass dieses Moment aus sich heraus konstituiert ist. Ist hingegen davon die Rede, ein Moment sei »für anderes«, dann ist dieses Moment nicht aus sich heraus konstituiert, sondern ist in seiner Konstitution abhängig von anderem. Hegel hält sich in seiner Analyse von Bewusstseinsgestalten streng daran, erkenntnistheoretische und ontologische Unterschiede mittels dieser Begriffe zu markieren.

Damit komme ich zum zweiten Schritt in Hegels Zurückweisung der Notwendigkeit eines externen Maßstabs, mit dem wir nachvollziehen können, inwiefern Hegel die interne

Prüfung von Wissenskonzeptionen als eine immanente Kritik begreift. Aufgrund dieser Prüfung befinden sich Wissenskonzeptionen in einer Bewegung, die von Hegel folgendermaßen kommentiert wird:

> Diese *dialektische* Bewegung, welche das Bewusstsein an ihm selbst, sowohl an seinem Wissen als an seinem Gegenstande ausübt, *insofern ihm der neue wahre Gegenstand* daraus *entspringt*, ist eigentlich dasjenige, was *Erfahrung* genannt wird. (82/78)

Ich habe oben schon bemerkt, dass diese Thesen Hegels erst einmal sehr irritierend sind. Geht es um Wissen, begreifen wir mögliche Anpassungen unserer Überzeugungen nicht so, dass sich mit unseren Überzeugungen auch die Gegenstände unserer Überzeugungen ändern. Normalerweise gehen wir vielmehr davon aus, dass Gegenstände bei einer Änderung unserer Wissensansprüche gleich bleiben. Hegel kann schlecht so verstanden werden, dass er an dieser Trivialität uneingeschränkt rütteln will.[11] Stellen wir aber in Rechnung, dass es Hegel darum geht, ein angemessenes Wissen vom Wissen zu begründen und dass er aus diesem Grund Wissenskonzeptionen durchgeht, kann man ihm erst einmal den folgenden Gedanken zuschreiben: Mit jeder Veränderung von Wissenskonzeptionen kommen auch neue Gegenstandsauffassungen zustande. Wissenskonzeptionen haben unterschiedliche Auffassungen davon, was Gegenstände des Wissens sind. So ist es nicht weiter verwunderlich, dass sich von Wissenskonzeption zu Wissenskonzeption das, was als Gegenstand gilt, ändert. He-

11 Vgl. hierzu die eigentümlichen Erläuterungen Robert Brandoms, der Hegel so versteht, als wolle er doch die Trivialität über den Haufen werfen (Brandom 2019, 3. Kap.).

gels These hat damit einen klaren Sinn: Sie besagt, dass jeweils mit einer neuen Wissenskonzeption auch eine neue Gegenstandsauffassung zustande kommt.

Dabei entstehen Gegenstandsauffassungen nicht einfach so neu. Die neuen Gegenstandsauffassungen reflektieren vielmehr die Probleme, die sich in alten Gegenstandsauffassungen ergeben haben. Gegenstandsauffassungen entwickeln sich auseinander. In diesem Sinn sagt Hegel: »Dieser neue Gegenstand enthält die Nichtigkeit des ersten, er ist die über ihn gemachte Erfahrung.« (82/79)

Die Veränderung von Wissenskonzeptionen und damit von Gegenstandsauffassungen ist aber nicht nur eine theoretische, abstrakte Angelegenheit. Mit Gegenstandsauffassungen verändern sich vielmehr auch die Gegenstände selbst. Insofern rüttelt Hegel durchaus an der Einschätzung, Gegenstände seien einfach aus sich heraus als Gegenstände des Wissens zu verstehen. Für unser Wissen von Gegenständen sind Gegenstandsauffassungen grundlegend. Mit Letzteren also verändern sich durchaus auch die Gegenstände, von denen wir Wissen zu erlangen suchen.

Der Erfahrungsbegriff, den Hegel auch in dieser These verwendet, scheint der Interpretation, die ich bislang entwickelt habe, zu widersprechen. Ist Erfahrung nicht das, was sich in Auseinandersetzung mit einzelnen Gegenständen vollzieht? Von Erfahrung reden wir doch normalerweise dann, wenn wir lernen, dass Herdplatten heiß sein können oder dass es in Kollegien zu unüberbrückbaren Spannungen kommen kann. Erfahrungen sind in diesem Sinn empirisch: Sie resultieren aus unserer Konfrontation mit Sachverhalten in der Welt.

Es ist wichtig zu erkennen, dass Hegel Erfahrung primär jedoch nicht in dieser Weise versteht. Erfahrung ist für ihn daran gebunden, dass Wissen sich verändert. Eine Veränderung des Wissens aber vollzieht sich dadurch, dass unser Wissen vom

Wissen eine neue Gestalt annimmt. Erst dadurch können wir den bloßen Anschein von Veränderung (»ein trockenes Versichern«) von einer echten Veränderung unterscheiden. Erfahrung ist insofern aus Hegels Sicht immer an die Widersprüche gebunden, die sich in Wissenskonzeptionen ergeben. Sie resultiert nicht aus der Konfrontation mit bloßen Gegenständen, sondern daraus, dass Wissensansprüche sich an den in Gegenstandsauffassungen gegebenen Gegenständen nicht bewähren. Erfahrung setzt insofern die Spannung voraus, die nach Hegels Verständnis alles Bewusstsein ausmacht. Sie ist – um es kurz zu sagen – nicht empirisch, sondern dialektisch-spekulativ.[12]

Die Widersprüche, auf denen die dialektisch-spekulative Struktur der Erfahrung beruht, sind dabei nicht einfache Widersprüche, die sich leicht ausräumen lassen (in dem Sinne, dass wir einfach eine der Thesen, die im Widerspruch zueinander stehen, fallenlassen), sondern es handelt sich um Widersprüche, die uns gerade aufgrund ihrer gewissen Unlösbarkeit (es wird noch zu klären sein, inwiefern hier von einer »gewissen Unlösbarkeit« die Rede ist) zu einer Weiterentwicklung unseres Denkens veranlassen.[13] Erfahrungen führen so dazu, dass wir unsere Begriffe verändern; sie greifen in unser Denken ein. Wenn ich mit Hegel davon spreche, dass Erfahrung damit dialektisch bestimmt ist, heißt dies: Erfahrung ist der

12 Den Begriff des Spekulativen als Grundbegriff vernünftigen Denkens hat Hegel bereits in seiner Differenz-Schrift eingeführt (vgl. Hegel, *Die Differenz des Fichteschen und Schellingschen Systems der Philosophie*, in: *TWA*, Bd. 2, S. 7–138, hier: S. 30 ff.).

13 Die dialektische Produktivität der Widersprüche lässt sich auch mit dem Begriff des Dialogs und entsprechend mit einer dialogischen Konzeption verbinden; vgl. dazu besonders Rüdiger Bubner, »Dialog und Dialektik oder Platon und Hegel«, in: R. B., *Antike Themen und ihre moderne Verwandlung*, Frankfurt a. M. 1992, S. 37–65.

Prozess immanenter Kritik, in dem sich aus einem Widerspruch von zwei für uns grundlegenden Verständnissen ein neues Verständnis ergibt, in dem dieser Widerspruch auf eine neue Ebene gehoben wird.

Um ein Beispiel zu geben: Wir machen eine Erfahrung, wenn wir erkennen, dass die Bestimmungen des Menschen als eines Sinnenwesens und eines geistigen Wesens sich widersprechen, und aus dieser Einsicht heraus eine neue Konzeption des Menschen entwickeln, zum Beispiel die Konzeption des Menschen als eines unbestimmten Wesens, eines »nicht festgestellten Tiers«, wie Nietzsche sagt.[14] Hegel spricht oft davon, dass wir die widersprüchlichen Bestimmungen in der neuen Bestimmung *aufheben*. Der Begriff der Aufhebung wird immer wieder als einer der zentralen methodischen Begriffe von Hegels Philosophie angesehen. Zwar spielt dieser Begriff in der *PhG* keine besonders prominente Rolle. Man kann ihn aber heranziehen, um das Verständnis der immanenten Kritik, das die *PhG* verfolgt, zu artikulieren. Demnach hebt eine neue Bestimmung die Widersprüche alter Bestimmungen dahingehend auf, dass sie (a) diese alten Bestimmungen überwindet, dass sie (b) diese alten Bestimmungen dabei zugleich bewahrt und dabei (c) eine neue Ebene begründet. Aufhebung ist ein in diesem Sinne jeweils dreifaches Geschehen – und Dialektik eine Theorie der Produktivität der Widersprüche.

Hegels Begriff der Erfahrung ist im Rahmen dieser Theorie zu verstehen. Erfahrung kommt demnach dadurch zustande, dass die theoretischen Begriffe, in denen Menschen ihr Wissen artikulieren und somit Wissen von ihrem Wissen haben, sich weiterentwickeln. Wer im Sinne Hegels Erfahrungen macht,

14 Vgl. Friedrich Nietzsche, *Jenseits von Gut und Böse*, in: F. N., *Kritische Studienausgabe*, München / Berlin / New York 1988, Bd. 5, 3. Hauptstück, Aphorismus 62, S. 81.

entwickelt sich in seinem Wissen über sich und damit über die Welt weiter. Er verändert damit sein Wissen über sich und über die Welt. Man kann sagen, dass Hegel somit Erfahrung als Realisierung von Selbstkritik (in dem oben erläuterten Sinn) versteht. Er vertritt damit einen anspruchsvollen Begriff von Erfahrung, dem zufolge nicht ein bloßer Erwerb von Wissen, sondern eine kritische Reflexion von Wissen Erfahrung ausmacht. Aus einer solchen Reflexion resultiert dabei nicht »ein leeres Nichts« (83/80), sondern kommt ein spezifisches neues Wissen über das eigene Wissen zustande: also eine neue Wissenskonzeption (im Kapitel zum absoluten Wissen wird sich zeigen, dass sich eine Veränderung von Wissenskonzeptionen durchaus auch als ein Aspekt einer Auseinandersetzung mit Gegenständen in der Welt verstehen lässt).

Hier wird noch einmal deutlich, inwiefern Hegels »sich vollbringender Skeptizismus« sich von einem substantiellen Skeptizismus unterscheidet. Letzterer behauptet eine Unmöglichkeit von Wissen. Nach gängigem Verständnis formuliert er gerade in seiner neuzeitlichen Variante skeptische Hypothesen (zum Beispiel im Sinne der Frage: »Kannst du aus deiner Bewusstseinsperspektive heraus ausschließen, ein Gehirn im Tank zu sein, das in raffinierter Art und Weise zu den Bewusstseinseindrücken stimuliert wird, die du hast?«) und macht geltend, dass diese Hypothesen nicht ausgeschlossen werden können. Solange dies aber so ist, gebe es, streng genommen, kein Wissen. Hegels dialektische Widersprüche, die den Prozess der Erfahrung vorantreiben, funktionieren jedoch nicht wie skeptische Hypothesen. Sein Skeptizismus ist vielmehr der Prozess, in dem immer mehr Bestimmungen, die wir für feststehend zu halten geneigt sind, sich als für sich genommen unhaltbar erweisen, so dass ein komplexerer begrifflicher Horizont gewonnen werden muss, innerhalb dessen diese Bestimmungen (in dem erläuterten Sinn) aufgehoben sind. Die

Unhaltbarkeit der Bestimmungen führt nicht zu ihrer bloßen Negation. Sie führt vielmehr zu einer Weiterentwicklung von Bestimmungen, in der die unhaltbaren Bestimmungen in veränderter Form weiter Bestand haben. Aus dieser Entwicklung heraus hängen alle Bestimmungen, in denen wir unser Wissen artikulieren, grundlegend zusammen.

Hegels Begriff von Erfahrung ist dabei durchaus auch als ein kritischer Begriff zu verstehen. Kritisiert werden all diejenigen Haltungen, in denen man sich einer Selbstkritik verweigert. Wer sich mit der Welt nur deshalb auseinandersetzt, um Bestätigung für seine sowieso schon bestehenden Überzeugungen zu gewinnen, kann die für sein Verständnis von Wissen konstitutiven Zusammenhänge mit anderen Verständnissen nicht nachvollziehen und wird so gegenüber den eigenen Einseitigkeiten blind. Er verliert damit auch den Kontakt zur Welt als der Instanz, die entsprechende Einseitigkeiten immer wieder herausfordert.

Damit haben wir die Einleitung jetzt so weit durchdrungen, dass wir uns ihrem Ende nähern können:

> Die Erfahrung, welche das Bewusstsein über sich macht, kann ihrem Begriffe nach nichts weniger in sich begreifen als das ganze System desselben, oder das ganze Reich der Wahrheit des Geistes, so dass die Momente derselben in dieser eigentümlichen Bestimmtheit sich darstellen, nicht abstrakte, reine Momente zu sein, sondern so, wie sie für das Bewusstsein sind, oder wie dieses selbst in seiner Beziehung auf sie auftritt, wodurch die Momente des Ganzen, *Gestalten des Bewusstseins* sind. (84/80)

Hegel wiederholt hier noch einmal zwei zentrale Thesen, die er in der Einleitung vertritt: Die Wissenskonzeptionen, die von Menschen vertreten werden, hängen systematisch darin zusammen, dass sie jeweils den Ausschnitt eines Bildes darstellen, das sich erst durch die Entwicklung der Widersprüche, die in diesen Wissenskonzeptionen im Spiel sind, zusammensetzt. Hegel vertritt so erstens die These, dass sich aus der Entwicklung der Widersprüche ein Zusammenhang ergibt. Und er vertritt zweitens die These, dass dieser Zusammenhang ein Ziel kennt.

Dieses Ziel wird bereits in der Einleitung mit dem berüchtigten Begriff des »absoluten Wissens« (84/81) markiert: Die Wissenschaft der Erfahrung des Bewusstseins, die Wissenschaft von der erscheinenden Wissenschaft vollendet sich mit dem »absoluten Wissen«. Das klingt so, als steuere Hegel auf einen endgültigen Abschluss zu, auf eine nicht mehr zu überbietende Gestalt des Wissens. Wir haben aber gesehen, dass das Ziel der Entwicklung, die Hegel in der *PhG* verfolgt, ganz anders verstanden werden kann: Es handelt sich um das Ziel, an dem Wissen sich als eine in einem produktiven Sinne unsichere, grundsätzlich mit Selbstkritik verbundene Praxis durchsichtig geworden ist. Hier ist eine Wissenskonzeption erreicht, die auch die Revision der Verständnisse von Wissen als notwendigen Teil des Gewinnens von Wissen verstehen kann und die sich aus diesem Grund in allen weiteren Revisionen gerade nicht mehr verändert, sondern – wie Hegel gerne sagt – in ihnen bei sich bleibt. Diese Wissenskonzeption ist ein Abschluss, der aus sich heraus mit weiterer Entwicklung verbunden ist.

Der systematische Ertrag

Die Einleitung klärt vor allem, warum Hegel erstens das Projekt der Erkenntniskritik kritisiert und wie er zweitens seine eigene Philosophie als eine solche konzipiert, die dieser Kritik

Rechnung trägt. Die Kritik der Erkenntniskritik ist nicht primär daraus motiviert, dass Hegel schon an diesem Punkt (der Einleitung) sicher wäre, sie für falsch halten zu können. Problematisch ist die Erkenntniskritik, wie sie besonders in der Neuzeit von Descartes bis Kant zunehmend als Selbstverständlichkeit etabliert wurde, aus Hegels Sicht, weil sie eine Reihe unbegründeter, und so ganz und gar nicht selbstverständlicher, Voraussetzungen macht. Diese Voraussetzungen haben ihren Kern in der Trennung von Subjekt und Objekt. Der Ertrag der Einleitung lässt sich entsprechend sehr knapp resümieren, indem wir sagen: Es geht ihr darum zu sagen, dass man weder den Begriff des Subjekts noch den Begriff des Objekts in zufriedenstellender Weise klären kann, wenn man ihre Trennung voraussetzt. In den Überlegungen zur immanenten Kritik von Wissenskonzeptionen haben wir aber auch gesehen, dass es Hegel nicht darum geht, einfach eine harmonische Einheit von Subjekt und Objekt zu behaupten. Er will vielmehr die Trennung beider aus ihrem Zusammenhang heraus denken.

Entsprechend seiner Kritik an dem Projekt der Erkenntniskritik gestaltet Hegel das Vorgehen der *PhG* so, dass er nicht von Anfang an mit einer eigenen Position aufwartet. Ganz im Gegenteil: Er will die Wissenskonzeption, die er am Ende verteidigt, dadurch gewinnen, dass er anderen Wissenskonzeptionen in ihren Widersprüchen folgt. So steht im Zentrum der *PhG* nicht die eigenständige Entwicklung einer Position, die Hegel seinen Leserinnen und Lesern präsentieren würde, sondern der Nachvollzug unterschiedlicher Positionen, die er verfolgt, um aus dieser Entwicklung heraus dann die Konturen einer haltbaren Wissenskonzeption zu gewinnen – einer Wissenskonzeption also, die er sich aus einem komplexen Dialog mit anderen Konzeptionen heraus zu eigen macht. Damit zeichnet sich ein entscheidendes Moment des Verständnisses von Philosophie ab, das Hegel vertritt: Er begreift seine eigene Philosophie dezidiert als eine Philosophie unter anderen Philosophien. Aus Hegels Sicht ist es kein unglücklicher Zufall, dass es unterschiedliche Philosophien gibt, die sich in entscheidenden Punkten deutlich widersprechen. Es ist vielmehr ein Wesensmerkmal von Philosophie, dass dies tatsächlich so ist. Philosophische Erkenntnis ist an die Auseinandersetzung zwischen unterschiedlichen Philosophien gebunden.[15]

Wir haben gesehen, dass sich nach Hegels Verständnis auf dem Weg zu einer haltbaren Wissenskonzeption (einer durchgeführten Wissenschaft also) die Auffassung von Gegenständen des Wissens immer wieder ändert. Damit kündigt er bereits hier schon an, dass das Buch, das den entsprechenden Weg geht, überraschende Wendungen enthalten wird. Die *PhG* ist nicht eine erkenntnistheoretische Abhandlung, wie es die klassischen Texte von zum Beispiel Descartes, Locke oder Kant sind. Sie bleibt nicht bei der Analyse des kognitiven Verhältnisses stehen, in dem Subjekte zu Objekten stehen. Vielmehr widmet sie sich zum Beispiel auch der intersubjektiven Konstitution von Subjekten, der Konstitution von Normen in gemeinschaftlichen Praktiken und der Bedeutung von Moralität und Gewissenhaftigkeit für das Zustandekommen von Wissen. Hegel macht also in seinem Buch Ernst mit der Veränderung der Gegenstände. Dabei spielen auch unterschiedliche historische Aspekte hinein, da er die von ihm behandelten Gegenstandsauffassungen als auch historisch geprägt begreift.

15 Vgl. hierzu auch Hegel, *Vorlesungen über die Geschichte der Philosophie*, in: *TWA*, Bde. 18–20, bes. Bd. 18, S. 20–69.

II. Bewusstsein

Überblick

Das Bewusstseinskapitel eröffnet Hegels Durchgang durch unterschiedliche Konzeptionen des Wissens. Es zerfällt in drei Großabschnitte:

1. Der erste dieser Abschnitte setzt bei einem direkten sinnlichen Bezug auf Gegenstände an, den Hegel als »sinnliche Gewissheit« bezeichnet;
2. der zweite kommentiert ein Wahrnehmungsverhältnis, in dem Gegenstände mittels ihrer Eigenschaften erfasst werden;
3. und der dritte setzt sich schließlich mit Versuchen auseinander, die Zusammenhänge der Wahrnehmungswelt durch hinter den Erscheinungen wirksame Kräfte zu erklären.

Charakteristisch für den Ausgangspunkt, den Hegel wählt, ist der Begriff der Unmittelbarkeit, der eine Bewusstseinsgestalt charakterisiert, die dem eigenen Verständnis nach ohne alle Voraussetzungen auskommt. Hegel hält es für zwingend, seinen Weg zu einem angemessenen Wissen vom Wissen mit dieser Gestalt zu beginnen. Er will zeigen, dass sich alle Konzeptionen, die Wissen von diesem Ausgangspunkt her zu begreifen suchen, in unlösbare Widersprüche verwickeln. Diese Widersprüche liegen in erster Linie darin begründet, dass auf der Basis eines direkten Gegenstandsbezugs kein plausibler Begriff von Allgemeinheit gewonnen werden kann. Es zeigt sich aber in den Betrachtungen zunehmend, dass die Explikation von Wissen eines tragfähigen Begriffs von Allgemeinheit bedarf.

Das Bewusstseinskapitel weist so von Anfang an über sich hinaus. Es ist auf den Übergang zum Selbstbewusstseinskapitel hin angelegt. Dabei zeigt es bereits ein wichtiges Prinzip der Darstellungen der *PhG*: Die aufgrund ihrer Widersprüche kritisierten Wissenskonzeptionen werden von Hegel zugleich als solche kommentiert, die wichtige Einsichten liefern.

Drei Einsichten der Konzeptionen, die im Bewusstseinskapitel im Zentrum stehen, stechen besonders heraus:

Erstens ist ein Wissen, das Gegenstände konkret erfasst, nur auf Basis von Allgemeinbestimmungen möglich.

Zweitens sind die erforderlichen Allgemeinbestimmungen nicht aus sich heraus bestimmt, sondern stehen in konstitutiven Beziehungen zueinander. Kurz gesagt: Begrifflicher Gehalt ist holistisch konstituiert. Ein Begriff hat nur dann Bedeutung, wenn auch viele andere Begriffe Bedeutung haben. Hegel macht damit deutlich, dass diese Einsicht bereits in einfachen Konzeptionen empirischen Wissens erreicht wird.

Drittens können Allgemeinbegriffe nicht aus dem bloßen Bezug auf Gegenstände heraus gewonnen werden, sondern bedürfen in ihrer Konstitution des Bezugs des Bewusstseins auf sich selbst. Allgemeinbestimmungen stellen einen beständigen Zusammenhang zwischen wechselnden Gegenständen her, verbinden also Beständigkeit und Unbeständigkeit miteinander. Diese Verbindung lässt sich nicht aus dem Gegenstandsbezug heraus begründen, sondern bedarf des Bezugs auf das Bewusstsein, das in seinem Umgang mit unterschiedlichen Gegenständen Bestimmungen festhält. Damit ist der Übergang zu den Wissenskonzeptionen des Selbstbewusstseinskapitels vorgezeichnet.

Probleme der Interpretation

Das Bewusstseinskapitel wirft drei zentrale Fragen für die Interpretation auf:

(a) Wen kommentiert Hegel in den Abschnitten, die dieses Kapitel umfasst? Ist sein Ansatzpunkt ein neuzeitlicher Empirismus, der die These vertritt, es sei nichts im Geiste, was nicht zuvor in den Sinnen gewesen ist? Oder handelt es sich um eine abstrakte Zusammenstellung von Positionen, die nicht einer einheitlichen Tradition angehören?

(b) Dazu gehört eine zweite Frage: Worin besteht der Zusammenhang zwischen den unterschiedlichen Positionen, die Hegel im Bewusstseinskapitel bespricht? Gerade dann, wenn man zu der Auffassung gelangt, dass Hegel die Positionen nicht aus einer einheitlichen Tradition schöpft, sondern selbst einen Zusammenhang herstellt, gewinnt diese Frage an Relevanz: Was ist die Gemeinsamkeit der Bewusstseinsgestalten, die dem ersten Augenschein nach recht unterschiedlich sind? Um diese Gemeinsamkeit zu klären, ist es auch wichtig zu verstehen, wie die in dem Kapitel zusammengebrachten Bewusstseinsgestalten aneinander anschließen.

(c) Die vielleicht heikelste Frage in der Interpretation des Bewusstseinskapitels liegt besonders nahe. Sie lautet: Wie funktioniert der Übergang zum Selbstbewusstseinskapitel? Welche Widersprüche machen das Ende des Bewusstseinskapitels aus, und inwiefern werden diese Widersprüche von Wissenskonzeptionen aufgehoben, in deren Zentrum das Selbstbewusstsein steht?

I. Die sinnliche Gewissheit oder das Diese und das Meinen

Hegel beginnt seine Überlegungen mit einer Wissenskonzeption, die ihrem Selbstverständnis nach voraussetzungslos ist. Wir haben bereits in der Einleitung gesehen, dass es für ihn selbstverständlich ist (er spricht von einem »natürlichen Bewusstsein«), Wissen voraussetzungslos begründen zu wollen. Aus diesem Grund muss die Wissenskonzeption der sinnlichen Gewissheit am Anfang stehen. Sie macht geltend, dass Wissen durch den direkten Kontakt mit Gegenständen in der Welt erworben wird. Der Wissensanspruch, der hier vertreten wird, besagt, dass durch diesen direkten Kontakt, durch ein reines Auffassen der Welt, das reichste und konkreteste Wissen zustande kommt. »[E]ine Erkenntnis von unendlichem Reichtum« (85/82) solle auf diese Weise gewonnen werden.

Welche Gegenstandsauffassung aber korrespondiert diesem Anspruch? Hegels Kommentar zur »sinnlichen Gewissheit« gibt ein gutes Beispiel für die einer Bewusstseinsgestalt inhärenten Widersprüche, von denen Hegel in der Einleitung spricht. Die Gegenstandsauffassung nämlich bedeutet das Gegenteil dessen, was der Wissensanspruch verspricht. Die Gegenstandsauffassung ist die »abstrakteste und ärmste *Wahrheit*« (85/82). Dies sucht Hegel mit seiner Explikation gleich zu Anfang deutlich zu machen. Falls ein bloß direkter Gegenstandskontakt zu Wissen führen soll, so bedeutet das, dass nur eine einzige Beziehung im Spiel ist, nämlich diejenige des Bewusstseins auf seinen Gegenstand. Mögliche Beziehungen, die für den Gegenstand und das Bewusstsein sonst relevant sind, können entsprechend in dieser Wissenskonzeption nicht durch das Bewusstsein erfasst werden. Um sie zu erfassen, müsste es seinen Anspruch aufgeben, den Gegenstand durch einen unmittelbaren

Kontakt zu wissen. So kommen für das Bewusstsein weder Beziehungen im Gegenstand, zum Beispiel zwischen unterschiedlichen seiner Eigenschaften, noch Beziehungen im Rahmen des Bewusstseins, zum Beispiel zwischen unterschiedlichen seiner Bewusstseinsinhalte, in Betracht. In Hegels Worten:

> Ich, *dieser*, bin *dieser* Sache nicht darum gewiss, weil *Ich* als Bewusstsein hiebei mich entwickelte und mannigfaltig den Gedanken bewegte. Auch nicht darum, weil *die Sache*, deren ich gewiss bin, nach einer Menge unterschiedener Beschaffenheiten eine reiche Beziehung an ihr selbst, oder ein vielfaches Verhalten zu andern wäre. (85/82 f.)

Es bleibt bei dem direkten Kontakt des Bewusstseins zu seinem Gegenstand. Aus diesem Grund ist das »reine *Sein*« (86/83), das bloße »dies ist« der Gegenstand der sinnlichen Gewissheit. Damit wird, so insistiert Hegel, kein reiches, sondern ein überaus undifferenziertes und somit armes Wissen erworben. Der Gegenstand des Wissens steht im eklatanten Widerspruch zu dem erhobenen Wissensanspruch. Oder anders gesagt: Der Wissensanspruch wird durch die Wissenskonzeption nicht eingelöst.

Die Bewusstseinsgestalt des sinnlichen Wissens ist aber in ihrer Grundstruktur nicht hinreichend gefasst, wenn man nur die Unmittelbarkeit des Gegenstands betont. Die sinnliche Gewissheit, so Hegel, bezieht sich auf die Gegenstände, auf die sie sich bezieht, als eine Instanz von Unmittelbarkeit. Sie rechnet konstitutiv mit vielen Unmittelbarkeiten. Das aber bedeutet, dass die Unmittelbarkeit in der sinnlichen Gewissheit differenzbehaftet ist. Hegel sagt: Jeder Gegenstand der sinnlichen Gewissheit ist »ein *Beispiel* derselben« (86). Dies lässt sich genauer so verstehen: Die Konzeption eines Wissens durch unmittelbaren Kontakt mit Gegenständen, das zudem ein besonders reiches Wissen sein soll, gibt nur unter der Bedingung Sinn, dass es viele Situationen eines solchen unmittelbaren Kontakts gibt. Es gibt unterschiedliche Gegenstände, denen man in unmittelbarem Kontakt begegnen kann. Aus diesem Grund steht ein unmittelbarer Kontakt nicht für sich. Er ist immer ein Beispiel sehr vieler unmittelbarer Kontakte, die jeweils zu sinnlicher Gewissheit führen. Mit Hegels etwas aufgeladener Sprache kann man sagen: An jedem unmittelbaren Kontakt spielen viele andere unmittelbare Kontakte beiher (vgl. 86/83).[1] Unter den Unterschieden möglicher Gegenstände sinnlicher Gewissheit ist dabei der Unterschied zwischen dem Subjekt (dem »Ich«) und dem Objekt (dem »Gegenstand«) von besonderer Bedeutung. Aus diesem Grund ist – entgegen der Grundhaltung der Wissenskonzeption – doch ein In-Beziehung-Setzen für das Wissen der sinnlichen Gewissheit entscheidend. Bereits in seiner Grundstruktur wird die Wissenskonzeption also ihrem eigenen Anspruch nicht gerecht.

Dieser Grundwiderspruch spielt auch in den unterschiedlichen Formen eine entscheidende Rolle, in Bezug auf die Hegel die Bewusstseinsgestalt im Folgenden weiter analysiert. Hegel unterscheidet drei Formen, in denen die sinnliche Gewissheit auftritt:

1. In der ersten Form ist ein äußeres Objekt der Gegenstand der sinnlichen Gewissheit (86–88/83–86),
2. in der zweiten Form das subjektive Bewusstsein in unterschiedlichen seiner Zustände (88–90/86–87).
3. Die dritte Form schließlich bezieht sich auf einen Zusammenhang von Subjekt und Objekt als seinen Gegenstand (90–92/87–90).

1 Vgl. dazu die klärenden Erläuterungen von Martin Heidegger, *Hegels Phänomenologie des Geistes*, Frankfurt a. M. 1980, S. 83.

Hegel verfolgt diese unterschiedlichen Formen aus der Perspektive dessen heraus, der die Entwicklungen, denen er folgt, überschaut. Dies liegt darin begründet, dass die Wissenskonzeption der sinnlichen Gewissheit keine Beziehungen kennt – und damit auch keine Beziehungen des Wissenden auf sein Wissen. Wenn es in einer Bewusstseinsgestalt kein Wissen vom eigenen Wissen gibt, kann es auch keine Selbstkorrektur in Bezug auf den eigenen Wissensanspruch geben. Wer sich zu seinem eigenen Wissen verhält, kann sich durch Widersprüche in der eigenen Wissenskonzeption zu Entwicklungen genötigt sehen. Viele andere Wissenskonzeptionen, die Hegel im Rahmen der *PhG* kommentiert, vollziehen gewissermaßen aus sich selbst heraus Entwicklungen – die sinnliche Gewissheit tut dies nicht. In ihrem Fall führen die Widersprüche nur an sich zu einer Entwicklung, nicht für das Bewusstsein (vgl. zu diesem Vokabular hier S. 48 f.). Es kommt dem Kommentator Hegel zu, die Widersprüche der Bewusstseinsgestalt als Motor einer Entwicklung zwischen unterschiedlichen Formen, in denen die Gestalt auftritt, verständlich zu machen. Man kann ihn so verstehen, dass er sagt: Unterschiedliche Realisierungen der Wissenskonzeption hängen zusammen. Es gibt demnach einen Übergang von der Realisierung, der zufolge man Wissen aus dem direkten Kontakt mit äußeren Gegenständen zu gewinnen sucht, zu der Realisierung, in der ein entsprechender Kontakt mit eigenen Bewusstseinszuständen dies leisten soll, zu einer Realisierung, in der ein Konglomerat aus beidem die Basis des Wissens abgeben soll. Hegel zeigt, dass in allen drei Realisierungen die grundlegenden Widersprüche der Konzeption fortbestehen.

Die erste Form der sinnlichen Gewissheit ist besonders naheliegend: Es ist nach ihrem Verständnis ein Wissen, das durch direkten Kontakt mit einem äußeren Gegenstand zustande kommt. Um den Widerspruch dieser Konzeption herauszuarbeiten, stellt Hegel ihr eine einfache Frage: »*Was ist das Diese?*« (87/84) Die sinnliche Gewissheit will Wissen durch den direkten Bezug auf einen Gegenstand gewinnen. Einen solchen Bezug können wir sprachlich mit einem Demonstrativpronomen artikulieren. »Das Diese« steht für den direkten Bezug, der zu Wissen führen soll. Worin also besteht er? Hegel führt aus:

> Nehmen wir es in der gedoppelten Gestalt seines Seins, als das *Itzt* und als das *Hier*, so wird die Dialektik, die es an ihm hat, eine so verständliche Form erhalten, als es selbst ist. Auf die Frage: *Was ist das Itzt?* antworten wir also zum Beispiel: *Das Itzt ist die Nacht*. Um die Wahrheit dieser sinnlichen Gewissheit zu prüfen, ist ein einfacher Versuch hinreichend. Wir schreiben diese Wahrheit auf; eine Wahrheit kann durch Aufschreiben nicht verlieren; ebensowenig dadurch, dass wir sie aufbewahren. Sehen wir *itzt, diesen Mittag*, die aufgeschriebene Wahrheit wieder an, so werden wir sagen müssen, dass sie schal geworden ist. (87/84)

Hegels These ist, dass die Konzeption eine Dialektik, also einen Widerspruch in sich trägt. Der Widerspruch zeigt sich in einem Versuch, das Konkrete, was durch den direkten Verweis gewusst werden soll, festzuhalten. Was festgehalten wird, ist aber nicht das konkrete Einzelne, sondern die räumlichen und zeitlichen indexikalischen Ausdrücke des Hier und des Jetzt. Gewusst wird also immer ein »Dies ist hier« oder »Dies ist jetzt« (oder beides).

Ein Hier oder ein Jetzt aber sind nicht konkret. Es handelt sich vielmehr um Verweisungen, die auf sehr vieles zutreffen können. Das heißt, dass sich hier in einer spezifischen Weise genau die Struktur zeigt, die Hegel schon allgemein im dritten Absatz des Abschnitts analysiert hat: Der direkte Kontakt der sinnlichen Gewissheit zu äußeren Gegenständen ist immer einer unter vielen. Ein bestimmtes Hier ist entsprechend immer ein Hier unter vielen Hier. Oder anders gesagt: Ein Hier gibt es nur, sofern es auch viele andere Hier gibt. Das Hier ist etwas, das sich auf vieles Einzelne anwenden lässt. Hegel sagt nun zu Recht: Eine Bestimmung (in diesem Fall eine einfache Verweisungsbestimmung, ein indexikalischer Ausdruck), die sich auf vieles Einzelne anwenden lässt, ist ein Allgemeines (wobei ein indexikalischer Ausdruck in seiner Struktur nicht mit einem Prädikat zu verwechseln ist, also einer Allgemeinbestimmung vom Typ »… ist ein Haus«). Entsprechend erläutert er die Struktur einer solchen Bestimmung, wie sie für das in der sinnlichen Gewissheit zustande kommende Wissen gilt, folgendermaßen:

> Ein solches Einfaches, das durch Negation ist, weder dieses noch jenes, ein *Nichtdieses*, und ebenso gleichgültig, auch dieses wie jenes zu sein, nennen wir ein *Allgemeines*; […]. (88/85)

Hegel schließt an diese Erläuterung seine zentrale Diagnose an: »[…] das Allgemeine ist also in der Tat das Wahre der sinnlichen Gewissheit.« (88/85) Seine These ist damit, dass Gegenstände im Rahmen der Wissenskonzeption der sinnlichen Gewissheit – konträr zu ihrem Anspruch, etwas schlechthin Konkretes zu wissen – auf eine sehr allgemeine Art und Weise gewusst werden. Wer durch einen direkten Bezug auf Gegenstände Wissen realisiert, weiß das, was er weiß, durch die Allgemeinbestimmungen des »Dieses«, »Hier« und »Jetzt«. Mit Blick auf die sprachliche Praxis kann man das auch so ausdrücken: Er weiß, wie man »dieses«, »hier« und »jetzt« gebraucht. Da man solche demonstrativen und indexikalischen Ausdrücke in Bezug auf viele unterschiedliche Gegenstände gebrauchen kann, hat das Wissen keine konkrete Bestimmtheit.

Diese Diagnose Hegels macht verständlich, warum er zu Anfang seiner Erläuterungen sagt, es handele sich bei dem Wissen der sinnlichen Gewissheit um die »abstrakteste und ärmste *Wahrheit*« (85/82). Gewusst wird nicht das konkrete Einzelne, sondern vielmehr, wie man sich mit allgemeinen demonstrativen und indexikalischen Bestimmungen auf Einzelnes zu beziehen vermag. Die allgemeinen Bestimmungen sind dabei so verfasst, dass sie von jedem Konkreten gerade absehen. Sie beziehen sich in einer Art und Weise auf Einzelnes, in der man sich auf vieles Einzelne beziehen kann. So ist jeder entsprechende Bezug auf ein Einzelnes damit verbunden, dass es viele andere mögliche Bezüge auf Einzelne gibt, die aber in der entsprechenden Situation gerade nicht realisiert werden.

Hegel sagt aus diesem Grund – wie bereits gesehen –, dass in der sinnlichen Gewissheit immer schon Negationen im Spiel sind. Und das heißt, dass die Wissenskonzeption sich nicht nur erstens darin widerspricht, dass sie nichts Konkretes weiß. Sie widerspricht sich auch zweitens in ihrem Anspruch, dass das Wissen ganz direkt, ohne irgendwelche Beziehungen zustande kommt. In der Konstitution von allgemeinen Bestimmungen sind immer Beziehungen im Sinne von Negationen im Spiel: So wird unter anderem ein Zeitpunkt von anderen Zeitpunkten unterschieden und damit zu ihnen in Beziehung gesetzt. Entsprechende Beziehungen prägen den Gegenstandsbezug der sinnlichen Gewissheit.

Die Widersprüche in der Konzeption der sinnlichen Gewissheit machen nun Hegel zufolge die bereits angesprochene Bewegung zwischen unterschiedlichen Realisierungen dieser Konzeption verständlich. Da die einfache demonstrative Beziehung auf äußere Gegenstände kein konkretes Wissen zutage fördert, kann man dieses konkrete Wissen im bewussten

Subjekt suchen wollen. Die einfachen Wahrnehmungszustände dieses Subjekts sind gute Kandidaten für etwas, von dem man durch direkten Kontakt Wissen haben kann. In Hegels Worten: »Die Kraft ihrer [der sinnlichen Gewissheit] Wahrheit liegt also nun im *Ich*, in der Unmittelbarkeit meines *Sehens, Hörens*, und so fort [...].« (89/86)

In der damit variierten Konzeption treten jedoch aufs Neue die Widersprüche auf, die wir bereits kennengelernt haben. Sie realisieren sich hier durch den Bezug auf das wahrnehmende Ich. Das Ich ist die Bestimmung, die festgehalten wird, wenn man unmittelbar auf das eigene Wahrnehmen Bezug nimmt. Dies können wir mit dem Begriff eines (kognitiv verstandenen[2]) Selbstgefühls erläutern: Das Wissen, das ich direkt durch mein Wahrnehmen habe, kommt durch dieses Selbstgefühl zustande. Ein solches Selbstgefühl habe ich unabhängig davon, ob ich gerade sehe oder höre oder ob ich ein Haus sehe oder Buchstaben auf Papier. Jeweils weiß ich um das eigene Wahrnehmen aufgrund des Selbstgefühls, das ich habe. Aus diesem Grund weiß ich nicht ein spezifisches Sehen oder Hören oder etwas Ähnliches, sondern ich weiß mein allgemeines Ich, das sich über alle Unterschiede solcher spezifischen Formen der Wahrnehmung hinweg durchhält – als ein jeweiliges Beispiel von Ich-Sein. Damit zeigen sich erneut die beiden Widersprüche, die wir bereits geklärt haben: Das Wissen ist nicht konkret, und es kommt nicht unmittelbar, also ohne Negationen zustande.

Die Widersprüche, die auch in dieser zweiten Form der Wissenskonzeption der sinnlichen Gewissheit auftreten, motivie-

2 Selbstgefühl ist letztlich als praktisch zu verstehen. Insofern kommt es im vollen Sinn erst in der Erläuterung des auf Leben bezogenen Selbstbewusstseins im entsprechenden Kapitel zum Tragen (vgl. hier S. 100).

ren ihrerseits aus Hegels Perspektive noch eine dritte Form, in der das Wissen weder auf Seiten des Gegenstands noch auf Seiten des Ichs, sondern in einer Verbindung beider Seiten gesucht wird. »Wir kommen hiedurch dahin, das *Ganze* der sinnlichen Gewissheit selbst als ihr *Wesen* zu setzen [...].« (90/87) Dieser Form gemäß hat ein einfaches Wissen immer die Form »Ich Jetzt Tag« oder »Ich Hier Baum«. Gewusst wird immer der einzelne Zusammenhang, der zwischen einem wahrnehmenden Bewusstsein und einem bestimmten von diesem Bewusstsein wahrgenommenen Gegenstand besteht. Der Zusammenhang ist jeweils ein anderer, so dass der Eindruck entsteht, die sinnliche Gewissheit könne in dieser Art und Weise ihren Anspruch auf Konkretheit doch noch realisieren.

Wir haben damit hier eine Form der Wissenskonzeption vor uns, die ihre Widersprüche nicht so einfach offenbart wie die anderen beiden schon betrachteten Formen. Aus diesem Grund sagt Hegel, dass er sich die Spezifik des jeweiligen Zusammenhangs zeigen lassen will. Er will erläutern, wie aus der Perspektive der Bewusstseinsgestalt die Spezifik des jeweils Gewussten zustande kommt. Er kommentiert wieder die Struktur des einfachen zeitlichen indexikalischen Ausdrucks »jetzt« und legt wiederum dar, dass es sich um etwas Allgemeines handelt. Auch wenn die sinnliche Gewissheit immer spezifische Zusammenhänge des direkten Bezugs von Subjekten auf Gegenstände als Ganze fasst, kann sie die Spezifik dieser Zusammenhänge nur dadurch klären, dass sie zum Beispiel ein Jetzt, in dem ein spezifischer Zusammenhang besteht, als unterschieden von anderen Jetzt, in denen andere entsprechende Zusammenhänge bestehen, zur Geltung bringt. Das aber bedeutet, dass sich von neuem die alten Widersprüche ergeben. Das Wissen ist nicht konkret, sondern abstrakt; und es kommt nicht unmittelbar, sondern aus Beziehungen zu anderem heraus zustande.

Das grundlegende Problem von Konzeptionen, die den direkten Kontakt als Basis des primären und allerkonkretesten Wissens zu fassen suchen, lässt sich folgendermaßen zusammenfassen: Ein direkter Kontakt führt nur insofern zu Wissen, als er sich von anderen Momenten direkten Kontakts unterscheidet. So ist die Konzeption nicht, was sie ihrem Anspruch nach zu sein verspricht: Sie erklärt Wissen nicht als ein solches, das allein vom Gegenstand selbst ausgeht und das dabei darauf beruht, dass dieser sich direkt dem Bewusstsein offenbart. Vielmehr erklärt sie Wissen durch die Unterscheidungsleistungen, die das Bewusstsein vornimmt, wenn es zum Beispiel unterschiedliche Momente des Jetzt voneinander trennt.

Hegels These lautet somit, dass die Konzeption der sinnlichen Gewissheit von einer grundsätzlich falschen Idee dessen ausgeht, was Wissen ist. Wissen kommt dieser falschen Idee zufolge dort zustande, wo das Bewusstsein sich enthält, wo es die Welt bloß aufnimmt, wie sie ist. Das Gegenteil aber ist, wie sich ansatzweise in den Widersprüchen der Konzeption bereits gezeigt hat, der Fall: Wissen kommt nur dadurch zustande, dass das Bewusstsein – zum Beispiel durch Akte des Unterscheidens – auch aktiv wird, indem es in die Welt eingreift. Das gilt auch für Erfahrungen: Erfahrungen kann man nicht dadurch machen, dass man die Welt einfach auf sich wirken lässt. Sie erfordern immer auch Tätigkeit. Erst dort, wo man Gegenstände negiert – und dies zum Beispiel dadurch, dass man sie zu anderen Gegenständen in Beziehung setzt und dadurch von anderen Gegenständen unterscheidet –, kann man zu Wissen gelangen.

Dies wird auch in den Bewegungen zwischen den unterschiedlichen Realisierungen der sinnlichen Gewissheit indirekt deutlich: Auch wenn die Konzeption nicht selbst ihre Widersprüche bemerkt, so gehen die unterschiedlichen Realisierungen (vom direkten Gegenstandskontakt zum direkten Selbstkontakt, zum direkten Kontakt zu einem Gegenstand-Bewusstsein-Konglomerat) doch aus einer Aktivität des Bewusstseins hervor. Das Bewusstsein reagiert auf die Widersprüche in der Realisierung seines Anspruchs, indem es erste Realisierungen negiert. Schon in frühesten kulturellen Praktiken ist, so Hegel in einer unnachahmlichen Polemik, die Bedeutung der Negation, die hier am Beispiel des Verzehrs illustriert ist, für die menschliche Auseinandersetzung mit der Welt reflektiert worden:

> In dieser Rücksicht kann denjenigen, welche jene Wahrheit und Gewissheit der Realität der sinnlichen Gegenstände behaupten, gesagt werden, dass sie in die unterste Schule der Weisheit, nämlich in die alten Eleusischen Mysterien der Ceres und des Bacchus zurückzuweisen sind, und das Geheimnis des Essens des Brotes und des Trinkens des Weines erst zu lernen haben […]. (94/91)

II. Die Wahrnehmung oder das Ding und die Täuschung

Die Widersprüche, die sich in der Wissenskonzeption der sinnlichen Gewissheit zeigen, werden von einer Wissenskonzeption aufgehoben, die Hegel als Wahrnehmung bezeichnet. Die Grundidee dieser Konzeption besagt, dass Wissen durch ein wahrnehmendes Erfassen von Eigenschaften an Gegenständen zustande kommt. Anders als die sinnliche Gewissheit wird damit dezidiert der Anspruch verfolgt, Wissen aufgrund von Allgemeinbestimmungen (im Sinne von Eigenschaften) zu gewinnen.

In der Diskussion des vorigen Abschnitts hatte sich gezeigt, dass die dort verfolgte Wissenskonzeption entgegen ihrem Anspruch, das konkrete Einzelne durch einen unmittelbaren

Bezug auf den Gegenstand zu wissen, nur abstrakte Allgemeinheiten weiß. Die Wahrnehmung hebt diesen Widerspruch auf, indem sie ihn für den Begriff des Wissens fruchtbar macht: Allgemeinbestimmungen sollen es ermöglichen, Einzelgegenstände in ihrer Konkretheit zu wissen.

Hegels Erläuterung der entsprechenden Wissenskonzeption gliedert sich in drei Teile:

1. In einem ersten Teil wird die Wissenskonzeption in ihren Grundzügen entfaltet (96–100/93–97):
2. In einem zweiten Teil werden die Widersprüche der Konzeption in den unterschiedlichen Formen, in denen sie im Rahmen der Konzeption entwickelt werden können, verfolgt (100–107/97–103).
3. Ein dritter Teil resümiert schließlich diese Widersprüche und gibt einen Ausblick auf das Folgende (107–111/103–107).

Die Einleitung beleuchtet die zentralen Aspekte, die für die Wissenskonzeption relevant sind. Dabei lassen sich fünf solcher Aspekte unterscheiden:

(a) Anspruch der Konzeption ist es zu erklären, wie man sich auf einen spezifischen Gegenstand wissend beziehen kann. In diesem Anspruch hält die Wahrnehmung an dem in der sinnlichen Gewissheit erhobenen Anspruch fest, die Welt in ihrer Konkretheit zu wissen. Entsprechend charakterisiert Hegel die Wahrnehmung, indem er sagt: »[Ihr] Kriterium der Wahrheit ist […] die *Sichselbstgleichheit*, […].« (100/97) Anders ist aber nun, dass dieses Kriterium durch einen Rekurs auf Bestimmungen eingelöst werden soll, die den Gegenstand dem Bewusstsein vermitteln.

(b) Entsprechend soll der bestimmte Gegenstand durch Eigenschaften gefasst werden. Der Gegenstand ist dabei als dasjenige gedacht, was die Eigenschaften zusammenhält. Die Eigenschaften wiederum können allerdings nicht vom Gegenstand her begriffen werden, sondern müssen als solche verstanden werden, die von anderen Eigenschaften abgegrenzt sind (wie das Rote vom Blauen) beziehungsweise mit anderen Eigenschaften systematisch verknüpft sind (wie das Rote mit dem Farbigen).

(c) Eigenschaften sind also solche, die sich wechselseitig ausschließen und genau dadurch bestimmt sind. Dies wiederum macht allerdings nicht verständlich, inwiefern Eigenschaften einen Gegenstand ausmachen.

(d) Viele Eigenschaften bestehen gemeinschaftlich an einem Gegenstand, so dass das Zugleichbestehen (das »Auch«) der Eigenschaften und nicht ihr wechselseitiger Ausschluss den Gegenstand charakterisiert.

(e) In diesem Aspekt aber kommt ein Moment nicht zum Tragen, von dem wir ausgegangen sind. Der Gegenstand ist in seiner Spezifik eine Einheit. Er ist nicht ein Zugleichbestehen von Eigenschaften, sondern ist die Einheit, die die unterschiedlichen Eigenschaften zusammenhält.

Mit diesen unterschiedlichen Aspekten zeichnen sich folgende grundlegende Widersprüche der Wahrnehmung ab: Eigenschaften sollen einerseits gleichgültig nebeneinander bestehen; andererseits sollen sie einander ausschließen. Der Gegenstand soll zum einen eine Einheit sein, und zum anderen soll er durch mehrere Eigenschaften in seiner Identität bestimmt werden. Diese beiden grundlegenden Widersprüche prägen die Erfahrungen, die die Bewusstseinsgestalt der Wahrnehmung macht.

Diese Erfahrungen kommentiert Hegel im zweiten Teil des Abschnitts. Zuerst durchläuft das Bewusstsein die fünf Aspekte, die Hegel bereits in seinem einleitenden Kommentar zu der

Wissenskonzeption voneinander unterschieden hat. Dabei schwankt das Bewusstsein zwischen der Auffassung des Gegenstands als einer ausschließenden Einheit und der Auffassung des Gegenstands, der zufolge dieser durch mehrere zugleich an ihm bestehende Eigenschaften konstituiert ist. Wir können dieses Schwanken artikulieren, indem wir sagen, dass das Bewusstsein zwischen einer substantiellen und einer phänomenalen, also an seinen Erscheinungsformen orientierten Auffassung von Gegenständen hin- und hergerissen ist.[3] Aus der Erfahrung dieses Hin-und-her-Gerissenseins kommt es dann zu einer entscheidenden Transformation der Bewusstseinsgestalt. Das Bewusstsein unterscheidet jetzt die Seite des Gegenstands als die eigentliche Wahrheit davon, wie es diesen Gegenstand auffasst. Es trennt zwischen der eigenen Tätigkeit und dem, womit der Gegenstand das Bewusstsein konfrontiert.

Mit dieser Transformation wird ein entscheidender Unterschied eingeführt, der mit der Trennung zwischen einer substantiellen und einer phänomenalen Auffassung an sich bereits etabliert ist, nämlich derjenige zwischen der Wahrheit des Gegenstands und den Täuschungen des Bewusstseins:

> Es hat sich hiemit für das Bewusstsein bestimmt, wie sein Wahrnehmen wesentlich beschaffen ist, nämlich nicht ein einfaches reines Auffassen, sondern *in seinem Auffassen* zugleich aus dem Wahren *heraus in sich reflektiert* zu sein. […] – Es ist hiemit itzt, wie es bei der sinnlichen Gewissheit

3 Robert Stern erläutert das Schwanken als eines zwischen einem »substratum/attribute view« und einem »bundle view« (Stern 2002, S. 54 ff.). Auch wenn diese Unterscheidung hilfreich ist, macht sie nicht ganz verständlich, dass Hegel die subjektiven Bezugnahmen auf das Objekt und das Objekt als solches voneinander unterscheidet.

> geschah, an dem Wahrnehmen die Seite vorhanden, dass das Bewusstsein in sich zurückgedrängt wird, aber zunächst nicht in dem Sinne, in welchem dies bei jener der Fall war; als ob in es die *Wahrheit* des Wahrnehmens fiele, sondern vielmehr erkennt es, dass die *Unwahrheit*, die darin vorkömmt, in es fällt. (102/98 f.)

In zweifacher Weise kann das Bewusstsein als Quelle der Unwahrheit verstanden werden: Entweder führt es das Zustandekommen von Allgemeinheiten auf seine eigene Tätigkeit zurück, so dass die Allgemeinheiten nicht in den Gegenständen begründet sind und es entsprechend möglich ist, die Gegenstände als bloße Einheit zu fassen. Oder es begreift sich als Quelle der Einheit des Gegenstands, die es dadurch herstellt, dass es die in der Welt bestehenden Eigenschaften zusammenfasst und so Gegenstände bildet.

Im ersten Fall ist die Einheit des Gegenstands substantiell, im zweiten Fall ist sie eine Konstruktion des Bewusstseins. Es werden also Hinsichten voneinander unterschieden, in denen das Bewusstsein tätig ist und den Gegenstand als Gegenüber und damit Maßstab seiner Tätigkeit weiß. Dieses Unterscheiden aber beendet die Täuschung nicht: Dem Bewusstsein gelingt es nicht, die Einheit des Gegenstands mit der Vielheit der an ihm vorkommenden Eigenschaften zu versöhnen.

Aus der Erfahrung des Fortbestands dieser Widersprüche entwickelt sich eine dritte Form, in der die Wissenskonzeption auftritt: Die Unterscheidung zwischen dem, was das Bewusstsein auffasst, und dem, was der Gegenstand unabhängig von dieser Auffassung ist, wird dabei in die Konzeption des Gegenstands selbst eingetragen. An ihm werden dementsprechend Momente, die den Gegenstand für sich ausmachen, von solchen Momenten unterschieden, die konstitutiv darauf bezogen sind, dass der Gegenstand wahrgenommen wird: »Das

Ding ist hienach für sich, und *auch* für ein Anderes, ein *gedoppeltes* verschiedenes Sein [...].« (105/102)

Aber auch diese interne Aufteilung des Gegenstands (die an Lockes Unterscheidung von primären und sekundären Qualitäten erinnert[4]) lässt sich nicht stabilisieren. Die Unterscheidung selbst besagt, dass der Gegenstand insgesamt nur von dem her verstanden werden kann, wie er für andere ist. Wenn man im Gegenstand das, was er für sich ist, und das, was er für andere (wahrnehmende Subjekte) ist, voneinander unterscheidet, dann wird der Gegenstand in seiner Konzeption auf das hin angelegt, wie er zu anderem in Beziehung steht. In Hegels Worten:

> Durch den *absoluten Charakter* gerade und seine Entgegensetzung *verhält* es sich zu *andern*, und ist wesentlich nur dies Verhalten; das Verhältnis aber ist die Negation seiner Selbstständigkeit, und das Ding geht vielmehr durch seine wesentliche Eigenschaft zugrunde. (107/103)

Die Wissenskonzeption der Wahrnehmung erweist sich damit als eine solche, die ihren wesentlichen Anspruch, den Gegenstand in seiner Sichselbstgleichheit zu fassen, nicht einlöst.

Hegels Diagnose dafür nimmt sich erst einmal überraschend aus. Das Problem der Wahrnehmung sei, dass sie ein unzureichendes Verständnis von Allgemeinheit entwickle. Sie konzipiere Allgemeinheit als »*sinnliche Allgemeinheit*« (108/105). Die Idee einer in dieser Weise eingeschränkten Allgemeinheit ist, so kann man Hegel verstehen, in sich widersprüchlich. Sinnliche Allgemeinheiten sind Allgemeinheiten, die auf die Welt der Erscheinungen beschränkt sind (aus diesem Grund nennt

4 Vgl. John Locke, *Untersuchung über den menschlichen Verstand*, Hamburg 1988, II, 8.

Hegel sie »sinnlich«), nicht Allgemeinheiten, die Gegenstände als solche einbeziehen. Charakteristisch für die Wissenskonzeption der Wahrnehmung ist so, dass sie Gegenstände als solche versteht, die nicht aus sich selbst heraus in allgemeine Strukturen eingebettet sind. Die Einbettung in allgemeine Strukturen wird durch die Beziehung geleistet, in der die Gegenstände zu wahrnehmenden Subjekten stehen. Dieser Gedanke hängt in der Wissenskonzeption der Wahrnehmung damit zusammen, dass Gegenstände als solche aufgefasst werden, die aus sich heraus das sind, was sie sind. Zwar wird das Bewusstsein von dieser Konzeption als aktiv begriffen, die Aktivität erstreckt sich jedoch nicht auf die Gegenstände als solche.

Hegels Diagnose lässt sich auch noch einmal anders fassen: Die Wahrnehmung versteht Eigenschaften als solche, die im Zusammenhang vieler anderer Eigenschaften bestimmt sind. Wir können dies als ein holistisches Verständnis von Eigenschaften verstehen (als Teilaspekt des bereits angesprochenen holistischen Verständnisses von Begriffen):[5] Eine Eigenschaft wie Röte ist nur im Kontext anderer Eigenschaften wie Bläue und Grünheit konstituiert. Hegel spricht in diesem Sinn von der Gesamtheit der Eigenschaften als dem »allgemeine[n] *gemeinschaftliche*[n] *Medium*« (101/98). Die Wissenskonzeption der Wahrnehmung will die Sichselbstgleichheit der Gegenstände in diesem allgemeinen Medium erfassen. Dies aber misslingt, so Hegel, da die Allgemeinheit des Mediums nicht im Sinne einer umfassend produktiven Auseinandersetzung mit Gegenständen verstanden wird. Die These lautet entsprechend, dass die Wahrnehmung gewissermaßen vor den Gegenständen haltmacht. Wer Allgemeinheit als sinnliche Allgemeinheit konzipiert, geht davon aus, dass Gegenstände unab-

5 Vgl. dazu auch die Interpretation von Brandom 2014, 6. Kap.

hängig von den Strukturen der Allgemeinheit Bestand haben. Hegel macht also hier bereits implizit deutlich, dass Allgemeinheit nicht nach dem Paradigma der Allgemeinheit sinnlicher Eigenschaften gedacht werden darf.

III. Kraft und Verstand, Erscheinung und übersinnliche Welt

Die dritte Gestalt, die Hegel im Bewusstseinskapitel kommentiert, hebt die Widersprüche auf, die sich in der als Wahrnehmung bezeichneten Wissenskonzeption ergeben haben. Aufgehoben wird in erster Linie der Widerspruch zwischen der Einheit des Gegenstands (der substantiellen Auffassung) und der Vielheit der Eigenschaften (der phänomenalen Auffassung). Dies geschieht dadurch, dass die Einheit des Gegenstands mit den Eigenschaften, mit denen er erscheint, versöhnt wird. Damit kommt eine neue Wissenskonzeption ins Spiel, die Hegel als Verstand bezeichnet. Der Verstand sucht Wissen dadurch zu erlangen, dass Gegenstände als Quelle von Kräften begriffen werden, die sich in Erscheinungen zeigen. Charakteristisch für die Wissenskonzeption des Verstandes ist also, dass sie sich nicht an die Erscheinungen und Gegenstände hält, sondern eine theoretische Größe einführt, die die Einheit des Gegenstands ausmacht und die sich in seinen Erscheinungen äußert.

Aus diesem Grund charakterisiert Hegel die Wissenskonzeption mit dem Begriff der »übersinnlichen Welt«. Es handelt sich dabei um den Versuch, die Grundlage des Wissens weder im direkten Kontakt mit den Gegenständen noch in den Wahrnehmungen von Eigenschaften, sondern in hinter den Gegenständen wirksamen Kräften zu suchen, also dadurch, dass man über die sinnliche Welt hinausgeht. Der Übergang zu einer »übersinnlichen Welt« macht dabei deutlich, dass es Hegel im Bewusstseinskapitel nicht im engeren Sinn um empiristische Positionen geht. Er diskutiert nicht Konzeptionen, die Wissen in einem sinnlichen Gegenstandsbezug fundieren, sondern interessiert sich für die Fundierung von Wissen in einem Gegenstandsbezug überhaupt. Der Verstand bezieht sich auf übersinnliche Gegenstände – auf Kräfte und Gesetze – und beansprucht durch diesen Bezug Wissen zu begründen.

In seinen Darlegungen zu dieser Wissenskonzeption geht es Hegel in erster Linie um zweierlei: Zum einen legt er – negativ – dar, dass der Gedanke einer übersinnlichen Welt auch nicht zu einer plausiblen Konzeption von Allgemeinheit führt. Zum anderen klärt er, dass die Widersprüche der Wissenskonzeption zu einer Aufhebung in einer grundlegend anderen Art und Weise führen, Allgemeinheit zu fassen, nämlich im Selbstbewusstsein.

Der Abschnitt lässt sich in drei Teile teilen:

1. Im ersten Teil (112–125/107–120) wird mit dem Begriff der Kraft ein erster theoretischer Gegenstand kommentiert, der die Erscheinungen erklären soll.
2. Der zweite Teil (125–136/120–130) präsentiert dann aufgrund der Widersprüche, zu denen der Begriff der Kraft führt, den Begriff des Gesetzes und wiederum zugleich die mit diesem verbundenen Widersprüche, die Hegel mit der Rede von der »verkehrten Welt« ausweist.
3. Der abschließende dritte Teil (136–142/130–136) liefert eine Zusammenfassung und – dies ist besonders wichtig – den Übergang zum Selbstbewusstseinskapitel.

Der Abschnitt »Kraft und Verstand« ist einer der Abschnitte von Hegels Buch, die besonders dicht und unverständlich sind. Es ist aus diesem Grund sinnvoll, erst einmal danach zu fragen, wie wir den Grundansatz der Wissenskonzeption, die in diesem Abschnitt diskutiert wird, verstehen können. Dabei können wir uns an der Gegenstandsauffassung orientieren, die mit der Wissenskonzeption verbunden ist. Die Konzeption bezieht sich auf theoretische Gegenstände, zuerst auf Kräfte und dann auf (naturwissenschaftliche) Gesetze. Der Anspruch besteht darin, Wissen von diesen theoretischen Gegenständen dadurch zu erlangen, dass sie durch wahrnehmbare Erscheinungen erschlossen werden. Wissen soll auf diese Weise durch Erklärungen dessen, was sich in Erscheinungen zeigt, gewonnen werden. Dabei greifen diese Erklärungen auf theoretische Gegenstände zurück.

Hegel legt nun dar, dass hierbei wiederum ein grundlegender Widerspruch auftritt: der Widerspruch zwischen dem Beständigen und dem Unbeständigen. Der Anspruch der Wissenskonzeption besagt, dass theoretische Gegenstände das zum Ausdruck bringen, was beständig ist und das Wesen der Dinge ausmacht. Demgegenüber werden die Erscheinungen als unbeständig und unwesentlich verstanden.

Genau diesem Anspruch aber wird die Wissenskonzeption nicht gerecht, da sie *nolens volens* die theoretischen Gegenstände als genauso unbeständig wie die Erscheinungen begreift. Dieses Scheitern des Verstandes an seinem eigenen Anspruch liegt für Hegel darin begründet, dass er das Beständige weiterhin gegenständlich zu bestimmen sucht. Hegel drückt es so aus: »Dies unbedingte Allgemeine, das nunmehr der wahre Gegenstand des Bewusstseins ist, ist noch als *Gegenstand* desselben; es hat seinen *Begriff* als *Begriff* noch nicht erfasst.« (112/107 f.) Diese Diagnose besagt: Der Verstand denkt die Beständigkeit theoretischer Größen noch unhinterfragt als etwas, auf das man sich gegenständlich zu beziehen hat, fragt also nicht danach, worin Beständigkeit überhaupt besteht. So kann er auch keinen Sinn daraus ziehen, dass das Beständige sich nicht stabilisieren lässt, dass es sich als unbeständig erweist. Dies wird erst durch die grundlegende Umorientierung in der Explikation von Wissen möglich, die Hegel ab dem Selbstbewusstseinskapitel nachvollzieht.

Das Scheitern des Verstandes an seinen eigenen Ansprüchen lässt sich erst einmal am Begriff der Kraft nachvollziehen, mittels dessen Hegel sich auf naturwissenschaftliche Theorien seiner Zeit bezieht. Wer Erscheinungen durch in den Dingen wirksame Kräfte erklärt, der geht davon aus, dass Kräfte sich in Erscheinungen ausdrücken. Der Ausdruck aber ist nicht selbst die Kraft, sondern von der Kraft verschieden. Aus diesem Grund muss er als das Wirken einer anderen Kraft erklärt werden. Hegel spricht hier von »sollizitieren« – von einem »Anreizen«: Um sich zu äußern, muss eine Kraft von einer anderen angereizt werden. Erstere ist die »sollizitierte« und letztere die »sollizitierende« Kraft (vgl. 117/112 f.). So hat eine Kraft (als Erklärung dessen, was sich ausdrückt) nur im Rahmen von mehreren Kräften Bestand.

Damit ist grundsätzlich schon absehbar, dass es mit dem Begriff der Kraft nicht gelingt, einen theoretischen Gegenstand zu fassen, der für sich Bestand hätte. Kräfte gibt es nur im Rahmen eines *»Spiels der Kräfte«* (121/116), innerhalb dessen keine der Kräfte aus sich heraus besteht. Keine Kraft hat aus sich heraus Realität, sondern – wenn überhaupt – hat das Realität, was die Kräfte untereinander verbindet. Aus diesem Grund sagt Hegel: »Die Realisierung der Kraft ist also zugleich Verlust der Realität [...].« (120/115) Für den Wissensanspruch des Verstandes bedeutet dies: Der Verstand sieht sich gezwungen, von dem Gedanken Abstand zu nehmen, dass man von spezifischen Erscheinungen auf spezifische theoretische Gegenstände schließen kann. Die angenommenen theoretischen Gegenstände lassen sich nur dadurch fassen, dass sie unter anderen entsprechenden Gegenständen verortet werden. Es gibt also nicht einzelne Kräfte, sondern Kraft überhaupt, und zwar in unterschiedlichen Erscheinungsformen.

Man kann hier davon sprechen, dass Kräfte holistisch konstituiert sind: Eine Kraft gibt es nur dann, wenn es zugleich viele andere Kräfte gibt. Für die Erkenntnis von Kräften, auf die der Verstand aus ist, bedeutet dies, dass ich eine Kraft nur dadurch zu begreifen vermag, dass ich zugleich viele andere Kräfte begreife. Kräfte bestehen, diesem holistischen Charakter entsprechend, immer in einem Zusammenhang von Kräften. Sie haben also nicht nur für sich keine Realität, sondern genau genommen überhaupt keine Realität, wie Hegel im Weiteren darlegt:

> Es ist also weder die Kraft noch das Sollizitieren und Sollizitiert-werden, noch die Bestimmtheit, bestehendes Medium und in sich reflektierte Einheit zu sein, weder einzeln für sich etwas, noch sind es verschiedene Gegensätze; sondern was in diesem absoluten Wechsel ist, ist nur der *Unterschied als allgemeiner* oder als ein solcher, in welchen sich die vielen Gegensätze reduziert haben. Dieser *Unterschied als allgemeiner* ist daher *das Einfache an dem Spiele der Kraft selbst*, und das Wahre desselben; er ist das *Gesetz der Kraft*. (125/120)

Der Verstand kommt damit zu einem neuen Verständnis der theoretischen Gegenstände, auf die er sich bezieht: Es handelt sich um Gesetze. Diese sollen das eigentlich Beständige hinter den Erscheinungen ausmachen: »Die *übersinnliche* Welt ist hiemit ein *ruhiges Reich von Gesetzen* [...].« (125 f./120)

Aber auch diese neuen theoretischen Gegenstände erweisen sich als instabil. Hegel erläutert das mit dem Begriff der »*verkehrte*[n] Welt« (133/128). Wiederum geht es ihm um die Frage, ob die theoretischen Gegenstände aus sich heraus Bestand haben. Seine Antwort ist – plausiblerweise – ein Nein. Ein Gesetz gibt es nur durch die einzelnen Fälle, die unter dem Gesetz stehen. Für das Gesetz gilt entsprechend, was schon für die Kräfte galt: Es hat nur in seinen Erscheinungen Bestand. Nun aber sollen die Erscheinungen zugleich von dem Gesetz unterschieden werden, denn sie sind unbeständig und wechselnd, das Gesetz hingegen ist beständig und unterliegt keinem Wandel. Der Verstand ist von daher dazu verleitet, die Erscheinungen als eine Form des Seins und die Gesetze als eine andere Form des Seins zu begreifen. Mit dieser Verdopplung dessen, was ist, kommt es nun auch zu einer Verdopplung dessen, was sich zeigt. Die Erscheinungen zeigen sich in ihrem Sein genauso, wie die Gesetze sich in ihrem Sein zeigen. Dabei zeigen sich die Gesetze, die ja von den Erscheinungen her erschlossen worden sind, jetzt in ihrer Eigenart durch ein anderes Erscheinen. Da aber jegliches Erscheinen nur von den Erscheinungen her bekannt ist, lässt sich ein anderes Erscheinen in seiner Andersheit nur dadurch fassen, dass man die Erscheinungswelt verkehrt.

Eine solchermaßen verkehrte Welt aber ist für Hegel nur ein Symptom dafür, dass der Zusammenhang von Gesetz und Erscheinung nicht angemessen begriffen wird. Es handelt sich nicht um einen Unterschied zwischen verschiedenen Formen des Seins, sondern nur um einen Unterschied zwischen zwei verschiedenen Auffassungsweisen.[6] Erscheinungen und Gesetze sind also ein und dasselbe. Genau dies begreift der Verstand nicht, da er Wissen durch einen Bezug auf etwas Gegenständliches, das Bestand hat, erlangen will. Der Verstand zeigt auch hier noch einmal den grundlegenden Widerspruch zwischen dem Beständigen und dem Unbeständigen. In dem Versuch, das Beständige festzuhalten, gelingt es ihm nicht, dessen

6 Brandom erläutert in diesem Sinne, der Fehler dieser Wissenskonzeption bestehe darin, zwei unterschiedliche Gegebenheitsweisen zu ontologisieren (vgl. Brandom 2019, 6. Kap.).

Zusammenhang mit dem Unbeständigen zu denken. Aus diesem Grund setzt sich dieser Zusammenhang immer wieder gegen die Ansprüche der Wissenskonzeption durch.

Diese Diagnose Hegels gibt uns eine erste Idee davon, wie Hegel den Übergang zum Selbstbewusstseinskapitel denkt: Er wendet sich nun einer Wissenskonzeption zu, deren Anspruch es ist, der Bewegung zwischen dem Beständigen und dem Unbeständigen gerecht zu werden. Hegel charakterisiert diese Bewegung sehr abstrakt, indem er von »Unendlichkeit« (vgl. 136 f./131 f.) spricht. Diese Unendlichkeit ist aber kein Gegenstand, auf den ein Bewusstsein sich (theoretisch) bezieht. Es handelt sich um das Sein des Bewusstseins selbst, das aus einer steten Veränderung aus Bezugnahmen auf Gegenstände heraus besteht. Selbstbewusstsein ist so Hegels allgemeiner Titel dafür, dass das Bewusstsein sich in seinen eigenen Bewegungen begreift. Dieser Begriff aber ist nicht dadurch zu realisieren, dass das Bewusstsein sich zum Gegenstand macht. Zu realisieren ist er nur durch Praktiken, mittels deren das Bewusstsein seine Einheit herstellt. Sehr verkürzt gesagt: Der Übergang vom Bewusstseinskapitel zum Selbstbewusstseinskapitel ist ein Übergang von Wissenskonzeptionen, die Wissen theoretisch, zu Wissenskonzeptionen, die Wissen praktisch zu begründen suchen.

Robert Stern hat klärend dargelegt, dass die Interpretation des Übergangs vom Bewusstseinskapitel zum Selbstbewusstseinskapitel in dieser Weise von der Frage gelöst werden kann, ob Hegel es mit Kant hält oder nicht.[7] Kant hat die These vertreten, dass Zusammenhänge im Wissen nur unter der Voraussetzung einer Einheit des Selbstbewusstseins (der sogenannten »transzendentalen Apperzeption«) möglich sind.[8] Es

7 Vgl. Stern 2002, S. 66–70.
8 Vgl. Kant 1986, § 16.

sieht nun erst einmal so aus, als schließe sich Hegel hier dieser Kantischen These an, wenn er zu argumentieren scheint, dass Wissen seine Einheit nur im Selbstbewusstsein gewinnt.[9] Die hier skizzierte Interpretation macht aber verständlich, dass der Übergang anders gedeutet werden muss: Es handelt sich um einen Übergang, mit dem wir zu einem ersten Verständnis davon gelangen, dass Wissensansprüche immer in praktischen Kontexten zustande kommen.

Der systematische Ertrag

Das Bewusstseinskapitel klärt die Widersprüche auf, die entstehen, wenn man Wissen als ein Auffassen von Gegenständen zu konzipieren sucht. Als gemeinsamer Nenner der in dem Kapitel diskutierten Bewusstseinsgestalten hat sich gezeigt, dass sie durch eine auffassende Bezugnahme auf Gegenstände zu Wissen zu gelangen suchen.

Es zeigt sich aus Hegels Sicht, dass dieser Gedanke gar nicht Grundlage einer plausiblen Wissenskonzeption sein kann. In begrifflicher Hinsicht liegt dies darin begründet, dass durch einen auffassenden Bezug auf Gegenstände Allgemeinheit nicht angemessen gefasst werden kann. Allgemeinheit wird, abstrakt gesagt, immer unter die Bedingung des Bezugs auf Gegenstände gestellt. Allgemeinbestimmungen (ob in Form indexikalischer Ausdrücke, sinnlicher Eigenschaften oder naturwissenschaftlicher Gesetze) werden so als Größen konzipiert, die Gegenstände einem Bewusstsein vermitteln sollen. Damit aber wird Allgemeinheit nur als eingeschränkte oder – anders

9 Dies hat besonders nachdrücklich Robert Pippin zu zeigen versucht in: Robert Pippin, *Hegel's Idealism: The Satisfactions of Self-Consciousness*, Cambridge/MA 1989.

gesagt – bedingte Allgemeinheit verständlich, so dass ihr Begriff nicht plausibel gefasst ist. Echte Allgemeinheit kennt keine Einschränkungen.

Hegel beansprucht, auf diese Weise gezeigt zu haben, dass Wissenskonzeptionen einen tragfähigen Begriff der Allgemeinheit benötigen. Dies zeigt sich bereits in dem Abschnitt über sinnliche Gewissheit daran, dass diese gegen ihre eigenen Ansprüche demonstrative und indexikalische Allgemeinbestimmungen einführt, auf die sie sich in ihrem Gegenstandsbezug stützt. Die Wahrnehmung operiert mit Eigenschaften als den Allgemeinbestimmungen, mittels deren Gegenstände charakterisiert werden. Der Verstand schließlich stützt sich auf theoretische Objekte wie Kräfte oder Gesetze als Gegenstände, die viele einzelne Erscheinungen unter sich fassen und insofern allgemein sind. In keiner dieser drei Varianten aber wird Allgemeinheit hinreichend verständlich. Hegel kommt so zu dem Ergebnis, dass Allgemeinheit im Rahmen einer auffassenden Bezugnahme auf Gegenstände nicht verständlich gemacht werden kann. Dieser Rahmen muss also verlassen werden.

Zugleich steht damit eine wichtige Anforderung für Hegels weitere Analysen und Überlegungen in der *PhG* fest: Hegel macht mit dem Bewusstseinskapitel implizit deutlich, dass Wissen nur dann in plausibler Weise analysiert werden kann, wenn ein nicht eingeschränkter Begriff der Allgemeinheit zur Verfügung steht. Das Ende des Bewusstseinskapitels deutet damit bereits an, dass Hegel die These vertreten wird, Selbstbewusstsein sei für einen uneingeschränkten Begriff von Allgemeinheit wesentlich. Allerdings wird Hegel diese These nicht so umsetzen, dass er das Selbstbewusstsein aus sich heraus für verständlich hält. Im weiteren Verlauf des Buches wird er zu zeigen versuchen, dass Selbstbewusstsein seinerseits in den Strukturen begriffen werden muss, die er als Geist bezeichnet. So ist zumindest an diesem Punkt noch nicht absehbar, wie genau ein Begriff uneingeschränkter Allgemeinheit aussehen wird.

Das bisherige Resümee des Bewusstseinskapitels erlaubt es auch, die Entwicklung der Bewusstseinsgestalten in Hegels Text besser zu verstehen: Von einer Entwicklung kann nicht in dem Sinne die Rede sein, dass wir eine Bewusstseinsgestalt haben, die als Erstes zustande kommt, und dann aufgrund der Widersprüche dieser ersten Gestalt auf sie weitere Bewusstseinsgestalten folgen. Die Bewusstseinsgestalt, von der wir ausgehen, vertritt vielmehr eine Konzeption, in der sich Momente zeigen, die innerhalb dieser Konzeption nicht verständlich gemacht werden können. Sie erweist sich damit als eine Abstraktion aus einer plausibleren Konzeption.

Dies zeigt sich bereits an der Allgemeinheit der demonstrativen und indexikalischen Bestimmungen im Rahmen der sinnlichen Gewissheit. Die dort vertretene Wissenskonzeption kann aus dieser Allgemeinheit keinen Sinn machen. Da sie sie aber dennoch – gegen ihre eigenen Intentionen – ins Spiel bringt, ist hier ein Moment gegeben, das aus einer plausibleren Konzeption in einseitiger Weise herausgelöst worden ist und aus diesem Grund im Rahmen der sinnlichen Gewissheit nicht geklärt werden kann. Die in dieser Weise einseitige Bewusstseinsgestalt hat für sich keinen Bestand. Aus diesem Grund ist die Entwicklung gewissermaßen umgekehrt zu verstehen: Die in Hegels Buch zuerst diskutierte Bewusstseinsgestalt hat sich aus Bewusstseinsgestalten, die später präsentiert werden, durch Abstraktion entwickelt.

III. Selbstbewusstsein

Überblick

Das Selbstbewusstseinskapitel bringt einen ersten zentralen Wendepunkt in Hegels Gang durch die Reihe unterschiedlicher Bewusstseinsgestalten. Nicht nur vertritt Hegel hier die bereits mehrfach angesprochene These, dass Wissen nur auf der Basis eines Wissens von sich, eines Selbstbewusstseins, möglich ist. Er wendet sich auch nach den theoretischen Perspektiven in der Explikation von Wissen, die das Bewusstseinskapitel thematisiert hat, dezidiert praktischen Perspektiven zu.

Das Wissen von sich, so argumentiert Hegel, kommt auf praktischem Wege zustande. Für die entsprechenden praktischen Aspekte führt er zuerst den Begriff der Begierde und dann den Begriff der Anerkennung ein. Letzterer spielt nach dem Selbstbewusstseinskapitel insbesondere auch im Geistkapitel eine zentrale Rolle. Hegel kann entsprechend nicht so verstanden werden, dass er im Selbstbewusstseinskapitel die Konstitution eines Wissens von sich bereits abschließend klärt. Vielmehr argumentiert er, dass allein auf der Basis eines praktisch realisierten Selbstverhältnisses diese Konstitution nicht zu begreifen ist. Das Selbstbewusstseinskapitel ist also als eine Einleitung zu einem längeren Argumentationsgang zu verstehen, der erst am Ende des Geistkapitels oder gar erst am Ende des gesamten Buches seinen Abschluss findet.

Entsprechend ist es nicht unproblematisch, dass sich viele Interpretationen der *PhG* besonders auf das Selbstbewusstseinskapitel stützen.[1] Schon von seinem Titel her suggeriert

1 Exemplarisch lässt sich hier die besonders für die französische Diskussion in der zweiten Hälfte des 20. Jahrhunderts maßgebliche

das Kapitel, Hegel entfalte auf wenigen Seiten den für seine Philosophie zentralen Begriff des Selbstbewusstseins, so dass man sich zu der Erwartung eingeladen sehen kann, hier den essentiellen Hegel geliefert zu bekommen. Eine entsprechende Erwartung aber wird enttäuscht. Stellt man dies fest, steht man vor der Frage, was eigentlich genauer Thema des Selbstbewusstseinskapitels ist.

Hier gilt es erst einmal festzuhalten, dass das Kapitel drei sehr unterschiedliche Teile umfasst.

1. Ein erster, einleitender Teil (143–151/137–145) enthält im Wesentlichen Überlegungen dazu, inwiefern das Lebendige in gewisser Weise die Struktur von Selbstbewusstsein realisiert.
2. An ihn schließen die berühmten Passagen über Selbstbewusstsein an, die im zweiten Teil (152–162/145–155) stehen und die mit der Dialektik von Herr und Knecht enden. Auch wenn dieses Theoriestück über sich hinausweist, hat man immer wieder versucht, es aus sich heraus zu lesen, und hat so sein offenes Ende tendenziell übergangen.
3. Ein solches offenes Ende hat aber noch viel mehr der dritte Teil des Selbstbewusstseinskapitels (162–185/155–177), der die Überschrift »Freiheit des Selbstbewusstseins; Stoizismus, Skeptizismus und das unglückliche Bewusstsein« trägt. Hier kommentiert Hegel Bewusstseinsgestalten, die sich als durchweg nicht sehr weiterführend erweisen und die nichts von dem interaktiven Charakter aufweisen, der die im zweiten Teil diskutierten Gestalten kennzeichnet.

Interpretation von Alexandre Kojève nennen: Alexandre Kojève, *Hegel. Eine Vergegenwärtigung seines Denkens*, Frankfurt a. M. 1975.

Hegel muss so verstanden werden, dass es ihm in dem Kapitel um eine abstrakte Gemeinsamkeit geht, die die durchaus recht unterschiedlichen Diskussionen der drei Teile miteinander verbindet. Diese Gemeinsamkeit lässt sich mit dem Begriff der Selbstständigkeit umreißen. So lässt sich die Grundfrage der in dem Kapitel versammelten Überlegungen wie folgt fassen: Lässt sich ein Wissen von sich (und in diesem Sinne Selbstbewusstsein) erlangen, wenn man den Anspruch verfolgt, sich als selbstständig zu erweisen? Hegels Antwort auf diese Frage ist ohne Zweifel negativ. Weder das Lebendige noch das mit anderen interagierende Selbstbewusstsein noch das sich im eigenen Denken als frei verstehende Selbstbewusstsein können durch den Anspruch auf Selbstständigkeit ein Wissen von sich stabilisieren.

Auch wenn Hegel so mit dem Kapitel seine Erläuterungen zum Begriff des Selbstbewusstseins erst eröffnet, bringt er doch mindestens zwei Aspekte ins Spiel, die für diese Erläuterungen entscheidend sind, und zwar Anerkennungsbeziehungen und die Gestalt des unglücklichen Bewusstseins. So kann eine Lektüre unter anderem zu verfolgen suchen, wie die Relevanz dieser Aspekte begründet wird und welche Fragen das Kapitel in Bezug auf sie aufwirft, die erst an anderer Stelle beantwortet werden.

Probleme der Interpretation

Das Selbstbewusstseinskapitel wirft vier zentrale Fragen für die Interpretation auf:

(a) Wie hängen die sehr weit ausgreifenden Überlegungen zu Anfang des Kapitels, die insbesondere mit dem Begriff des Lebens verbunden sind, mit den weiteren Überlegungen zur Konstitution des Selbstbewusstseins im engeren Sinn zusammen?

(b) Mit dieser ersten Frage hängt eine zweite zusammen: Wie ist der Übergang zu verstehen, der vom Begriff der Begierde zum Begriff der Anerkennung führt? Im Einleitungsabschnitt des Kapitels wird im Zusammenhang mit den Überlegungen zum Lebensbegriff der Begriff der Begierde eingeführt als ein Begriff für eine praktische Beziehung, die zur Selbsterhaltung entscheidend ist. Zugleich argumentiert Hegel aber, dass Beziehungen der Begierde das Selbstverhältnis nicht stabilisieren, und geht aus diesem Grund dazu über, Anerkennung als die praktische Beziehung zu begreifen, mittels deren sich Selbstbewusstsein konstituiert. Wie funktioniert dieser Übergang?

(c) In dem wichtigen zweiten Teil des Kapitels werden dem ersten Augenschein nach Interaktionen zwischen zwei Selbstbewusstseinen thematisiert. Aus diesem Grund ist das Kapitel immer wieder sozialphilosophisch gelesen worden: als Erläuterung verzerrter sozialer Verhältnisse. In neuerer Zeit aber mehren sich die Stimmen, Hegel müsse hier viel abstrakter verstanden werden:[2] Er kommentiere nicht soziale Verhältnisse im engeren Sinn, sondern vielmehr den Zusammenhang zwischen zwei Dimensionen von Selbstbewusstsein, nämlich zwischen seiner körperlichen und seiner geistigen Dimension. So stellt sich drin-

2 Vgl. John McDowell, »The Apperceptive I and the Empirical Self. Towards a Heterodox Reading of ›Lordship and Bondage‹ in Hegel's Phenomenology«, in: J. McD., *Having the World in View. Essay on Kant, Hegel and Sellars*, Cambridge/MA 2009, S. 147–165; Pirmin Stekeler-Weithofer, »Wer ist der Herr, wer ist der Knecht? Der Kampf zwischen Denken und Handeln als Grundform jedes Selbstbewußtseins«, in: Klaus Vieweg / Wolfgang Welsch (Hrsg.), *Hegels Phänomenologie des Geistes*, Frankfurt a. M. 2008, S. 205–237.

gender noch als zuvor die Frage: Wie ist die Interaktion zwischen zwei Selbstbewusstseinen, von der Hegel hier spricht, zu begreifen?

(d) Der größte Teil des Kapitels, der abschließende dritte Teil, setzt überraschenderweise die Überlegungen zur interaktiven Konstitution von Selbstbewusstsein nicht direkt fort. Vielmehr werden hier sehr einseitige Typen von Selbstverständnissen kommentiert. Wie kann man daraus einen systematischen Sinn gewinnen? Wie gehören die einseitigen Selbstverständnisse in den Kontext der Überlegungen zur interaktiven Konstitution von Selbstbewusstsein?

Detaillierter Kommentar

Anders als das Bewusstseinskapitel beginnt das Selbstbewusstseinskapitel mit einem längeren einleitenden Abschnitt. Dieser aber gibt, im Unterschied wiederum zu dem entsprechenden Abschnitt im Vernunftkapitel, keine abstrakte Bestimmung dessen, was insgesamt in dem Kapitel behandelt wird, sondern liefert eigenständige Überlegungen, die im weiteren Verlauf des Kapitels nicht wieder aufgegriffen werden.

Hegel beginnt das Kapitel, indem er die Weiterentwicklung umreißt, die die im Rahmen des Kapitels behandelten Bewusstseinsgestalten mit sich bringen. Ein grundlegender Widerspruch ist, so Hegel, mit dem Übergang zum Selbstbewusstsein überwunden: Das Wissen bezieht sich nun nicht mehr auf etwas, das außerhalb seiner selbst liegt, sondern es bezieht sich auf das, das es selbst ist. Die Wahrheit wird nicht mehr jenseits des Wissens verortet, sondern in ihm selbst. Hegel hält dies für einen entscheidenden Fortschritt in der Konzeption des Wissens: »Mit dem Selbstbewusstsein sind wir also nun in das einheimische Reich der Wahrheit eingetreten.« (144/138)

Dies ist eine für sein Denken insgesamt entscheidende These. Hegel hat immer wieder den neuzeitlichen Rekurs auf das Selbstbewusstsein, der in Descartes' Denken seinen paradigmatischen Ausdruck gefunden hat, als eine entscheidende Errungenschaft bezeichnet.[3] Im Kontext der *PhG* kommt dem Rekurs auf das Selbstbewusstsein auch eine entscheidende Bedeutung zu. Hegel hat bereits in der Einleitung behauptet, dass Bewusstsein immer auch für sich ist. Ein Bewusstsein hat nicht nur einen Gegenstand, in Bezug auf den es etwas weiß. Es hat zugleich auch sich selbst darin als Gegenstand, wie es einen Gegenstand hat, in Bezug auf den es etwas weiß. Bewusstsein ist wesentlich Selbstbewusstsein.

Hegel hat von dieser Idee bereits in der Einleitung mit seiner These, das Bewusstsein sei sich selbst Maßstab, Gebrauch gemacht. Sich selbst ist das Bewusstsein insofern Maßstab, als es mit den Widersprüchen zwischen den für es konstitutiven Momenten (Wissensanspruch und Gegenstandsauffassung) Erfahrungen machen und sich so aus diesen Widersprüchen heraus transformieren kann. Eine solche (formal betrachtet) selbstbewusste Transformation kommt an sich schon bei den im Bewusstseinskapitel behandelten Gestalten zum Tragen. Ab dem Selbstbewusstseinskapitel wird eine entsprechende Transformation zunehmend im Rahmen der Bewusstseinsgestalten selbst reflektiert. Wissen wird nun als ein Zustand begriffen, der konstitutiv mit einem Selbstverhältnis von Subjekten verbunden ist. Die ersten Bewusstseinsgestalten, die in dieser Weise zu begreifen sind, bezeichnet Hegel mit dem Begriff des Selbstbewusstseins. Hier wird Wissen direkt auf Basis

3 So heißt es in seinen *Vorlesungen über die Geschichte der Philosophie*: »Hier, können wir sagen, sind wir zu Hause und können wie der Schiffer nach langer Umherfahrt auf der ungestümen See ›Land‹ rufen; […]« (Hegel, *TWA*, Bd. 20, S. 120).

des Selbstbezugs von Subjekten gefasst. In Hegels Sprache: »Ich ist der Inhalt der Beziehung und das Beziehen selbst [...].« (143/137 f.)

Er sieht sich damit vor die Frage gestellt, wie Wissen im Sinne des Selbstbewusstseins konzipiert wird: »Es ist zu sehen, wie die Gestalt des Selbstbewusstseins zunächst auftritt.« (144/138) Seine Antwort auf diese Frage ist naheliegend: Das Wissen, das im Selbstbezug zustande kommt, ist ein (bloßes) Wissen von sich. Hegel markiert diese Konzeption mit einer Anspielung auf die einflussreiche Formel seines Vorläufers Fichte: »Ich bin Ich« (144/138).[4] Wer Wissen im Sinne von Selbstbewusstsein behauptet, geht davon aus, dass der Gegenstand des Wissens dem Subjekt des Wissens entspricht.

Die weitere Erläuterung dieser Bewusstseinsgestalt, die Hegel gibt, schließt aber nicht zum Beispiel an Fichte und seine Deduktion aller Kategorien aus dem Subjekt an, sondern nimmt einen anderen, überraschenden Weg. Hegel analysiert das »Ich bin Ich« so, dass in ihm zwei Momente zusammenkommen: Das Ich bezieht sich erstens auf etwas anderes und bezieht sich auf dieses andere zugleich doch so, dass es das andere, von dem es sich unterscheidet, als mit sich selbst eins weiß. Das Wissen kommt durch eine Unterscheidung zustande, die zugleich immer wieder in eine Einheit aufgehoben wird. Der Gegenstand des Wissens ist damit etwas, das nur als etwas vom Wissenden Unterschiedenes erscheint, in Wahrheit aber nichts Unterschiedenes ist. Genau diese Struktur kommentiert Hegel nun in überraschender Weise:

4 In der Version der *Grundlage der gesamten Wissenschaftslehre* Fichtes aus dem Jahr 1794 heißt es entsprechend: »Ich = Ich; Ich bin Ich« (Johann Gottlieb Fichte, *Grundlage der gesamten Wissenschaftslehre*, in: J. G. F., *Fichtes Werke*, Berlin 1971, Bd. I, S. 94).

> Dieser Gegensatz seiner Erscheinung und seiner Wahrheit hat aber nur die Wahrheit, nämlich die Einheit des Selbstbewusstseins mit sich selbst, zu seinem Wesen; diese muss ihm wesentlich werden; das heißt, es ist *Begierde* überhaupt. (145/139)

An diesem Punkt ist man als Leser geneigt, sich die Augen zu reiben. Wie um alles in der Welt kommt Hegel jetzt auf den Begriff der Begierde? Wie holt er diesen Begriff aus der Struktur des Selbstbewusstseins mit seiner Unterscheidung, die zugleich eine Einheit ist, heraus?

Es geht Hegel hier um die Frage, wie sich die Einheit des Selbstbewusstseins herstellt. Wie weiß ein Subjekt etwas, worauf es sich bezieht, als sich selbst? Es kann nicht in theoretischer Weise davon wissen, weil das theoretisch Unterschiedene nicht einfach so in eine Einheit gebracht werden kann. Man kann hier von der Subjekt-Objekt-Aporie im Begriff des Selbstbewusstseins sprechen: Wenn ein Subjekt sich theoretisch zum Objekt macht, dann kann es eine Einheit zwischen sich als Subjekt und sich als Objekt nur dadurch herstellen, dass es aus einer höheren Warte auf diese Einheit blickt. Dafür aber braucht es ein höherstufiges Subjekt, in Bezug auf das sich wiederum die Frage stellt, wie es mit der Einheit, auf die es sich bezieht, eins ist. So gerät man in einen endlosen Regress.

Hegel umgeht die Subjekt-Objekt-Aporie, indem er davon ausgeht, dass die Einheit im Selbstbewusstsein praktisch hergestellt wird. Das Paradigma einer solchermaßen praktisch hergestellten Einheit ist der Akt, sich etwas einzuverleiben – ein Akt der Begierde. Dort, wo ein Subjekt etwas von sich unterscheidet und dann in praktischer Weise eine Einheit von sich mit dem, was es von sich unterschieden hat, herstellt, ist das Subjekt Begierde. Ein Selbstbewusstsein weiß sich primär dadurch als eins, dass es sich etwas anderes einverleibt.

Das, worauf sich die Begierde bezieht, ist dabei nicht bloß etwas Gegenständliches. Etwas Gegenständliches ist dem Subjekt gegenüber gleichgültig. Dasjenige, was Gegenstand der Begierde ist (Nahrung zum Beispiel), aber macht dem Subjekt zu schaffen: Es muss gesucht werden, gesichert werden, möglicherweise anstrengend verzehrt werden, und so fort. Insofern ist der Gegenstand der Begierde etwas, das sich aus sich heraus als eigenständig zeigt (nach dem Motto: Mit mir wirst du nicht so einfach fertig!). Er erfährt als Gegenstand der Begierde eine »Reflexion in sich« (145/139), so dass er sich – in dem Maße, in dem er sich als eigenständig zeigt – auf sich bezieht. So ist der Gegenstand der Begierde dem Subjekt in einer gewissen Hinsicht gleich, und dies ist er darin, dass es auch ihm um seine Selbstständigkeit geht. Auf Basis dieser Überlegungen führt Hegel den Begriff des Lebens ein:

> Was das Selbstbewusstsein *als seiend* von sich unterscheidet, hat auch insofern, als es seiend gesetzt ist, nicht bloß die Weise der sinnlichen Gewissheit und der Wahrnehmung an ihm, sondern es ist in sich reflektiertes Sein, und der Gegenstand der unmittelbaren Begierde ist ein *Lebendiges.* (145/139)

Die besondere Gegenständlichkeit, auf die sich die Begierde bezieht, ist das Lebendige. Dasjenige, was einem begehrenden Wesen Mühe bereitet, ist aus dem Grund als lebendig zu begreifen, weil das Lebendige von sich aus anderem Widerstände entgegenbringt. Für das Lebendige ist es charakteristisch, dass es um seine Erhaltung als Lebendiges bemüht ist. Es bezieht sich so, formal betrachtet, auf sich selbst. Dies gilt zum Beispiel für einen Baum, der sich mit seinen Wurzeln dem Wasser entgegenstreckt oder mit seinen Blüten in Richtung der Sonne ausrichtet. Er ist damit in selbstbezüglicher Weise um seine Erhaltung bemüht. In diesem Sinn ist das Lebendige ein »in sich reflektiertes Sein«. Die Selbsterhaltung führt dabei zu einer an oder für sich realisierten Selbstgewissheit, die Hegel als eine erste Wissenskonzeption im Sinne von Selbstbewusstsein versteht: als eine in praktischer Weise dadurch hergestellte Gewissheit, dass das Lebendige sich durch Vernichtung von anderem Lebendigem selbst erhält.

Um diese Konzeption weiter aufzuklären, widmet sich Hegel in einer längeren Passage dem Begriff des Lebens. Leben ist, so führt er aus, durch eine grundlegende Polarität gekennzeichnet. Auf der einen Seite ist das Leben selbstständig in Form einzelner Lebewesen, die um ihre Einheit bemüht sind. Auf der anderen Seite ist das Leben selbstständig in Form des gesamten Kreislaufes, den das Leben aller Lebewesen insgesamt ausmacht. Hegel spricht hier von einer »allgemeine[n] Flüssigkeit« und von einer »sichselbstgleiche[n] Selbstständigkeit« (146/140). Leben ist aus dieser Polarität heraus als ein »*Prozess*« (147/141) zu begreifen. Die Allgemeinheit des Lebendigen kann sich – auf der Ebene des Lebens insgesamt, aber auch auf der Ebene des Lebens einer Art – nur durch das Leben einzelner Lebewesen erhalten. Diese Lebewesen aber haben keine substantielle Selbstständigkeit, sondern sind in ihrer Selbstständigkeit an den Prozess des Lebens gebunden, in dem die Selbstständigkeit jedes einzelnen Lebewesens grundsätzlich aufgehoben ist.

Hegel behandelt diesen »ganze[n] Kreislauf« (148/142), der das Leben ausmacht, aus zwei Gründen:

Erstens will er verständlich machen, dass Leben durch vielfältige Momente von Selbstbeziehungen organisiert ist und so die Struktur von Selbstbewusstsein realisiert, ohne als solches Selbstbewusstsein zu sein. Leben ist nur durch eine Bezugnahme auf anderes Leben (wie zum Beispiel der Baum nur durch seinen Bezug auf den nährstoffhaltigen Boden, der durch das

Vergehen anderen Lebens entstanden ist). Dies gilt auf der Ebene einzelner Lebewesen genauso wie auf der Ebene des Lebens insgesamt. Das Leben ist als »Gattung« seiner Struktur nach »Selbstbewusstsein« (149/143).

Zweitens – und wichtiger – geht es Hegel darum zu klären, ob sich das Selbstwissen eines einzelnen Individuums im Sinne des Selbstbewusstseins tatsächlich auf den Anspruch stützen lässt, sich in seinem Begehren als selbstständig zu erweisen. In Bezug auf diese Frage ist seine Antwort eindeutig negativ: Er erläutert das Scheitern aller Bemühungen, auf Akte der Begierde eine entsprechende Selbstständigkeit zu begründen als eine Erfahrung, die das Selbstbewusstsein in Auseinandersetzung mit dem Lebendigen macht, wenn es seine Begierden durch anderes Lebendiges befriedigen will:

> In dieser Befriedigung aber macht es die Erfahrung von der Selbstständigkeit seines Gegenstandes. Die Begierde und die in ihrer Befriedigung erreichte Gewissheit seiner selbst ist bedingt durch ihn, denn sie ist durch Aufheben dieses Andern; dass dies Aufheben sei, muss dies Andere sein. Das Selbstbewusstsein vermag also durch seine negative Beziehung ihn nicht aufzuheben; es erzeugt ihn darum vielmehr wieder, so wie die Begierde. (149 f./143)

Der Wissensanspruch des Selbstbewusstseins wird in dieser Erfahrung verkehrt: Das Selbstbewusstsein will sich an dem lebendigen Gegenstand als selbstständig erweisen, indem es ihn zum Beispiel verzehrt. Als selbstständig erweist sich aber dabei der lebendige Gegenstand, denn das Selbstbewusstsein benötigt ihn, um sich durch ihn Selbstgewissheit zu verschaffen. Der Gegenstand muss dafür Bestand haben. Unglücklicherweise hat er das nicht, wenn er verzehrt wird. Es bedarf also sogleich wieder eines anderen Gegenstands, um die Gewissheit an diesem zu wiederholen. Da auch dieser keinen Bestand haben kann, wiederholt sich diese Prozedur in unbegrenzter Weise. Damit zeigt sich, dass Akte der Begierde nicht in der Lage sind, die Einheit des Selbstbewusstseins zu konstituieren. Oder genauer gesagt: Sie sind nicht in der Lage, diese Einheit stabil zu konstituieren. Robert Pippin spricht in diesem Sinn von Akten der Begierde als einem »provisional self-relating«,[5] da diese Akte immer nur momentan zu einer Selbstgewissheit führen – zu einer Gewissheit im immer nur einzelne Momente andauernden »Selbstgefühl«, wie man mit einem Begriff Fichtes sagen kann.[6] Eine Einheit, die Bestand hätte, kommt nicht zustande.

Aus dieser Einsicht zieht Hegel in einer recht atemberaubenden Passage (149–151/144 f.) in sehr schneller Folge wichtige Konsequenzen. Er formuliert dabei so knapp und skizzenhaft, dass er alles andere als einfach zu verstehen ist. Die Konklusion, auf die Hegel schließen will, ist dabei im Text durch Kursivierung klar markiert. Sie lautet: »*Das Selbstbewusstsein erreicht seine Befriedigung nur in einem andern Selbstbewusstsein.*« (150/144) Die Begründung dieser These lässt sich folgendermaßen verstehen: Für einen Gegenstand der Begierde ist charakteristisch, dass er die Selbstständigkeit des Individuums, das begehrt, nicht bestätigt. Er ist – als Lebewesen – selbst um seine Selbstständigkeit (praktisch) bemüht. Dabei ist die Selbstständigkeit des Gegenstands, wie gesehen, auch für das Selbstbewusstsein wesentlich. Hegel extrapoliert nun aus diesen Ergebnissen seiner Überlegungen die folgende Idee: Damit das Selbstbewusstsein in seiner Selbstständigkeit bestätigt wird, bedarf es eines Gegenstands, der einerseits selbstständig

5 Robert Pippin, *Hegel on Self-Consciousness: Desire and Death in the »Phenomenology of Spirit«*, Princeton 2011, S. 37.

6 Vgl. Fichte, *Grundlage der gesamten Wissenschaftslehre*, S. 323.

ist und sich andererseits von sich aus zurücknimmt und damit das Selbstbewusstsein in seiner Selbstständigkeit bestätigt. Was aber ist ein solcher Gegenstand? Hegel sagt: Es ist ein anderes Selbstbewusstsein.

Unklar bleibt dabei erst einmal, wie genau diese These begründet ist. Führt er den Begriff des anderen Selbstbewusstseins nur ein, oder hat er Prämissen zur Verfügung, die es ihm erlauben, darauf zu schließen, dass der Gegenstand, den er postuliert, ein anderes Selbstbewusstsein ist? Wollen wir nachsichtig sein, sollten wir Letzteres annehmen. Hegel deutet eine Klärung an, wenn er von drei Momenten spricht, in denen der »Begriff des Selbstbewusstseins vollendet« (150/144) sei. Das dritte Moment, das er angibt, ist entscheidend: »Aber die Wahrheit derselben [der durch Begierde gestifteten Gewissheit] ist vielmehr die gedoppelte Reflexion, die Verdopplung des Selbstbewusstseins.« (150 f./144) Praktiken, durch die das Selbstbewusstsein an einem Objekt Einheit zu gewinnen sucht, sind ihrem Wesen nach so zu verstehen, dass das Selbstbewusstsein sich auf einen Gegenstand bezieht, der ihm in Bezug auf seine Seinsweise gleicht und in dem es sich auf diese Weise spiegeln kann. Hegel sagt damit, dass Selbstbewusstsein aus begrifflichen Gründen auf einen Gegenstand bezogen ist, der auch Selbstbewusstsein ist.

Diese begrifflichen Gründe lassen sich folgendermaßen erläutern: Selbstbewusstsein ist als Begierde auf seine Einheit aus. So aber kann es seine Einheit nur finden, wenn ihm das Objekt, auf das es sich begehrend bezieht, seine Begierde spiegelt. Das aber kann das Objekt nur, wenn es selbst Begierde ist, also ein anderes Selbstbewusstsein.[7] So kommt Hegel zu der Konklusion, die ich bereits hervorgehoben habe. An diesem

7 Jacques Lacan hat diesen Zusammenhang prägnant gefasst, indem er sagt, das Begehren sei stets das Begehren des anderen. Vgl. z. B.

Punkt seiner Überlegungen gibt er einen berühmten Vorverweis, mit dem er den für den gesamten Text zentralen Begriff des Geistes ins Spiel bringt:

> Hiemit ist schon der Begriff *des Geistes* für uns vorhanden. Was für das Bewusstsein weiter wird, ist die Erfahrung, was der Geist ist, diese absolute Substanz, welche in der vollkommenen Freiheit und Selbstständigkeit ihres Gegensatzes, nämlich verschiedener für sich seiender Selbstbewusstseine, die Einheit derselben ist; *Ich*, das *Wir*, und *Wir*, das *Ich* ist. (151/145)

Hegel spricht hier aus der Perspektive des »für uns« – der Perspektive desjenigen, der den weiteren Weg der Überlegungen überschaut (was nicht heißt, dass diese Perspektive für den Fortgang erforderlich ist). Wenn gilt, dass Selbstbewusstsein nur durch einen Bezug auf ein anderes Selbstbewusstsein ist, dann kann Selbstbewusstsein nicht aus sich heraus als selbstständig begründet werden, sondern muss im Rahmen einer Einheit verstanden werden, in der allein seine Selbstständigkeit verständlich wird. Diese Einheit hat die Struktur des »*Ich*, das *Wir*, und *Wir*, das *Ich* ist«. Hegel kündigt an, dass er sie mit dem Begriff des Geistes bezeichnen wird. Entscheidend aber ist: Er kündigt an, dass er die Konstitution des Selbstbewusstseins erst im Rahmen der Struktur des Geistes erläutern kann. Im Selbstbewusstseinskapitel wird diese Konstitution also nicht aufgeklärt werden.

Jacques Lacan, »Die Ausrichtung der Kur und die Prinzipien ihrer Macht«, in: J. L., *Schriften I*, Weinheim 1986, S. 171–239, hier: S. 220.

A. Selbstständigkeit und Unselbstständigkeit des Selbstbewusstseins; Herrschaft und Knechtschaft

Der zweite Teil des Selbstbewusstseinskapitels beginnt mit der Einführung der vermutlich wichtigsten begrifflichen Akzentsetzung, die Hegel in der *PhG* vornimmt: mit der Einführung des Begriffs der Anerkennung. Dieser Begriff wurde – wie bereits in der Einführung dieses Buches angesprochen (vgl. hier S. 22 ff.) – von Fichte im Rahmen seiner *Grundlagen des Naturrechts* prominent eingeführt.[8] Hegel hat ihn bereits in früheren Schriften als wichtigen Grundbegriff praktischer Verhältnisse aufgegriffen und profiliert.[9] In der *PhG* aber gebraucht er ihn in pointierter Weise. Er führt ihn im Kontext einer Reflexion des Erkennens ein und vertritt damit die These, dass das theoretische Weltverhältnis eine grundlegend praktische Seite hat. Da alles Wissen ein Selbstwissen impliziert und da ein solches Selbstwissen nur im anerkennenden Bezug eines Subjekts auf ein anderes Subjekt zustande kommt, impliziert alles Wissen die praktischen Strukturen der Anerkennung.

Was aber heißt es, jemanden anzuerkennen? Hegel antwortet auf diese Frage zuerst in einer abstrakten begrifflichen Überlegung (152–154/145–147). Er charakterisiert diese Überlegung dadurch, dass er von einem »reine[n] Begriff des Anerkennens« (154/147) spricht. Seine Ausführungen zu diesem reinen Begriff lassen sich so verstehen, dass sie notwendige und zusammengenommen hinreichende Momente der Verwirklichung

8 Vgl. Johann Gottlieb Fichte, *Grundlage des Naturrechts nach Prinzipien der Wissenschaftslehre*, in: J. G. F., *Fichtes Werke*, Bd. III, Berlin 1971, §4.

9 Vgl. z. B. Georg Wilhelm Friedrich Hegel, *System der Sittlichkeit*, Hamburg 2002.

von Anerkennung abstrakt artikulieren. Es handelt sich um vier Momente (vgl. die vier Absätze, die mit dem vorletzten Absatz auf Seite 152 beginnen / vgl. die vier Absätze ab 146 oben), die nicht als einzelne Schritte zu verstehen sind, die unabhängig realisiert werden könnten, sondern die in der Verwirklichung von Anerkennung systematisch zusammenhängen:

(a) Wer jemand anderen anerkennt, »verliert« sich in der gemeinschaftlichen Praxis, die er mit dem anderen teilt. In Hegels Worten: »[…] [das Selbstbewusstsein] hat sich selbst verloren, denn es findet sich als ein *anderes* Wesen […]« (152/146).
(b) Wer sich in dieser Weise verliert, kann aber gerade nicht anerkennen. Aus diesem Grund muss jemand, der andere anerkennt, sich zugleich von einer gemeinschaftlichen Praxis zu distanzieren wissen. Erst dadurch gewinnt er das Potential, tatsächlich anzuerkennen. In Hegels Worten: »[Das Selbstbewusstsein] muss dies *sein Anderssein* aufheben […]« (152/146).
(c) Wenn jemand, der anerkennt, eine Distanz zur gemeinschaftlichen Praxis realisiert, dann gewinnt in der Anerkennung auch derjenige, der anerkannt wird, eine solche Distanz. In Hegels Worten: »*erstlich* erhält es [das Selbstbewusstsein] durch das Aufheben sich selbst zurück; […]; *zweitens* gibt es das andere Selbstbewusstsein ihm selbst wieder zurück […]« (153/146).
(d) Der Distanzgewinn muss so als ein Moment begriffen werden, das ein wechselseitiges Geschehen voraussetzt. Einer eröffnet dem anderen die Distanz, aus der heraus beide sich wechselseitig anerkennen können. Nochmals Hegel: »[…] aber dieses Tun des Einen hat selbst die gedoppelte Bedeutung, ebensowohl *sein Tun* als *das Tun des Anderen* zu sein […]« (153/146).

Der in diesen vier Momenten erläuterte »reine Begriff des Anerkennens« ist wie eine Vorschau. Er deutet an, welche Momente miteinander verbunden werden müssen, damit es zu einer Verwirklichung von Anerkennung kommt. Eine solche Verwirklichung ist damit aber noch nicht gewonnen. Sie wird erst im weiteren Gang der *PhG* verständlich werden. Erst am Ende des Geistkapitels wird sich genauer verstehen lassen, wie die vier Momente zu begreifen sind, durch die Beziehungen der Anerkennung realisiert sind. Es wird also später wichtig werden, auf diese Vorschau noch einmal zurückzukommen (vgl. bes. hier S. 246 f.).

Hegel markiert deutlich die Rückkehr zu einer Bewusstseinsgestalt, die sich aus der bisher nachvollzogenen Entwicklung heraus verstehen lässt, indem er sagt: »Dieser reine Begriff des Anerkennens, der Verdopplung des Selbstbewusstseins in seiner Einheit, ist nun zu betrachten, wie sein Prozess für das Selbstbewusstsein erscheint.« (154/147) Wie ist das Selbstbewusstsein zunächst anderem Selbstbewusstsein gegenüber? Wie macht ein Selbstbewusstsein die Erfahrung anderen Selbstbewusstseins? Es macht sie dadurch, dass ein Selbstbewusstsein sich ihm gegenüber zeigt. Wie zeigt sich ein Selbstbewusstsein einem anderen gegenüber?

Hegel lässt sich an diesem Punkt seiner Überlegungen so verstehen, dass er ein Gedankenexperiment durchführt. Dieses Gedankenexperiment ist durch seine Überzeugung motiviert, dass es unmöglich für ein Selbstbewusstsein ist, sich direkt einem anderen Selbstbewusstsein gegenüber zu zeigen.[10] Dazu bedarf es einer normativen Praxis, die historisch-kulturell ausgeprägt ist und die an diesem Punkt der

10 Hegel sagt es so: »Jedes ist wohl seiner selbst gewiss, aber nicht des Andern, und darum hat seine eigne Gewissheit von sich noch keine Wahrheit.« (155/148)

Rekonstruktion von Bewusstseinsgestalten noch nicht absehbar ist.

Aus diesem Grund nimmt Hegel an, es wäre für ein Selbstbewusstsein doch möglich, sich direkt einem anderen gegenüber zu zeigen. Dies wäre dadurch möglich, dass es dem anderen gegenüber seine Macht der Einverleibung beziehungsweise der Vernichtung zeigt. Beide Selbstbewusstseine folgen in der angenommenen Begegnung gewissermaßen noch der Logik der Begierde: Sie wollen sich als selbstständig erweisen, indem sie andere Lebewesen, in diesem Fall ein anderes Selbstbewusstsein, vernichten. Hegel spricht hier von einem »Kampf auf Leben und Tod«, in dem sowohl das eine als auch das andere Selbstbewusstsein sich zu »*bewähren*« sucht (155/149). Da aber dieser Kampf einer Logik der Begierde folgt, wiederholt sich in ihm, was Hegel als Problematik der Begierde analysiert hat: Falls die Vernichtung gelingt, leistet sie zugleich nicht, was sie leisten soll: Es stellt sich keine Selbstständigkeit her, da der Gegenstand, der die Selbstständigkeit bestätigen soll, nicht mehr vorhanden ist.

Aus dem Kampf auf Leben und Tod heraus aber ergibt sich eine Möglichkeit, die in Praktiken der Begierde nicht gegeben ist. Will man diese Möglichkeit begreifen, muss man die Unterschiede betonen, die zwischen dem von Hegel gedankenexperimentell entworfenen Kampf und den Praktiken der Begierde besteht: Der Unterschied liegt darin, dass beide Parteien des Kampfes sich nicht nur in ihrem Leben zu erhalten trachten, sondern sich darüber hinaus als Selbstbewusstseine in ihrer Selbstständigkeit zu bewähren suchen. In dieser Bemühung beziehen sich die Selbstbewusstseine auf sich selbst als Lebewesen, von denen sie sich distanzieren. Ein um Selbstständigkeit bemühtes, sich wissendes Bewusstsein hängt gerade nicht am Leben, sondern sucht seine Einheit jenseits seiner Lebendigkeit.

Robert Brandom hat diesen Zusammenhang an einem Kodex von Samurai (dem Bushido) illustriert.[11] Dieser verlangt in vielen Fällen den rituellen Selbstmord. Sich als Samurai zu wissen bedeutet damit, das eigene Leben in bestimmten Situationen opfern zu müssen. Wer dieses Opfer nicht zu bringen bereit ist, kann kein Samurai (mehr) sein. Nun ist bei Hegel von so etwas wie einem Verhaltenskodex oder anders gearteten kulturellen Normen an dieser Stelle nicht die Rede (wie bereits gesagt: wir sind noch weit von Bewusstseinsgestalten entfernt, die entsprechende Wissensansprüche verfolgen). Er kann vielleicht eher so verstanden werden, dass er einen agonalen Naturzustand im Sinne von Thomas Hobbes' *bellum omnium contra omnes* zeichnet.[12] Seine These lautete diesbezüglich insgesamt, dass sich auf Basis des Kampfes im Naturzustand nicht das Etablieren symmetrischer sozialer Verhältnisses erklären lässt. Entsprechend ist die entscheidende Lektion für ihn auch diejenige, die dort gemacht wird, wo der Kampf sein Ende findet: Der Krieg aller gegen alle lässt nur das Etablieren der Verhältnisse von Gewinnern und Verlierern zu. Im Gedankenexperiment ist dies dort der Fall, wo eine der kämpfenden Parteien sich der anderen unterwirft. Dies führt dann zu der nächsten experimentellen Konstellation, die Hegel durchspielt: der berühmten Konstellation von Herr und Knecht.

Bevor wir uns dieser Konstellation widmen, lohnt es sich, einen Moment über die Bedeutung der Beendigung des Kampfes für die Theorie des Selbstbewusstseins zu reflektieren. Hegel erläutert diese Bedeutung als Erfahrung desjenigen Selbstbewusstseins, das den Kampf aufgibt und in die Knechtschaft

11 Robert Brandom, »Selbstbewusstsein und Selbst-Konstitution«, in: Christoph Halbig / Michael Quante (Hrsg.), *Hegels Erbe*, Frankfurt a. M. 2004, S. 46–77, hier: S. 49f.

12 Vgl. Thomas Hobbes, *Leviathan*, Stuttgart 1970, Teil 1, Kap. 13.

geht: »In dieser Erfahrung wird es dem Selbstbewusstsein, dass ihm das Leben so wesentlich als das reine Selbstbewusstsein ist.« (157/150) Er zieht also die gewissermaßen umgekehrte Konsequenz dessen, was Brandom in seiner Interpretation nahelegt: Er argumentiert nämlich, dass die Einheit des Selbstbewusstseins gerade nicht ohne den Bezug auf das Leben verständlich ist. Das bloße sich wissende Bewusstsein (»das reine Selbstbewusstsein«) ist konstitutiv auf die Lebendigkeit des Organismus verwiesen.

Hegel kann hier durchaus so verstanden werden, dass er eine interne Zweiheit des Selbstbewusstseins im Sinne des Zusammenhangs von Geist und Körper behauptet. Das »Bewusstsein in der Gestalt der *Dingheit*« (157/150), der Körper, ist eine notwendige Voraussetzung dafür, dass ein Selbstbewusstsein sich als selbstständig bewähren kann. Dies gilt gerade unter der Voraussetzung, dass die Konstitution eines Selbstbewusstseins wesentlich durch den Bezug auf anderes Selbstbewusstsein vonstattengeht. Ein Selbstbewusstsein kann sich einem anderen Selbstbewusstsein nämlich nur in körperlicher Weise zeigen. Man kann hier unter anderem die Relevanz körperlichen Ausdrucksverhaltens betonen: Ohne ein solches Ausdrucksverhalten können wir anderen nicht als selbstbewusste Wesen begegnen. Es bedarf so seiner dinglichen, lebendigen Seite, um das bleibende Wissen von sich zu erlangen, das ein Selbstbewusstsein in Interaktionen mit anderen gewinnt.

Die beiden Gestalten von Selbstbewusstsein, die Hegel nun als Herr und Knecht thematisiert, sind so von Grund auf doppeldeutig gehalten. Auf der einen Seite geht es Hegel wie in den Überlegungen zum Kampf auf Leben und Tod um zwei Selbstbewusstseine, die äußerlich miteinander interagieren.[13]

13 Für diese Interpretation spricht auch, dass Hegel im »System der Sittlichkeit« von 1802, in dem er erstmals das Verhältnis von Herr-

Auf der anderen Seite argumentiert er, dass genau diese äußerliche Interaktion in den Begriff des einzelnen Selbstbewusstseins eine Entgegensetzung einträgt, nämlich die Entgegensetzung von Geist und Körper. Nur ein Individuum, das seine geistige Selbstbewusstheit körperlich realisiert, kann mit einem anderen Individuum selbstbewusst interagieren. Die Dialektik von Herr und Knecht ist mit dieser Doppeldeutigkeit behaftet. Es ist aus diesem Grund falsch, intersubjektive und intrasubjektive Lesarten hier als alternative Lesarten zu verstehen: Beide bleiben als solche einseitig.

Hegel entfaltet die Dialektik von Herr und Knecht wiederum in einer schnellen Folge von Erläuterungen, die besonders die Interaktion mit der Welt zum Gegenstand haben. Dabei vertritt er drei wichtige Thesen:

(a) Zwischen Herr und Knecht kann es nicht zu Anerkennung kommen, da die Anerkennung zwischen ihnen asymmetrisch verläuft. Zwar erkennt der Knecht den Herrn an, wird aber seinerseits von Letzterem nicht anerkannt. Dadurch ist auch die Anerkennung, die der Herr durch den Knecht erfährt, wertlos. Der Herr betrachtet (und behandelt) den Knecht nicht als seinesgleichen und hält so letztlich für irrelevant, was der Knecht ihm an Anerkennung entgegenbringt

(b) Auch wenn es dem ersten Blick nach so aussieht, als sei der Herr selbstständig und der Knecht unselbstständig, ist der Knecht im Rahmen der Konstellation die eigentlich selbstständige Gestalt: »Die *Wahrheit* des selbstständigen Bewusstseins ist […] das *knechtische Bewusstsein.*« (159/152)

schaft und Knechtschaft erörtert, explizit schreibt: »Die Mehrheit ist hier die Mehrheit von Individuen.« (Hegel, *System der Sittlichkeit*, S. 29.)

(c) Die Selbstständigkeit des Knechts liegt in zwei Momenten begründet: einerseits darin, dass er zu sich selbst auf Distanz gehen kann (was er ja permanent dadurch macht, dass er für den Herrn arbeitet), und andererseits darin, dass er sich mit seinem eigenen Tun in der Welt manifestiert. Die Distanz, die der Knecht zu sich hat, wird von Hegel durch den Bezug auf den Tod als den »absoluten Herrn« (160/153) erläutert: Der Knecht hat aufgehört, sich aufgrund seiner eigenen körperlichen Existenz als selbstständig erweisen zu wollen. Er hat die Unmöglichkeit realisiert, ausgehend von einer vorgegebenen natürlichen Bestimmtheit (zum Beispiel: körperlicher Stärke) zu Selbstständigkeit zu kommen. Er sucht also seine Selbstständigkeit aus Unbestimmtheit heraus zu gewinnen. Hegel sagt es so: »[Das knechtische Bewusstsein] ist [...] innerlich aufgelöst worden, hat durchaus in sich selbst erzittert, und alles Fixe hat in ihm gebebt.« (160/153)

Es ist entscheidend, diese Ergebnisse von Hegels Überlegungen zur Dialektik von Herr und Knecht noch systematischer zu artikulieren, um zu verstehen, um was genau es Hegel mit diesen Überlegungen geht.

(a*) Anerkennung, so die erste Lektion, kann nur als eine symmetrische Relation gelingen. Dass ein Selbstbewusstsein anerkannt wird, hat nur dann einen Wert für dieses Selbstbewusstsein, wenn es denjenigen, der es anerkennt, seinerseits anerkennt. Die Interaktion von Herr und Knecht liefert also ein Beispiel dafür, dass Anerkennung scheitert, wenn sie nicht als Anerkennung des anderen als seinesgleichen zustande kommt. Eine solche Anerkennung des anderen als seinesgleichen wird im Selbstbewusstseinskapitel jedoch nicht verständlich. Hegel macht aber immerhin indirekt deutlich, welche Bedingungen erfüllt sein müssen, um eine solche Anerkennung zu realisieren: Die Selbstbewusstseine müssen in Interaktionen, in denen sie sich wechselseitig Freiräume ihres Tuns lassen und in diesem Sinn darauf verzichten, sich wechselseitig zu bestimmen, die Möglichkeit gewinnen, sich als ihresgleichen zu behandeln. An diesem Punkt ist aber noch unklar, wie das gelingen kann.

Die Lektion der Dialektik von Herr und Knecht lässt sich auch noch einmal für die intrasubjektive Dimension fruchtbar machen: Geist und lebendiger Körper müssen in einem Verhältnis der Gleichberechtigung zueinander stehen, so dass sowohl Körper als auch Geist sich nicht nur wechselseitig bestimmen, sondern auch in freier Weise zusammenspielen. Selbstbestimmt ist ein vernünftiges Lebewesen nur dann, wenn beide, lebendiger Körper und Geist, einen genuinen Beitrag zur Realisierung von Vernünftigkeit leisten.[14] Wie Hegel mit der Figur des Knechts in aller Deutlichkeit sagt, ist der Körper dabei als tätig zu begreifen. Der lebendige Körper ist also nicht primär als ein Organismus zu verstehen, der sinnliche Wahrnehmungen macht, sondern als, phänomenologisch gesagt, »fungierender Leib«,[15] also als ein Körper, der sich in der Welt tätig zeigt und der symbolische Artikulationen hervorbringt.

(b*) Dass im Rahmen des Selbstbewusstseinskapitels keine Explikation gelingender Anerkennung zustande kommt,

14 Vgl. McDowell 2009, S. 163 f. McDowell versteht allerdings den Körper zu einseitig mit Bezug auf sein sinnliches Wahrnehmungsvermögen.

15 Vgl. z. B. auf Basis Husserls: Maurice Merleau-Ponty, *Phänomenologie der Wahrnehmung*, Berlin [19]1974, S. 106.

liegt darin begründet, dass Selbstständigkeit keine Basis für eine solche Explikation bietet. Dies kann man sich leicht klarmachen, wenn man auf die basale Symmetrie von Anerkennungsbeziehungen reflektiert. Wenn die Anerkennung eines anderen nur dadurch realisiert werden kann, dass sie ihrerseits anerkannt wird, dann heißt das, dass sie immer mit einem Verlust von Selbstständigkeit verbunden ist. Wer anerkannt wird, verliert Selbstständigkeit. Dies hat Hegel in seiner Vorschau zum »reinen Begriff des Anerkennens« gleich als erstes Moment betont. Wer anerkannt wird, verliert sich im anderen. Insofern ist der Kommentar, das knechtische Bewusstsein sei die Wahrheit des selbstständigen Bewusstseins, auch ironisch. Der Knecht ist zutiefst unselbstständig. Er realisiert eine Selbstständigkeit aus der Unselbstständigkeit heraus.

(c*) Genau diese Selbstständigkeit wird aber von der Gestalt des Knechts nur verkürzt gefasst. Darin, dass der Knecht zu sich auf Distanz gehen kann, und darin, dass er sich in den Manifestationen seiner Arbeit ansichtig wird, wird Selbstständigkeit nicht gehaltvoll; sie ist in der Position des Knechts noch nicht entwickelt. Hegel präsentiert eine eigentümliche Diagnose für die Defizite des knechtischen Bewusstseins, wenn er sagt, der Knecht habe die »absolute Furcht« (162/155) nicht ausgestanden. Von Furcht spricht Hegel zuvor mit Blick auf den Bezug des Bewusstseins zum Tod als dem »absoluten Herrn« (160/153). Die Furcht ist dabei als Abstandnahme vom eigenen natürlichen Leben zu verstehen, aus der resultiert, dass dem Bewusstsein nichts mehr als natürlich gilt. Das knechtische Bewusstsein hält aber – wie der Herr – in gewisser Weise an seiner Natürlichkeit fest: Es hat ein natürliches Verhältnis zu seinen Bewusstseinsinhalten – in dem Sinne, dass Letztere für es selbstverständlich gegeben sind. So spricht Hegel am Ende seiner Ausführungen zu Herr und Knecht auch davon, es handle sich bei der Selbstständigkeit des Knechts um »*Eigensinn*, eine Freiheit, welche noch innerhalb der Knechtschaft stehenbleibt« (162/155). Genau gesagt: Wenn der Knecht tatsächlich aus seiner Position Selbstständigkeit zu begründen sucht, dann bleibt diese Selbstständigkeit haltlos. Sie hat in der Form der Knechtschaft nur negative Konturen: den Herrn als Gegenüber, der den Knecht zu Unselbstständigkeit verdammt, und die Welt als Gegenüber, die allem, was der Knecht tut, Widerstände entgegenbringt.

B. Freiheit des Selbstbewusstseins; Stoizismus, Skeptizismus und das unglückliche Bewusstsein

Der Fortgang des Selbstbewusstseinskapitels lässt sich verstehen, wenn man bedenkt, dass die bislang von Hegel verfolgten Gestalten in gewisser Weise irreal waren. Die Erfahrung anderen Selbstbewusstseins, so das Resultat der Überlegungen zum Kampf auf Leben und Tod und der Dialektik von Herr und Knecht, lässt sich nicht auf Basis einer gewissermaßen natürlichen Begegnung von Individuen machen. Der Anspruch, sich anderen gegenüber dadurch als Selbstbewusstsein zu erweisen, dass man sich in seiner Selbstständigkeit bewährt, scheitert. Dennoch gibt es Wissenskonzeptionen, die Wissen aus einer solchen Selbstständigkeit heraus zu begründen suchen. Das aber kann dem Resultat der bisherigen Überlegungen gemäß nur dadurch geschehen, dass man darauf verzichtet, sich anderen gegenüber als selbstständig zu erweisen. Nur einer in konsequenter Weise eigensinnigen Konzeption ist es möglich, Selbstbewusstsein in Selbstständigkeit begründen zu wollen. In dem dritten Teil des Selbstbewusstseinskapitels verfolgt Hegel aus diesem Grund Bewusstseinsgestalten, die solchermaßen eigensinnige und damit einseitige Konzeptionen vertreten. Die Einseitigkeit betrifft beide Dimensionen, die in der Dialektik von Herr und Knecht zum Tragen kommen: die Interaktion und die körperliche Lebendigkeit. Sowohl die Unselbstständigkeit den anderen gegenüber als auch diejenige dem eigenen Körper gegenüber wird um einer Verteidigung der Selbstständigkeit willen negiert. In diesem Sinn handelt es sich insgesamt um Bewusstseinsgestalten, die das gesamte Wissen auf die Selbstständigkeit des eigenen Denkens zu gründen versuchen.

Haben sowohl der Kampf auf Leben und Tod als auch die Dialektik von Herr und Knecht aus den genannten Gründen einen eher gedankenexperimentellen Charakter, so sind die jetzt diskutierten Bewusstseinsgestalten als durchaus denkbare Wissenskonzeptionen zu verstehen. Das zeigt sich unter anderem daran, dass zwei der Gestalten, die Hegel kommentiert, sich deutlich mit historischen Denkweisen identifizieren lassen, nämlich Stoizismus und Skeptizismus, Letzterer in seiner antiken Variante. Es geht ihm aber nicht darum, historische Denkweisen zu verorten, sondern vielmehr um ein systematisches Verständnis der Widersprüche, die mit entsprechenden Versuchen, Wissen auf eine Selbstständigkeit im Denken zu gründen, unumgänglich verbunden sind. Zugleich will er zeigen, dass die von ihm kommentierten Wissenskonzeptionen – allen Widersprüchen zum Trotz – wichtige Einsichten enthalten. Die zentrale dieser Einsichten fasst Hegel folgendermaßen:

> Im Denken *bin* Ich *frei*, weil ich nicht in einem Andern bin, sondern schlechthin bei mir selbst bleibe, und der Gegenstand, der mir das Wesen ist, in ungetrennter Einheit mein Für-mich-sein ist; und meine Bewegung in Begriffen ist eine Bewegung in mir selbst. (163/156)

Es ist eine wesentliche Grundlage allen Selbstbewusstseins, im Denken frei zu sein. Diese Freiheit, so schränkt Hegel aber sogleich wieder ein, wird hier verkürzt gefasst, da sie sich nicht in der gegenständlichen Welt (als selbstbestimmtes Handeln) realisiert.

Stoizismus

Der Stoizismus ist die Haltung uneingeschränkten Gleichmuts gegenüber all dem, was in der äußeren Welt geschieht. Er ist mit der Lehre von der *tranquilitas animae*, der Ruhe der Seele, berühmt geworden. Der Stoiker behauptet, dass es in der Macht seines Denkens liegt, sich von allem, was ihn unselbstständig macht, freizusprechen. Insofern ist sein Wissen ein solches von der Kraft der Gedanken. Gedanken haben die uneingeschränkte Macht, die gesamte Welt für unerheblich zu erklären. Das Selbstbewusstsein kennt hier keine Grenze: Es herrscht kraft seiner eigenen gedanklichen Macht.

Hegel zeigt nun, dass diese Konzeption von Selbstbewusstsein einen grundlegenden Widerspruch enthält. »Die Freiheit des Selbstbewusstseins ist *gleichgültig* gegen das natürliche Dasein, hat darum *dieses ebenso frei entlassen*, und die *Reflexion* ist eine *gedoppelte.*« (165/158) Die Gleichgültigkeit, von der hier die Rede ist, kann man als Kontaktverlust begreifen. Ein Selbstbewusstsein, das gedankliche Macht als Macht, sich von allem unabhängig zu erklären, begreift, versteht sein Denken nicht so, dass es Kontakt zur äußeren Welt hat. Die äußere Welt gilt ihm als etwas ganz und gar anderes. Das aber führt dazu, dass unverständlich wird, wie es überhaupt ein Wissen von der äußeren Welt geben kann.

Hegel artikuliert diese Problematik in Begriffen von Unbestimmtheit und Bestimmtheit. Wer dem Denken eine schlechthin befreiende Macht zuspricht, begreift das Denken als Kraft der Unbestimmtheit. Wie aber kann das Denken dann zu bestimmten Gedanken kommen? Die Gedanken, die das Denken mit Blick auf die äußere Welt gewinnt, sind bestimmt. Genau diese Bestimmtheit wird aber nicht verständlich, wenn das Denken als eine Kraft der Unbestimmtheit konzipiert wird. Gedanken müssen einen bestimmten Inhalt haben, wenn das Denken sich in seiner gedanklichen Macht erweisen soll. Ein bestimmter Inhalt kann aber nur in Abhängigkeit von der Welt zustande kommen. Da die gedankliche Macht einer solchen Abhängigkeit widerspricht, können Gedanken hier keinen bestimmten Inhalt haben. Ein Selbstwissen, das sich auf die Selbstständigkeit des bloßen Denkens beruft, verstrickt sich in seiner Wissenskonzeption in diesen unlösbaren Widerspruch.

Skeptizismus

Bereits in der Einleitung ist deutlich geworden, dass Hegel den Skeptizismus für eine Konzeption hält, die für die Begründung von Wissen eine wichtige Rolle spielt. Auch in seinem Kommentar zu der spezifischen Bewusstseinsgestalt, die Skeptizismus als eine Variante von Selbstbewusstsein versteht, kommt diese Wertschätzung zum Ausdruck.[16] Wissen wird hier so konzipiert, dass es sich auf das Denken als eine Kraft der Negation stützt. Negiert werden alle möglichen Urteile dadurch, dass ihre jeweiligen kontradiktorischen Urteile als gleichermaßen plausible Urteile nachgewiesen werden.

Daraus resultiert erstens die Idee des Urteilsgleichgewichts und auf dieser aufbauend zweitens die Idee der Urteilsenthaltsamkeit als der wirklichen Freiheit des Denkens. Das Selbstbe-

16 Vgl. zur Wertschätzung und Umwertung des Skeptizismus auch Ella Csikós, »Zu Hegels Interpretation des Skeptizismus«, in: Klaus Vieweg / Wolfgang Welsch (Hrsg.), *Hegels Phänomenologie des Geistes*, Frankfurt a. M. 2008, S. 170–185.

wusstsein wird hier im Denken negierend tätig. Es macht sich an jedem beliebigen Urteil so zu schaffen, dass dieses Urteil infolge der Aktivität des Denkens entwertet ist. Das Denken erweist sich so als die Kraft der Negation, die es nach Hegels Verständnis von Grund auf ist.

Diese richtige Weichenstellung ändert aber nichts daran, dass auch die skeptische Konzeption des Selbstbewusstseins mit grundlegenden Widersprüchen zu kämpfen hat. Hegel analysiert den fundamentalen Widerspruch folgendermaßen: Das Selbstverständnis des Denkens dieser Bewusstseinsgestalt ist es, das Wesen des Denkens (eine negative Kraft zu sein) überhaupt zu demonstrieren. Diese Demonstration aber erfordert jeweils bestimmte Urteile, die das Selbstbewusstsein als von ihm gefällte Urteile versteht. In seinen jeweiligen Urteilen ist das Selbstbewusstsein »*zufälliges, einzelnes* Bewusstsein« (169/161), da die Urteile von den kontingenten Umständen der Welt abhängen. Die Wissenskonzeption beansprucht also, das Denken in seiner ganz und gar eigenen Substantialität zu erweisen, löst diesen Anspruch aber dadurch ein, dass es das Denken als etwas zeigt, das auf kontingenten Umständen beruht. Das Denken ist sich konstitutiv im Unklaren darüber, was es ist: ob kontingentes Urteilen oder substantielle Negation.

Das unglückliche Bewusstsein

Die letzte Bewusstseinsgestalt, der Hegel eine auf Selbstständigkeit im Denken gegründete Wissenskonzeption zuschreibt, hat kein direktes historisches Vorbild. Schon aus diesem Grund dürfen wir vermuten, dass Hegel hier etwas systematisch zu artikulieren versucht, was für das Verständnis der Zusammenhänge, denen er sich widmet, zentral ist. Die Bewusstseinsgestalt des unglücklichen Bewusstseins klärt die strukturellen Probleme, die sich daraus ergeben, dass ein auf

Selbstständigkeit gegründetes Selbstwissen Wissen überhaupt begründen soll. Die konkreten Aspekte, die Hegel hier anführt, müssen auf diese strukturellen Probleme hin interpretiert werden.

Das unglückliche Bewusstsein ist ein Bewusstsein, das die beiden Momente zusammenbringt, die das skeptische Bewusstsein nicht zusammenzubringen vermag: Es ist ein Bewusstsein vom Wesen des Denkens und vom Denken als einer kontingenten Aktivität gleichermaßen. Das Wesen des Denkens wird dabei als Transzendenz begriffen, das heißt als das Göttliche, auf das Denken grundsätzlich bezogen ist. Denken als kontingente Aktivität basiert in der Partikularität des jeweils einzelnen Selbstbewusstseins. Das Denken weiß sich hier als selbstständig, indem es sich als Teil einer jenseitigen Substanz weiß und sich damit in seiner irdischen Partikularität zu negieren vermag.

Hegel unterscheidet in seinen Ausführungen drei verschiedene Erscheinungsformen eines solchen Selbstwissens: die Andacht, die (religiös motivierte) Arbeit und die »*wirkliche* Aufopferung« (183/176) in Form körperlicher Entsagung. In allen entsprechenden Bewusstseinsgestalten ist Selbstwissen durch einen Transzendenzbezug (und in diesem Sinn religiös) fundiert: Der Bezug auf die jenseitige Substanz bestimmt, wie sich das Selbstbewusstsein weiß. In der Andacht ist es »reines Gemüt« (176/169), in der Arbeit steht es unentwegt vor weiteren Aufgaben, um sich seiner Partizipation an der jenseitigen Substanz würdig zu erweisen, und in der Aufopferung negiert es sich um dieses Zwecks willen selbst.

Die religiöse Fundierung als solche ist aber nicht der Kern der Bewusstseinsgestalt: Ihr Kern liegt in der Suche nach einem substantiellen Grund. Das unglückliche Bewusstsein ist ein Bewusstsein der eigenen Substanzlosigkeit, das sich durch einen Bezug auf einen substantiellen Grund artikuliert. Das

Unglück resultiert aus der eigenen Kontingenz und Haltlosigkeit.

Vor diesem Hintergrund lässt sich das doppelte systematische Interesse erklären, das Hegel am unglücklichen Bewusstsein hat:

Erstens analysiert er, dass die Distanz zu sich, mit der alles Selbstwissen konstitutiv verbunden ist, als konstitutives und letztlich produktives Moment das Unglück mit sich bringt, sich als kontingent und haltlos zu begreifen.[17] Auch wenn die Bewusstseinsgestalten, die Hegel im dritten Teil des Selbstbewusstseinskapitels betrachtet, bei weitem nicht das letzte Wort haben, da sie in weiteren Gestalten aufgehoben werden, machen sie doch ein für alles menschliche Wissen zentrales Moment deutlich. Für das menschliche Wissen ist das Unglück wesentlich, das aus der Geschiedenheit von einem substantiellen Grund resultiert. Zwar wird der Widerspruch, in den sich die Wissenskonzeption hier verwickelt, aufgehoben; grundsätzlich überwunden wird er damit aber nicht. Er wird, wie man im Sinne der Hegelschen Dialektik sagen kann, bewahrt. Bewahrt wird die grundsätzliche Spannung, die zwischen der Haltlosigkeit alles menschlichen Wissens und seinem Bezug auf Instanzen, die Halt versprechen, besteht.

Zweitens trägt das unglückliche Bewusstsein den Keim zu einer Überwindung einer eigensinnigen Konzeption der Freiheit in sich. Dieser Keim liegt in den Praktiken, die sich auf das Unwandelbare beziehen und die dem Unglück des Bewusstseins Ausdruck geben. Diese Praktiken folgen bestimmten Regeln (der jeweiligen religiösen Praxis). Damit aber wird von

17 Entsprechend hat Jean Hyppolite zu Recht behauptet, das unglückliche Bewusstsein sei »das fundamentale Thema« der *PhG* (vgl. Hyppolite 1979, S. 190). Vgl. dazu auch meine Deutung des sich vollbringenden Skeptizismus in der Einleitung, hier S. 39 ff.

dem unglücklichen Bewusstsein eine andere Art und Weise, den Bezug auf das Unwandelbare zu verstehen, ins Spiel gebracht: Das Unwandelbare sind die Regeln, denen Praktiken unterworfen sind. Wenn solche Regeln nicht mehr durch den Bezug auf ein transzendentes Unwandelbares (Gott) begründet sind, sondern als ein der Praxis immanentes Unwandelbares gelten, wird das Bewusstsein der eigenen Substanzlosigkeit produktiv gewendet: Es führt zu einer entlang von eigenständig etablierten Regeln gestalteten Praxis. Oder anders gesagt: Es führt zu einer vernünftigen Praxis. So zeichnet sich für Hegel in dem Eigensinn des unglücklichen Bewusstseins dessen Aufhebung in der Vernunft ab: Der Widerspruch zwischen einer Selbstständigkeit im Geiste und einer Unselbstständigkeit in der Welt wird dadurch überwunden, dass der Geist sich auf Bestimmungen (die unwandelbaren Gesetze der Vernunft) richtet, die in der Welt ihren Niederschlag finden.

Der systematische Ertrag

Das Selbstbewusstseinskapitel klärt wichtige Aspekte einer möglichen Begründung von Wissen im Selbstwissen. Die zentrale These des Kapitels lässt sich folgendermaßen artikulieren: Die Subjekt-Objekt-Aporie in der Explikation von Selbstbewusstsein lässt sich mittels eines interaktiven Modells überwinden, dem zufolge mehrere Selbstbewusstseine in ihrer Interaktion miteinander zugleich selbstbewusst werden. Ein solches interaktives Modell aber kann nicht auf der Basis einer Begegnung zweier Individuen in einem gewissermaßen natürlichen Umfeld verständlich gemacht werden. Der bloße Zusammenhang des Lebens reicht als Kontext nicht aus, um eine Explikation des Selbstbewusstseins zu gewinnen.

Das Selbstbewusstseinskapitel hat aber nicht nur diesen negativen Ertrag: Es etabliert auch die positive These, dass Wissen nicht ohne den Begriff der Anerkennung erläutert werden kann. Es ist für Wissen wesentlich, dass es anerkannt wird. Sein Rekurs auf die Konstitution des Selbstbewusstseins in Strukturen der Anerkennung lässt sich in dieser Weise verstehen: Selbstwissen ist ein grundlegendes Moment allen Wissens. Selbstwissen aber basiert auf Anerkennung. Nach Hegels knappen Erläuterungen zum »reinen Begriff des Anerkennens« ist Selbstwissen das Resultat der Beziehung, in der man zu sich steht, wenn man sich im anderen verliert und aus dieser Situation heraus dem anderen dadurch Freiheit zuteilwerden lässt, dass man für sich selbst Freiheit aus der Beziehung zum anderen heraus gewinnt. Erst eine solchermaßen verstandene Freiheit bietet eine Grundlage für Wissen. Hegel kündigt auf diese Weise an, dass er im weiteren Text den Zusammenhang von Anerkennung und Wissen weiter verfolgen wird.

Noch ein weiteres Moment wird im Rahmen des Kapitels geklärt: Leben ist ein unerlässlicher Grund für den besagten Zusammenhang. Anerkennung muss als ein geistiges Tun lebendiger Wesen verstanden werden.[18] Das bedeutet, dass diese Wesen immer auch eine körperliche Existenz haben, an die alle entsprechenden geistigen Akte gebunden sind. Anerkennung ist kein ideelles Tun, das sich losgelöst von materiellen Zusammenhängen begreifen lässt, sondern ein reales Tun, das sich körperlich manifestiert. Auch hierin besteht eine Wahrheit des Knechts: Erst dadurch, dass ein Wesen sich körperlich an der Welt abarbeitet (und zwar gleichermaßen durch reale Tätigkeiten wie durch symbolische Artikulationen), ergibt sich eine

18 Vgl. zu einer Hegel-Interpretation, die das geistige Tun besonders an die Lebendigkeit geistiger Wesen zurückbindet Terry Pinkard, *Hegel's Naturalism*, Oxford 2013, 1. Kap.

Realisierung, auf die andere sich anerkennend beziehen können. Der lebendige Körper muss in der Welt in Auseinandersetzung mit Gegenständen und durch eigene Formung beziehungsweise gestische und anderweitige Artikulation tätig werden, damit Anerkennung zustande kommen kann.

Entscheidend ist schließlich die mit der Schlussfigur des Kapitels artikulierte Einsicht, dass Selbstwissen konstitutiv den Anspruch, sich als selbstständig erweisen zu wollen, hinter sich lassen muss. Das unglückliche Bewusstsein ist ein Bewusstsein der eigenen Unselbstständigkeit. Letztere ist aber zu einseitig konzipiert, wenn sie bloß als Unglück begriffen wird. Es gilt, ein Verständnis davon zu gewinnen, inwiefern die Unselbstständigkeit produktiv für Selbstwissen und so auch für alles Wissen überhaupt ist. Dass Selbstwissen nicht auf den Anspruch der Selbstständigkeit gegründet werden kann, ist so nicht als Einschränkung, sondern als Eröffnung zu begreifen. Die Haltlosigkeit, von der ich in meinem Kommentar zum unglücklichen Bewusstsein gesprochen habe, ist also falsch verstanden, wenn man aus ihr die Ungebundenheit des Selbstbewusstseins schließt. Sie muss vielmehr als Ausgangspunkt von Bindungen an andere im Rahmen eines Geschehens gelingender Anerkennung und auch einer Öffnung zur Welt hin begriffen werden. Es wird sich im weiteren Verlauf von Hegels Überlegungen zeigen, dass erst durch diese produktive Wendung die Konstitution von Selbstbewusstsein nachvollziehbar wird.

IV. Vernunft

Überblick

Das Vernunftkapitel behandelt Wissenskonzeptionen, die Wissen unter dem Leitbegriff der Selbstbestimmung zu begründen suchen. Damit sollen die Widersprüche überwunden werden, die – wie herausgearbeitet – mit dem Leitbegriff verbunden sind, der im Zentrum des Selbstbewusstseinskapitels steht, das heißt mit dem Begriff der Selbstständigkeit.

Es hat sich gezeigt, dass Selbstständigkeit nicht unabhängig von Unselbstständigkeit zustande kommt, so dass jeder Versuch scheitern muss, Wissen allein mit Rekurs auf die Selbstständigkeit des Selbstbewusstseins zu begründen. Die Einsicht in dieses Scheitern führt dazu, dass eine Explikation von Wissen gesucht wird, mit der sich der Antagonismus von Selbstständigkeit und Unselbstständigkeit versöhnen lässt.

Die Wissenskonzeptionen, die Hegel unter dem Titel der Vernunft versammelt, unterbreiten in diesem Kontext einen Vorschlag, der in seinen Grundzügen der Aufklärung folgt, wie Kant sie auf den Begriff gebracht hat: Menschen kommen demnach dadurch zu Wissen, dass sie sich selbst Gesetze geben. Diesen Gesetzen aber unterwerfen sie sich, so dass sie in ihnen selbstständig und unselbstständig zugleich sind. Die Wissenskonzeptionen der Vernunft sind damit in gewisser Hinsicht modern (im Sinne des Begriffs von Moderne, den ich in meiner Einführung skizziert habe, vgl. hier S. 25 f.). Konsequent betrachtet sind sie Hegel zufolge als Abstraktionen aus modernen Entwicklungen menschlicher Praktiken zu begreifen. Im Sinne solcher Abstraktionen zielt die Vernunft darauf, Wissen in einer besonderen Art und Weise des Selbstwissens zu begründen: Das Selbstbewusstsein weiß sich hier als sich selbst bestimmend, wobei es sich an die Selbstbestimmungen bindet, so dass diese den Charakter von Gesetzen für das Subjekt gewinnen. Mit diesen Gesetzen prägt das Subjekt die Welt in all seinen Auseinandersetzungen mit ihr.

In dieser Weise lässt sich die pauschale Charakterisierung von Vernunft verstehen, die Hegel anbietet: »Die Vernunft ist die Gewissheit, alle *Realität* zu sein« (189/181). Es ist entscheidend, an dieser Stelle mitzulesen, was Hegel nicht sagt. Seine These lautet nicht, Vernunft sei die Wahrheit, alle Realität zu sein. Diese Wahrheit ist, folgt man Hegels Überlegungen, nicht gegeben. Von Gewissheit spricht er deshalb, um den Anspruch zu fassen, den alle in dem Kapitel verfolgten Bewusstseinsgestalten erheben. Der Anspruch lautet, mit den eigenen Bestimmungen alle Realität zu prägen. Mit diesem Anspruch aber verwickelt sich die Vernunft in unüberwindliche Widersprüche. Der grundsätzliche Nenner dieser Widersprüche wird von Hegel folgendermaßen artikuliert:

> Indem die Vernunft alle Realität in der Bedeutung des abstrakten *Meins*, und das *Andere* ihm ein *gleichgültiges Fremdes* ist, so ist darin gerade dasjenige Wissen der Vernunft von einem Anderen gesetzt, welches als *Meinen*, *Wahrnehmen* und [als] der das Gemeinte und Wahrgenommene auffassende *Verstand* vorkam. (192 f./184)

Die Vernunft kann in ihrem Selbstbestimmungsdrang keinen Sinn aus ihrer Abhängigkeit von dem machen, womit die Welt sie konfrontiert. Das Andere der Vernunft – das Empirische, das Sinnliche, die Dinge oder wie auch immer man es bezeichnen will – erweist sich damit als eine von der Vernunft nicht erfasste Macht, die sich immer wieder durchsetzt und damit letztlich das bestimmt, was als vernünftig gilt. Die Vernunft endet so in der paradoxen Einsicht, dass sie ihre Selbstbestimmung nur dann zu realisieren vermag, wenn sie sich von dem, womit sie konfrontiert ist, bestimmen lässt. Ihrem Anspruch auf Selbstbestimmung zum Trotz erfährt sie sich immer wieder als fremdbestimmt, so dass sie ihre Selbstbestimmung nicht kohärent entfalten kann. Die Vernunft macht nämlich die Erfahrung, dass sie nicht nur den eigenen Bestimmungen, sondern auch der Welt gegenüber abhängig ist. Damit aber erweisen sich die vernünftigen Bestimmungen als falsch gefasst. Es handelt sich nicht nur um Selbst-, sondern auch um Weltbestimmungen. In unserem Bezug auf die Welt sind wir so gesehen nicht von der Welt getrennt, sondern immer schon mit ihr verbunden. Dies hat die Vernunft zu lernen.

Das Kapitel, das den Grundwiderspruch in der Idee vernünftiger Selbstbestimmung diskutiert, ist ein Kapitel des Übergangs. Es steht zwischen den zentralen Kapiteln, die einerseits Selbstbewusstsein und andererseits Geist zum Gegenstand haben. Hegel hat in seinen Überlegungen zur Konstitution von Selbstbewusstsein bereits eine Vorschau darauf gegeben, dass diese Konstitution auf den Begriff des Geistes vorausweist.[1] So scheint es, als unterbreche das Vernunftkapitel die Überlegungen zur interaktiven Konstitution des Selbstbewusstseins. Tatsächlich aber wird gezeigt, dass monologische Konzeptionen der Selbstbestimmung scheitern, so dass dadurch die interaktive Konstitution motiviert wird. Entsprechend spielt der Begriff der Anerkennung im Vernunftkapitel auch nur eine untergeordnete Rolle. Der Übergangscharakter zeigt sich in dem Kapitel selbst darin, dass es erstens sehr unterschiedliche Positionen in sich versammelt, die dem ersten Augenschein nach wenig miteinander zu tun zu haben scheinen, und dass es

1 Dies muss Hegel selbst in seiner Arbeit an der *PhG* erst klar geworden sein. Ursprünglich war das Vernunftkapitel womöglich als Abschluss der *PhG* geplant. Vgl. Förster 2012, S. 348 ff.

zweitens an einem zentralen Punkt, zu Beginn des zweiten Großabschnitts, einen Vorgriff auf das Geistkapitel vornimmt, um die Bewusstseinsgestalten, die es diskutiert, überhaupt verständlich machen zu können.

Das Kapitel gliedert sich in drei große Abschnitte:

1. Der erste Abschnitt widmet sich der beobachtenden Vernunft, also der Realisierung von Selbstbestimmung in der theoretischen Auseinandersetzung mit der Natur (194–274/185–262).
2. Der zweite Abschnitt befasst sich mit der Selbstverwirklichung des vernünftigen Selbstbewusstseins und deshalb mit Konzeptionen, in denen die Bestimmungen, denen ein Individuum folgt, ganz von ihm selbst hervorgebracht werden (274–305/263–291).
3. Der dritte Abschnitt schließlich behandelt Konzeptionen, die eine Verwirklichung von Vernünftigkeit als einer das Individuum überschreitenden Instanz aus dem Individuum selbst heraus gewährleistet sehen wollen (305–337/292–323).

Insbesondere zwischen dem ersten und dem zweiten Großabschnitt kommt es so gewissermaßen zu einem großen Themenwechsel, der von der theoretischen Auseinandersetzung mit der Welt zur Praxis in der Welt führt. In den Konzeptionen der Vernunft aber lässt diese Praxis sich nicht in zufriedenstellender Weise fassen. Eine entsprechende Lösung zu bieten ist dem Geistkapitel vorbehalten.

Probleme der Interpretation

Das Vernunftkapitel wirft vier Fragen auf, die meine Einleitung alle bereits gestreift hat:

(a) Es handelt sich erstens um die Frage, worin der Zusammenhang der sehr unterschiedlichen Positionen besteht, die Hegel in diesem Kapitel diskutiert. Ich habe bereits dargelegt, dass das Kapitel insgesamt von der Idee der Selbstbestimmung im Sinne einer Selbstgesetzgebung handelt. Warum aber kommentiert Hegel dann in dem Kapitel einerseits theoretisch orientierte und andererseits praktisch orientierte Ansätze in Bezug auf eine solche (praktische) Selbstgesetzgebung? Wie ist der Zusammenhang zu begreifen, der zwischen diesen unterschiedlichen Ansätzen vermittelt?

(b) Warum kommt es zu Beginn des zweiten Abschnitts des Kapitels – also noch lange vor Beginn des Geistkapitels – zu einem Vorgriff auf Letzteres? Offensichtlich ist Hegel der Meinung, dass er keine Bewusstseinsgestalten vor sich hat, die systematisch dem Geistkapitel zugehören. Warum aber greift er dann so weit voraus?

(c) Welche Rolle spielt Individualität als zentrales Thema des Kapitels? Besonders der dritte Großabschnitt des Kapitels stellt das Individuum ins Zentrum der Überlegungen. Inwiefern ist der Wissensanspruch der Vernunft mit Individualität, verbunden? Worin besteht aus Hegels Sicht die Einseitigkeit der Individualität und wie kann diese Einseitigkeit überwunden werden?

(d) Warum gelingt es der Vernunft nicht, die Gewissheit, alle Realität zu sein, auch zur Wahrheit zu erheben, also die Realität tatsächlich als vernünftig zu erweisen? Hegel geht es ohne Zweifel nicht darum, den Gedanken der Selbstgesetzgebung ganz zu verabschieden. In wichtigen Punkten schließt er unter anderem an Kant an (dies hat immer wieder den Eindruck nahegelegt, Hegel gehe es um eine Verbesserung und Radikalisierung des Kantischen Projekts; doch das ist offensichtlich nicht der Fall, da Hegel es für falsch hält, Erkenntnisvermögen aus dem Subjekt heraus zu denken[2]). Dennoch hält er den Gedanken der Selbstgesetzgebung als solchen für einseitig. Dieser Gedanke lässt sich ihm zufolge nur dann ausbuchstabieren, wenn man ihn nicht als solchen verfolgt. Es gilt also zu verstehen, inwiefern Hegel eine solche Einseitigkeit diagnostiziert.

Detaillierter Kommentar

Das Vernunftkapitel beginnt mit einer längeren Einleitung, die insgesamt Konturen der Bewusstseinsgestalten, die in diesem Kapitel behandelt werden, klären soll. Auf diese Einleitung habe ich bereits in den Ausführungen zur Übersicht über das Kapitel zurückgegriffen, als ich den grundlegenden Anspruch und den grundlegenden Widerspruch von Vernunft skizziert habe. An diesem Punkt gilt es nun, Hegels Verständnis von Vernunft und seine Kritik an den entsprechenden Wissenskonzeptionen noch weiter zu vertiefen. Hegel beginnt damit, dass er den vom Selbstbewusstsein verfolgten Anspruch der Selbstständigkeit und den von der Vernunft verfolgten Anspruch der Selbstbestimmung unterscheidet:

> Damit, dass das Selbstbewusstsein Vernunft ist, schlägt sein bisher negatives Verhältnis zu dem Anderssein in ein posi-

2 Sehr klärend analysiert Differenzen zwischen Hegel und Kant: Sally Sedgwick, *Hegel's Critique of Kant*, Oxford 2012.

> tives um. Bisher ist es ihm nur um seine Selbstständigkeit und Freiheit zu tun gewesen, um sich für sich selbst auf Kosten der *Welt* oder seiner eignen Wirklichkeit, welche ihm beide als das Negative seines Wesens erschienen, zu retten und zu erhalten. Aber als Vernunft, seiner selbst versichert, hat es die Ruhe gegen sie empfangen, und kann sie ertragen; denn es ist seiner selbst als der Realität gewiss; oder dass alle Wirklichkeit nichts anders ist als es; sein Denken ist unmittelbar selbst die Wirklichkeit; es verhält sich also als Idealismus zu ihr. (186 f./178 f.)

Wer um Selbstständigkeit bemüht ist, grenzt sich von anderem ab. Es geht ihm darum zu verhindern, dass er anderem gegenüber in Unselbstständigkeit gerät. Diese negative Haltung der äußeren Wirklichkeit gegenüber ändert sich mit der Vernunft. Die Vernunft versichert sich ihrer selbst in der Wirklichkeit. Sie muss also das Äußere nicht abwehren, sondern sucht es vielmehr als das Gegenüber, in dem sie sich selbst realisiert. Die vom Bewusstsein aufgestellten Bestimmungen prägen die Wirklichkeit. In diesem Sinn sagt Hegel, das »Denken« sei »unmittelbar selbst die Wirklichkeit«. Er charakterisiert dieses Verhältnis zur Wirklichkeit als Idealismus. Nun ist Idealismus aus Hegels Perspektive nicht genuin problematisch. Sein Denken wird immer wieder als »absoluter Idealismus« bezeichnet.[3] Aus diesem Grund gilt es zu verstehen, inwiefern er den Idealismus der Vernunft für unzureichend hält beziehungsweise inwiefern es sich hier um einen »einseitige[n] schlechte[n] Idealismus« (189/181) handelt.

Hegel artikuliert seine Kritik unter anderem mit dem Begriff

3 Vgl. z. B. Lorenz Bruno Puntel, »Transzendentaler oder absoluter Idealismus«, in: Dieter Henrich (Hrsg.), *Kant oder Hegel? Stuttgarter Hegel-Kongress 1981*, Stuttgart 1983, S. 198–229.

der Kategorie. Dieser Begriff steht im Zentrum von Kants transzendentaler Lehre des Verstandes, mit der die Kategorienlehre des Aristoteles systematisch überboten werden soll. Diese Überbietung hat ihrerseits die Kritik Fichtes auf sich gezogen, der Kants Position dadurch verbessert zu haben beansprucht, dass er die Kategorien aus dem reinen Selbstbewusstsein (»Ich bin Ich«) ableitet. Nun geht es Hegel mit dem Rekurs auf den Begriff der Kategorie nicht darum, die Positionen Kants und Fichtes zu diskutieren (auch wenn er zweifelsohne auf diese Positionen anspielt). Er will vielmehr zeigen, dass von Kategorie hier nur in einer abstrakten Art und Weise die Rede sein kann. Kategorien als Grundbestimmungen des Seienden werden von der Vernunft als Denkbestimmungen gefasst. Damit aber wird gerade nicht geklärt, wie Grundbestimmungen des Seienden sowohl gegenständlich realisiert als auch denkend gefasst werden können. Die Spannung zwischen Sein und Denken wird einfach übergangen. Hegel gebraucht für diese Abstraktion die Formulierung, es handle sich (bloß) um die einfache Kategorie (das Wort »einfach« wird von Hegel immer wieder als Synonym für »abstrakt« gebraucht). Er führt aus:

> Die Vernunft ist die Gewissheit, alle *Realität* zu sein. Dieses *An-sich* oder diese *Realität* ist aber noch ein durchaus Allgemeines, die reine *Abstraktion* der Realität. Es ist die erste *Positivität*, welche das Selbstbewusstsein *an sich selbst, für sich* ist, und Ich daher nur die *reine Wesenheit* des Seienden, oder die einfache *Kategorie*. Die *Kategorie*, welche sonst die Bedeutung hatte, Wesenheit des Seienden zu sein, *unbestimmt* des Seienden überhaupt oder des Seienden gegen das Bewusstsein, ist itzt *Wesenheit* oder einfache *Einheit* des Seienden nur als denkende Wirklichkeit; oder sie ist dies, dass Selbstbewusstsein und Sein *dasselbe* Wesen ist; *dassel-*

be nicht in der Vergleichung, sondern an und für sich. (189/181)

An späterer Stelle kritisiert Hegel den Idealismus der Vernunft auch, indem er von der »reinen Kategorie« spricht. Jeweils wird in den Erläuterungen deutlich, dass Kategorien nur als Denkbestimmungen gesetzt und nicht aus der Auseinandersetzung des Denkens mit dem Sein entwickelt werden. Diese Kritik trifft letztlich auch Kant, der mit seinem Verständnis von Kategorien aus Hegels Sicht nicht zum Sein vordringt, da er die Kategorien im transzendentalen Subjekt ansiedelt. Entsprechend geht es Hegel auch nicht darum, an den Kantischen Ansatz anzuknüpfen.[4]

Wenn hier also in einem negativen Sinn von Idealismus die Rede ist, bedeutet dies: Die Bestimmungen des Denkens werden nicht aus der Wirklichkeit (zu der das Denken seinerseits gehört) entwickelt, sondern sie werden der Wirklichkeit übergestülpt. Auf diese Art und Weise aber entsteht ein Zerrbild von Denkbestimmungen und ihrem Bezug zur Wirklichkeit. Immer dann, wenn das Denken sich die Wirklichkeit zurechtlegen will, dann bleibt Letztere ihr notwendigerweise fremd. Und genau aus dieser Fremdheit kann die Vernunft keinen Sinn machen.[5]

Selbstgesetzgebung hat also genau darin ihre zentrale Be-

4 Terry Pinkard hingegen schreibt Hegel eine Gemeinsamkeit mit Kant im Sinne der Aufklärung zu (Pinkard 2008, S. 124–144).

5 Aus diesem Grund halte ich es nicht für plausibel, hier von einer »re-emergence of scepticism« zu sprechen (Hyppolite 1979, S. 229; vgl. dazu auch Stern 2002, S. 119). Der Idealismus der Vernunft ist kein Skeptizismus, weil er sich nicht von dem, was ihm fremd wäre, abgrenzt, und bleibt genau aus diesem Grund in einer anderen Weise leer: Ihm fehlt es nicht an Bestimmtheit, sondern an einem positiven Begriff von Andersartigkeit.

stimmung: Das Selbst findet sich nur bei sich – dort, wo seine Bestimmungen gelten. Was von diesen nicht erfasst wird, bleibt ihm konstitutiv fremd. Dieses Fremde ist aber nichts, was zuweilen – aus kontingenten Gründen – dem Selbst begegnen würde. Es ist in die Konzeption der vernünftigen Selbstbestimmung konstitutiv eingeschrieben, da das Selbst sich dieser Konzeption zufolge mit seinen Bestimmungen in dem, worauf es sich bezieht, realisiert. Das, worauf es sich bezieht, kann also nicht das Selbst sein. Es muss ihm deshalb fremd bleiben. Insofern kommt es zu dem grundlegenden Widerspruch, dem zufolge das, worauf das Selbst sich bezieht, ihm einerseits angehören soll (da es sich dort mit seinen Bestimmungen realisiert) und andererseits nicht angehören kann (da es ansonsten keine Bestimmungen zu realisieren gäbe). Dieser grundlegende Widerspruch tritt in allen Bewusstseinsgestalten auf, die Hegel im Vernunftkapitel behandelt.

A. Beobachtende Vernunft

Der erste Großabschnitt des Vernunftkapitels behandelt Bewusstseinsgestalten, in denen der Anspruch der Vernunft, Selbstbestimmung qua Selbstgesetzgebung zu realisieren, dem Bewusstsein selbst nicht transparent ist. In Hegels Worten kann man eine solche Intransparenz immer dadurch zum Ausdruck bringen, dass man sagt: Der Anspruch der Vernunft ist hier nur *an sich* realisiert, was sich zugleich darin niederschlägt, dass Selbstbestimmung in einer Auseinandersetzung mit der Natur gesucht wird. Natur ist damit der Raum, in dem das vernünftige Selbstbewusstsein sich selbst zu konkretisieren sucht.[6] Es kann dabei allerdings weder aus seiner Zugehörigkeit zur Natur noch aus seinem eigenständigen Anspruch

6 Vgl. hierzu auch Hyppolite 1979, S. 233.

Sinn machen. Dennoch verfolgt es diesen Anspruch, und so zeigt sich die beobachtende Vernunft von Anfang an als tätig. Die Wissenskonzeption unterscheidet sich also von denen, die im Bewusstseinskapitel behandelt worden sind und in denen es immer um das bloße Auffassen von Gegenständen ging, man denke besonders an *Kraft und Verstand*. Der beobachtenden Vernunft geht es nicht um das Auffassen, sondern um das aktive Beobachten, Experimentieren und Eingreifen. Wer die Welt selbstbestimmt beobachtet, der fasst sie nicht einfach auf, sondern wird aktiv, isoliert, idealisiert und manipuliert einzelne Gegenstände, um auf diese Weise die Welt zu verstehen. Diese Aktivität wird von Hegel auf recht drastische Weise illustriert, wenn er davon spricht, dass »die Vernunft alle Eingeweide der Dinge durchwühlt, und ihnen alle Adern öffnet [...]« (194 f./186). Die »beobachtende Vernunft« aber kann keinen Sinn daraus machen, dass sie selbst qua eigener Aktivität die Beobachtung der Welt gestaltet. Sie hat keinen Begriff ihrer eigenen Aktivität im Unterschied zu dem, worauf diese Aktivität bezogen ist. Aus diesem Grund bemerkt sie nicht, dass sie eigene Bestimmungen in die Gestaltung der Beobachtungen einbringt. Hegel formuliert die widersprüchlichen Momente der beobachtenden Vernunft knapp folgendermaßen:

> Für dies beobachtende Bewusstsein wird darin nur dies, was *die Dinge* sind, für uns aber, was es *selbst* ist; das Resultat seiner Bewegung aber wird dies sein, für sich selbst dies zu werden, was es an sich ist. (196/187)

Die Aktivitäten des Beobachtens sind mit dem Wissensanspruch verbunden, durch sie das Sein der Dinge zu erschließen. Sie sind aber als Selbstbestimmungen zu verstehen, und genau als solche werden sie der beobachtenden Vernunft nicht verständlich. Aus diesem Grund kann die beobachtende Vernunft keinen Sinn daraus machen, dass die begrifflichen Interventionen, die das beobachtende Bewusstsein zum Beispiel in einem Experiment vornimmt, letztlich keinen Kontakt zur Welt herstellen. Sie sind vielmehr Bestimmungen, mit denen das Bewusstsein die Welt konfrontiert und die es in dieser Konfrontation weiterentwickelt. Die beobachtende Vernunft kann die Diskrepanz zwischen ihrem Anspruch, das Sein der Dinge zu fassen, und der eigenen Aktivität, die in den stetigen Hervorbringungen von Bestimmungen bei sich bleibt, nicht als solche bemerken.

Aus diesem Grund ist die Wissenskonzeption mit einer Bewegung verbunden, die drei Subkonzeptionen verbindet:

1. Die erste dieser Subkonzeptionen nennt Hegel die »Beobachtung der Natur«. Es handelt sich um die paradigmatische Realisierung beobachtender Vernunft im Sinne der in der Neuzeit begründeten experimentellen Naturwissenschaften.
2. Die betrachteten Widersprüche in der Konzeption beobachtender Vernunft führen dazu, dass eine zweite Subkonzeption als Variante beobachtender Vernunft verständlich wird, nämlich eine solche, die das Bewusstsein in seiner eigenen Aktivität beobachtet. Hegel spricht hier von der »Beobachtung des Selbstbewusstseins in seiner Reinheit und seiner Beziehung auf äußre Wirklichkeit« (237/226). Das Bewusstsein will sich hier in seiner Aktivität dadurch begreifen, dass es sich selbst in dieser Aktivität aktiv beobachtet.
3. Wiederum gilt aber hier, dass das Bewusstsein aus dem Unterschied der beobachteten Aktivität und der beobachtenden Aktivität keinen Sinn machen kann. So lässt sich eine dritte Subkonzeption motivieren, die wiederum die Widersprüche der Selbstbeobachtung vernünftiger Aktivität dadurch aufzuheben sucht, dass sie diese Aktivitäten äußer-

lich zu beobachten sucht. In dieser Weise begreift Hegel »Physiognomik und Schädellehre« (243/233) als Versuche, die Aktivitäten des Bewusstseins gegenständlich zu fassen.

Insgesamt erweist sich die beobachtende Vernunft damit für Hegel als eine Bewusstseinskonzeption, die es aus dem Grund nicht vermag, die selbstbestimmten Aktivitäten des Bewusstseins zu fassen, weil sie diese nicht im Zusammenhang mit dem, worauf diese Aktivitäten bezogen sind, begreift:

> Die Vernunft, wesentlich der Begriff, ist unmittelbar in sich selbst und ihr Gegenteil entzweit, ein Gegensatz, der eben darum ebenso unmittelbar aufgehoben ist. Aber sich so als sich selbst und als ihr Gegenteil darbietend, und festgehalten in dem ganz einzelnen Momente dieses Auseinandertretens, ist sie unvernünftig aufgefasst [...]. (274/262)

a. Beobachtung der Natur

Der bei weitem längste Abschnitt innerhalb der »Beobachtenden Vernunft« ist der Beobachtung der Natur gewidmet, also der paradigmatischen Auseinandersetzung mit der natürlichen Welt aus eigener Aktivität. Dabei aber kommt es zu dem Widerspruch, den wir in seinen Konturen bereits betrachtet haben: Auf der einen Seite geht es der Wissenskonzeption darum, Wissen durch empirische Beobachtung zu gewinnen. Auf der anderen Seite aber soll die Beobachtung eine systematische Ordnung stützen, die das Bewusstsein selbstbestimmt erarbeitet.

Der Widerspruch, der die Wissenskonzeptionen der Vernunft grundsätzlich prägt, zeigt sich hier in der Weise, dass die systematische Ordnung in den beobachteten Phänomenen keinen Halt findet: Weder kann die Beobachtung helfen, über die Güte alternativer Ordnungsweisen zu entscheiden, noch kann sie helfen, Widersprüche in den Ordnungen zu vermeiden oder gar zwischen den Widersprüchen zu schlichten. Hegel diskutiert ausführlich unterschiedliche Formen, Ordnungen in der Natur herzustellen, etwa durch eine Klassifikation in natürliche Arten, durch eine Untersuchung der Gesetze der organischen und der unorganischen Natur und durch teleologische Erklärungen. Dabei stützt er sich auf unterschiedliche Entwicklungen in den Naturwissenschaften seiner Zeit und kommentiert Probleme, die sich in den entsprechenden naturtheoretischen Ansätzen zeigen.

Dennoch ist der Abschnitt für die systematische Frage, die die *PhG* verfolgt, nicht von einem so tiefgreifenden Interesse, dass ein detaillierter Kommentar der einzelnen Bewegungen mir im Rahmen dieser Gesamtinterpretation sinnvoll zu sein scheint. Vieles, was Hegel präsentiert, zeugt zwar von der Relevanz der Naturphilosophie für sein Denken und von seinen weitgefächerten Interessen an den wissenschaftlichen Debatten seiner Zeit. Aber er entwickelt hier letztlich nicht seine eigene naturphilosophische Position, sondern analysiert die Widersprüche, die sich aus dem Versuch des Selbstbewusstseins ergeben, seine Selbstbestimmung in Auseinandersetzung mit der Natur zu realisieren.[7] Aus diesem Grund belasse ich es bei einer Explikation des Grundzugs von Hegels Analyse, die aus meiner Sicht systematisch wichtig ist, und setze bei der Frage

7 Ludwig Siep und Robert Stern verweisen zu Recht auf Hegels Aristotelismus in der Naturphilosophie, der sich in seinen Charakterisierungen der beobachtenden Vernunft niederschlägt (Ludwig Siep, *Der Weg der Phänomenologie des Geistes: Ein einführender Kommentar zu Hegels »Differenzschrift« und zur »Phänomenologie des Geistes«*, Frankfurt a. M. 2000, S. 129; Stern 2002, S. 126). Dennoch lässt sich durch diesen Verweis allein nicht klären, inwiefern diese Gestalt aus Hegels Sicht eine einseitige Variante von Selbstbestimmung darstellt.

an, warum die beobachtende Vernunft keine gelingende Wissenskonzeption bietet.

Auf den ersten Blick scheint genau diese Diagnose kontraintuitiv zu sein, ist doch naturwissenschaftliches Vorgehen eine paradigmatische Art und Weise, Wissen zu generieren. Es ist wichtig zu verstehen, dass Hegel dies auch gar nicht bestreiten will. Er ist nur der Meinung, dass naturwissenschaftliches Vorgehen nicht angemessen konzipiert ist, wenn man es im Sinne der beobachtenden Vernunft konzipiert. Entscheidend ist dabei, dass die beobachtende Vernunft aus ihren Selbstbestimmungsleistungen in der Ordnung natürlicher Phänomene keinen Sinn machen kann. Sie sucht deshalb diese Leistungen direkt an die Verfasstheit der Natur rückzubinden. Dieses Vorhaben aber ist zum Scheitern verurteilt. Die selbstbestimmte Ordnung natürlicher Phänomene kann nur dann gelingen, wenn das Bewusstsein zwischen dem, was es selbst bestimmt, und der Verfasstheit der Natur zu unterscheiden vermag. Dafür braucht es ein Wissen seiner eigenen Aktivität im Unterschied zu dem, womit es in der Natur konfrontiert ist. Ein solches Wissen ist aber im Rahmen der Bewusstseinsgestalten der Vernunft nicht verfügbar (wir werden diesem Wissen letztlich erst im absoluten Wissen begegnen).

Die Diagnose Hegels lässt sich noch einmal präzisieren, indem man sie von einer möglichen anderen Lesart abgrenzt:[8] Man kann in der Lektüre der beobachtenden Vernunft den Eindruck gewinnen, als gehe es Hegel um die Spannung zwischen der Allgemeinheit vernünftiger Ordnungen und der Einzelheit natürlicher Phänomene, also wiederum um die Großspannung zwischen Allgemeinheit und Einzelheit, die in der *PhG* an vielen Punkten eine entscheidende Rolle spielt. Auch wenn diese Spannung hier sicherlich im Spiel ist, ist sie an die-

8 Vgl. Stern 2002, S. 121–127.

sem Punkt doch nicht als solche entscheidend. Entscheidend ist vielmehr, dass das Bewusstsein nicht zwischen der selbstbestimmt aufgestellten Allgemeinheit und der beobachteten Einzelheit zu unterscheiden vermag. Für diese Unterscheidung ist das bereits angesprochene Wissen von der eigenen Aktivität entscheidend.

b. Beobachtung des Selbstbewusstseins in seiner Reinheit und seiner Beziehung auf äußere Wirklichkeit; logische und psychologische Gesetze

Das Fehlen eines solchen Wissens ist dem Bewusstsein an sich verständlich. Aus diesem Grund schließt sich eine Wissenskonzeption an, die die Beobachtung verlagert. Geordnet werden sollen jetzt nicht mehr die Phänomene der äußeren, sondern die der inneren Natur, also das Selbstbewusstsein in seinen Aktivitäten.

Der Widerspruch, der dabei auftritt, ist deutlich grundlegender als derjenige, der die beobachtende Vernunft beherrscht. Er lässt sich mit dem Begriff des Kategorienfehlers charakterisieren.[9] Ein Kategorienfehler liegt genau dann vor, wenn man einen Gegenstand mit Begriffen zu fassen sucht, die für diesen Gegenstand unangemessen sind. Wenn es um die selbstbestimmte Aktivität des Selbstbewusstseins geht, dann sind Begriffe der Beobachtung geistiger Aktivität unangemessen, und sie sind dies aus dem Grund, weil diese Begriffe die normative Dimension selbstbestimmter Aktivität nicht fassen können. Diese Dimension ist nur dadurch zugänglich, dass selbstbewusste Wesen im Rahmen ihrer eigenen Aktivität zu sich Stellung nehmen, sich also bestätigen oder kritisieren. Sie sind, sehr allgemein gesagt, nur aus der Teilnehmer-

9 Vgl. zu diesem Begriff Gilbert Ryle, *Der Begriff des Geistes*, Stuttgart 1969, S. 13 ff.

perspektive verständlich. Aus der Beobachterperspektive, wie sie hier bezogen wird, lässt sich weder Bestätigung noch Kritik realisieren. Die Beobachtung sucht also etwas in distanzierter Äußerlichkeit zu begreifen, was sich nur durch Teilnahme begreifen lässt. Oder noch einmal anders ausgedrückt: Die Beobachtung des Selbstbewusstseins sucht etwas, das nur in einer eigenen Aktivität gegeben ist, gegenständlich zu fassen. Dadurch aber ist ihm die Aktivität, um die es geht, notwendigerweise unzugänglich.

c. Beobachtung der Beziehung des Selbstbewusstseins auf seine unmittelbare Wirklichkeit; Physiognomik und Schädellehre

Diese Einsicht ist im Rahmen der beobachtenden Vernunft jedoch noch nicht zu gewinnen. Diese geht von den Widersprüchen der Beobachtung des Selbstbewusstseins vielmehr zu einer konsequent äußerlichen Betrachtung des Selbstbewusstseins über.

Eine solche sieht Hegel in den im 18. Jahrhundert populären Disziplinen Physiognomik und Schädellehre gegeben. Für die Idee, »dass *das Sein des Geistes ein Knochen ist*« (271/260), hat Hegel nicht viel mehr übrig als eine beißende Polemik. Dass mit dieser Idee die betrachteten Widersprüche der beobachtenden Vernunft nicht zu lösen sind, liegt auf der Hand. Dennoch bemerkt er, dass die Wissenskonzeption, die Wissen durch eine »Beobachtung der Beziehung des Selbstbewusstseins auf seine unmittelbare Wirklichkeit« zu gewinnen sucht, ein richtiges Moment aufweist. Es ist richtig, dass es für das Selbstbewusstsein wesentlich ist, sich zu äußern. Dies allerdings geschieht in Handlungen und symbolischen Artikulationen, die durchaus auch mimischer Natur sein können. Die Physiognomik und die Schädellehre aber fassen keine Äußerungen des Selbstbewusstseins.

Aus diesem Grund kommt es am Ende des Abschnitts zur beobachtenden Vernunft zu einem entscheidenden Perspektivwechsel in den betrachteten Wissenskonzeptionen. Ich habe ihn bereits in seinem Grundzug angesprochen, als ich gesagt habe, dass die Vernunft sich als beobachtende Vernunft unzugänglich ist, da sie auf die Beobachterperspektive beschränkt bleibt. Aufgrund dieser Erfahrung wechselt die Vernunft in die Teilnehmerperspektive. Sie verfolgt nun den Anspruch, das Selbstbewusstsein und seine Selbstgesetzgebung tatsächlich anhand von Äußerungsformen zu fassen, die wesentlich für es sind, also anhand von Aktivitäten des Selbstbewusstseins. Diese sind erstmals in dem nächsten Großabschnitt des Vernunftkapitels Thema.

B. Die Verwirklichung des vernünftigen Selbstbewusstseins durch sich selbst

Der zweite Großabschnitt des Vernunftkapitels beginnt mit einer mehrseitigen Einleitung, die mit einem Paukenschlag aufwartet: Hegel eröffnet seine Überlegungen damit, dass er den Anspruch der Vernunft jetzt als einen solchen begreift, den diese wissend verfolgt – also in Hegels Vokabular ausgedrückt: für sich. Es geht dem Selbst jetzt darum, sich mit einem Verständnis der eigenen Vernünftigkeit zu präsentieren. Ein Verständnis der eigenen Vernünftigkeit aber ist nicht mit dem Gedanken verbunden, dass der eine auf eine Weise vernünftig ist, eine andere hingegen auf eine andere Art und Weise. Vernünftigkeit ist das, was wir teilen, wenn wir vernünftig sind. Aus diesem Grund heißt es, sich mit einem Verständnis der eigenen Vernünftigkeit zu präsentieren, die allgemeine Vernünftigkeit für sich zu reklamieren. Diese allgemeine Vernünftigkeit, die Hegel auch als *»reale Substanz«* (275/264) bezeichnet, ist der Horizont, vor dem überhaupt erst die Idee,

Vernunft für sich zu beanspruchen, verständlich wird. Aus diesem Grund sagt er:

> Nehmen wir dieses Ziel, das der *Begriff* ist, der *uns* schon entstanden – nämlich das anerkannte Selbstbewusstsein, das in dem andern freien Selbstbewusstsein die Gewissheit seiner selbst, und eben darin seine Wahrheit hat –, in seiner Realität auf, oder heben wir diesen noch innern Geist als die schon zu ihrem Dasein gediehene Substanz heraus, so schließt sich in diesem Begriffe *das Reich der Sittlichkeit* auf. (276/264)

Das »Reich der Sittlichkeit« ist die Bewusstseinsgestalt, die Hegel zu Anfang des Geistkapitels behandelt. Er verweist darauf, dass diese Gestalt »uns«, also der Perspektive, die die Entwicklung der *PhG* überschaut, schon entstanden ist, und dies bereits in den Expositionen zum Anerkennungsbegriff, die sich im Selbstbewusstseinskapitel finden. Wie die Gestalt genau beschaffen ist, wird Hegel jedoch erst im Geistkapitel ausführen. Er macht damit deutlich, dass die Konturen der sittlichen Substanz an diesem Punkt noch nicht geklärt werden können. Der Vorverweis hat also nicht den Sinn, etwas ins Spiel zu bringen, das hier bereits – zum Beispiel implizit – nachvollziehbar wäre. Der Verweis ist vielmehr aus Hegels Sicht erforderlich, um weitere Gestalten der Vernunft einsichtig zu machen. Er drückt dies folgendermaßen aus:

> Aus diesem Glücke aber, seine Bestimmung erreicht zu haben, und in ihr zu leben, ist das Selbstbewusstsein, welches zunächst nur *unmittelbar* und dem *Begriffe nach* Geist ist, herausgetreten, oder auch – es hat es noch nicht erreicht; denn beides kann auf gleiche Weise gesagt werden. (278/266)

Der Vorverweis ist somit deshalb erforderlich, weil nur auf diese Weise Bewusstseinsgestalten verständlich gemacht werden können, die Vereinseitigungen der Konzeption der Sittlichkeit darstellen – Vereinseitigungen im Sinne der Vernunft. Hegel sagt unmissverständlich, dass die Vereinseitigungen strukturell sowohl solche Verständnisse umfassen, die der Sittlichkeit gewissermaßen vorangehen, als auch solche, die sich erst aus der Sittlichkeit heraus gebildet haben. Gerade letztere sind als spezifisch modern zu verstehen, so dass es Hegel in den weiteren Überlegungen auch immer wieder um Selbstmissverständnisse der Moderne geht.[10]

Den vormodernen und den modernen Vereinseitigungen entsprechend soll Sittlichkeit im Sinne der Selbstgesetzgebung im Sinne einer Herrschaft von Denkbestimmungen realisiert werden. Dabei kommentiert Hegel zuerst, wie die Überschrift des Großabschnitts sagt, die »Verwirklichung des vernünftigen Selbstbewusstseins durch sich selbst«. Dies lässt sich als ironischer Kommentar zu der extremen Einseitigkeit fassen, die hier der Grundidee der Sittlichkeit zugemutet wird. Sittlichkeit ist, wie wir im Geistkapitel sehen werden, eine gemeinschaftliche Praxis allgemeiner Vernünftigkeit. Hier aber

10 Viele Interpretationen betonen, dass das Vernunftkapitel moderne Bewusstseinsgestalten diskutiert, deuten diese aber zum Teil etwas einseitig im Sinne eines modernen Verfalls. So schreibt zum Beispiel Robert Stern: »such individualist strategies are doomed to failure« (Stern 2002, S. 136; vgl. entsprechend auch Hyppolite 1979, S. 297). Ludwig Siep bezeichnet die »sittliche Erfüllung im Leben eines Volkes [als] vorbildlich realisiert in der Antike, vor allem in der griechischen Polis« und spricht weiter vom Verfall eines Glücks (Siep 2000, S. 148 f.). Es gibt aber, wie wir noch sehen werden, aus Hegels Sicht keinen grundsätzlichen Verfall in der Moderne insgesamt, sondern nur einen solchen, der in einseitigen Selbstverständnissen begründet liegt, die in ihr entwickelt worden sind.

will ein Selbstbewusstsein allgemeine Vernünftigkeit aus sich alleine heraus konstituieren. Dies aber kann nicht gelingen, da das Selbst die anderen und die äußere Welt in diesem Fall nur als Widerstand der Realisierung von Vernünftigkeit erfahren kann. So aber sind sowohl die anderen als auch die äußere Welt von Grund auf fehlverstanden (recht verstanden handelt es sich um notwendige Bedingungen der Realisierung von Vernünftigkeit). Ein entsprechendes Fehlverständnis kann, wie Hegel in der Folge zeigt, unterschiedliche Formen annehmen.

a. Die Lust und die Notwendigkeit

Die erste Form, in der das Fehlverständnis realisiert ist, präsentiert eine besondere Einseitigkeit der praktischen Realisierung von Selbstbestimmtheit. Das Individuum bestimmt sich im Sinne seiner eigenen Begierden selbst. Die Bewusstseinsgestalt, die Hegel hier diskutiert, lässt sich im Sinne eines Hedonismus verstehen. Der Hedonist verfolgt das Programm, ein möglichst großes Maß an Lust zu erreichen. Die Bewusstseinsgestalt erschöpft sich aber nicht in diesem Programm. Sie verfolgt es vielmehr im Sinne der praktischen Selbstbestimmung. Das Bewusstsein verfolgt den Anspruch, sich von sich her als selbstbestimmt zu erweisen. Von sich her heißt hier: auf Basis der eigenen sinnlichen Präferenzen. Die praktische Form der Selbstbestimmung aber ist auf die Welt bezogen, und zwar auf eine praktisch verstandene Welt. Genau hier zeigt sich, dass die Bewusstseinsgestalt als Abstraktion aus einem vollständigeren Bild zu verstehen ist. Von diesem vollständigeren Bild hat das hedonistische Bewusstsein jedoch keinen Begriff. Dies führt dazu, dass es aus den Resultaten seines lustorientierten Tuns keinen Sinn machen kann: Wann immer das hedonistische Bewusstsein äußerlich etwas realisiert, hat es kein Verständnis von den gesellschaftlichen und anderen Kräften, die bei einer solchen Realisierung konstitutiv (im Sinne des vollständigeren Bildes) mit im Spiel sind. Aus diesem Grund begegnet die äußere Welt dem hedonistischen Bewusstsein als eine Welt der leeren Notwendigkeit. Hegel drückt dies folgendermaßen aus:

> Was dem Selbstbewusstsein also in der genießenden Lust als sein Wesen zum *Gegenstande* wird, ist die Ausbreitung jener leeren Wesenheiten, der reinen Einheit, des reinen Unterschiedes und ihrer Beziehung; weiter hat der Gegenstand, den die Individualität als ihr *Wesen* erfährt, keinen Inhalt. Er ist das, was die *Notwendigkeit* genannt wird; denn die Notwendigkeit, das *Schicksal* und dergleichen, ist eben dieses, von dem man nicht zu sagen weiß, *was* es tue, welches seine bestimmten Gesetze und positiver Inhalt seie [...]. (285/273)

Damit ist das hedonistische Bewusstsein mit einem tiefgreifenden Widerspruch behaftet: Es will sich selbstbestimmt realisieren, indem es in der Welt seine Lust manifestiert, realisiert damit jedoch etwas, das es nicht versteht. Die »leere und fremde Notwendigkeit« (285/273) ist die Wirklichkeit seines eigenen Wirkens.

Der Widerspruch des hedonistischen Bewusstseins lässt sich auch noch einmal gut in Begriffen von Wissensanspruch und Gegenstandsauffassung resümieren: Das Bewusstsein hat den Anspruch, sich in der praktischen Realisierung seiner Lust zu wissen. Die Gegenstandsauffassung, die es dabei verfolgt, ist jedoch die des Schicksals. Was auch immer in der Wirklichkeit realisiert wird, ist aus Sicht des hedonistischen Bewusstseins etwas, das sich ihm nicht erschließt, das nämlich bloß schicksalhaft gegeben ist. Da aber die Realisierung seines Wissensanspruchs erfordert, dass es sich in der Wirklichkeit realisiert, begegnet es sich selbst als etwas, das sich ihm nicht erschließt. Die selbstbestimmte Lust, als die es sich zu erweisen sucht, zeigt sich ihm nirgendwo.

Wenn man sich ein wenig von dem konkreten Szenario der Bewusstseinsgestalt, die Hegel hier entwirft, distanziert, kann man den Widerspruch auch anders artikulieren: Das hedonistische Bewusstsein will in selbstbestimmter Weise aufgrund seiner sinnlichen Strebungen handeln. Es kann aber aus seinem Handeln keinen Sinn machen, weil es weder bestätigt noch zurückgewiesen werden kann. In diesem Sinn kann man sagen, dass das vollständige Bild, das es aus Hegels Sicht zu erreichen gilt, Handlungen in ihren realen Zusammenhängen, und das heißt immer auch: in ihren Widerständen, klären muss.

An dem Abschnitt »Lust und Notwendigkeit« ist ein weiteres Moment bemerkenswert, das ich wenigstens kurz ansprechen will: Hegel rekurriert in der Charakterisierung der hedonistischen Wissensgestalt auf Goethes *Faust*. Er charakterisiert Goethes Protagonisten als ein Individuum, das ein entsprechendes Programm verfolgt, also eine Exemplifikation jener Bewusstseinsgestalt bietet, um die es Hegel geht. An diesem Punkt ist ein Vorverweis auf das Religionskapitel sinnvoll, in dem Hegel das Potential von Kunst, Selbstverständnisse zu artikulieren, systematisch begründet. Kunstwerke leisten für ihn wichtige Reflexionen der Widersprüche von Wissenskonzeptionen. Genau dies wird hier erstmals deutlich.[11]

11 Vgl. dazu auch: Robert B. Pippin, »Hegels Praktischer Realismus. Rationales Handeln als Sittlichkeit«, in: Christoph Halbig / Michael Quante (Hrsg.), *Hegels Erbe*, Frankfurt a. M. 2004, S. 295–323.

b. Das Gesetz des Herzens und der Wahnsinn des Eigendünkels

Die nächste Bewusstseinsgestalt, die Hegel kommentiert, hebt den Widerspruch des hedonistischen Bewusstseins auf. Sie integriert die erfahrene Notwendigkeit in den Anspruch, den sie verfolgt. Aus diesem Grund geht es dem Bewusstsein um eine äußere Notwendigkeit, die es verinnerlicht und der es sich damit unterwirft: Es geht ihm um die Gesetze seines Herzens. Diese diktieren ihm, von sich selbst abzusehen. Damit ist das Bewusstsein nicht an seinem eigenen Wohl, sondern an dem Wohl der Allgemeinheit orientiert. »Das Herzklopfen für das Wohl der Menschheit« (293/280) ist mit dem Anspruch verbunden, dass der Einzelne aus sich heraus weiß, was für die Allgemeinheit richtig ist. Der Anspruch besteht somit darin, dass die Stimme des eigenen Herzens ein allgemeines Gesetz begründen kann. Freilich handelt es sich um ein allgemeines Gesetz, von dem nur ein einzelnes Bewusstsein weiß. Deshalb ist es prinzipiell unmöglich, dass dieses Gesetz in der äußeren Welt bestätigt wird: Da andere das Gesetz nicht kennen, können sie das Bewusstsein weder aufgreifen noch zurückweisen.

Der Widerspruch, den das hedonistische Bewusstsein gezeigt hat, ist also letztlich doch noch nicht aufgehoben. Er gewinnt aber hier eine andere Struktur, da der Anspruch des Bewusstseins anders gelagert ist. Der Anspruch besteht ja darin, zu wissen, was für das Wohl der Allgemeinheit richtig ist. Aus diesem Grund kollidiert das Bewusstsein mit den Realisierungen, die das Wohl der Allgemeinheit in der äußeren Welt findet. Dieser Widerspruch betrifft das Bewusstsein in seinem eigenen Anspruch, denn der Anspruch bezieht sich auf die Verwirklichung des Wohls der Allgemeinheit. Falls nun das Bewusstsein realisiert, dass es in seiner Verwirklichung des Wohls der Allgemeinheit nicht von anderen bestätigt wird, sieht es sich von allen Möglichkeiten abgeschnitten, dem eigenen Anspruch gerecht werden zu können. Da das Bewusstsein das Wohl der Allgemeinheit will, orientiert es sich an der gesellschaftlichen Wirklichkeit, in der es lebt. Zugleich will das Bewusstsein von sich aus, also ohne Rücksicht auf die gesellschaftliche Wirklichkeit, das Wohl der Allgemeinheit realisieren. Hegel charakterisiert diesen Widerspruch folgendermaßen:

> Dies Tun [des Bewusstseins] hat daher die verkehrte Bedeutung, der allgemeinen Ordnung zu *widersprechen*, denn seine Tat soll Tat *seines* einzelnen Herzens, nicht freie allgemeine Wirklichkeit sein; und zugleich hat es sie in der Tat *anerkannt*, denn das Tun hat den Sinn, sein Wesen als *freie Wirklichkeit* zu setzen, das heißt die Wirklichkeit als sein Wesen anzuerkennen. (290/278)

Aus dem Widerspruch heraus entwickelt das Bewusstsein eine verzerrte Form, dem Gesetz des Herzens zu folgen, es entwickelt den »Eigendünkel« (297/280). Gegen alle Nichtbestätigung, die es erfährt, beharrt es darauf, zu wissen, was für das Wohl der Allgemeinheit am besten ist. Die Bewusstseinsgestalt zeigt damit gut, was Hegel insgesamt in dem zweiten Abschnitt des Vernunftkapitels klären will. Ihm geht es um Wissenskonzeptionen, die ein handelndes Individuum mit seinen Vorstellungen davon, was richtig ist, als Quelle praktischen Wissens versteht. Charakteristisch für solche Wissenskonzeptionen ist somit, dass sie praktisches Wissen nicht auf eine Interaktion zwischen Individuen zurückführen. Wir können deshalb hier von einem leeren Selbstbestimmungsanspruch sprechen: Leer ist dieser Anspruch deshalb, da das Individuum trotz aller Orientierung am gesellschaftlichen Ganzen doch von diesem abgeschnitten bleibt. Es realisiert mit seinem Anspruch aber auch keine individuelle Perspektive, da es in seiner

Perspektive überhaupt nicht von anderen bestätigt wird. Hegel kommentiert das Scheitern der hier diskutierten Bewusstseinsgestalten an ihrem eigenen Anspruch entsprechend immer so, dass die Bewusstseinsgestalten zugrunde gehen. Das heißt: Auf Basis eines leeren Selbstbestimmungsanspruchs lässt sich die von dem Individuum vertretene Perspektive nicht konkretisieren.

c. Die Tugend und der Weltlauf

Der Widerspruch, der das Gesetz des Herzens offenbart, wird wiederum in einer weiteren Bewusstseinsgestalt aufgehoben, die auch die Verwirklichung des vernünftigen Selbstbewusstseins durch ein Bewusstsein selbst zu realisieren sucht. Diese Bewusstseinsgestalt nimmt Abstand von irgendwelchen eigenen Vorstellungen, in Bezug auf die es sich zu verwirklichen sucht. Es folgt Vorstellungen, die es nicht von sich aus, sondern aus dem gewinnt, was aus einer allgemeinen Perspektive als richtig gilt, so dass es nicht von sich aus etwas zu wissen beansprucht. Was es von sich aus weiß, gilt ihm vielmehr als etwas, das überwunden werden muss: »Dem Bewusstsein der Tugend ist das *Gesetz* das *Wesentliche* und die Individualität das Aufzuhebende [...]« (296/283). Der Anspruch des tugendhaften Bewusstseins besteht entsprechend darin, die Tugend gegenüber der Individualität durchzusetzen. Damit richtet es sich gegen eine Welt, die von Bewusstseinsgestalten geprägt ist, wie Hegel sie in den letzten beiden Unterabschnitten diskutiert hat: Es geht darum, eine auf Lust basierte Tätigkeit genauso zu überwinden wie eine solche, die auf dem Gesetz des Herzens gegründet ist.

Mit diesem Anspruch richtet die Tugend sich gegen das, was Hegel den Weltlauf nennt. Der Weltlauf ist dabei der Inbegriff für einen Gang der Dinge, der sich nicht in vernünftiger Weise verstehen lässt: Weder aus Individuen, die einem hedonistischen Programm folgen, noch aus solchen, die das Gesetz ihres Herzens zu verwirklichen suchen, können andere Sinn machen. In der Welt begegnet dem tugendhaften Bewusstsein ein leerer Selbstbestimmungsanspruch. Dieser Anspruch soll aufgehoben werden.

Das tugendhafte Bewusstsein aber bestätigt letztlich den leeren Selbstbestimmungsanspruch, den es zu bekämpfen sucht. Dies liegt darin begründet, dass die Vorstellungen von Tugend, die das tugendhafte Bewusstsein entwickelt, nicht in der Öffentlichkeit bewährt werden. Um seinem Anspruch treu zu sein, verzichtet das Bewusstsein darauf, sich mit diesen Vorstellungen von Tugend in die Öffentlichkeit einzubringen. Es argwöhnt in einem Konflikt, der aus einem solchen Einbringen resultieren könnte, eine Reproduktion des leeren Selbstbestimmungsanspruchs, da seine Verteidigung der Tugend in einem Konflikt sich selbst nur als eine partikulare Perspektive erweisen könnte. Aus diesem Grund enthält es sich jedes Konfliktes und verfällt genau aus diesem Grund letztlich doch der Leere, der es eigentlich zu entgehen sucht. Das tugendhafte Bewusstsein kommt über eine individuelle Vorstellung von Tugend nicht hinaus. Es verpflichtet sich selbst auf Abstinenz dem Weltlauf gegenüber, um sich rein zu halten. Genau dadurch bestätigt es aber den Weltlauf, gegen den sich zu wenden es beansprucht. Hegel resümiert die entsprechenden Widersprüche des tugendhaften Bewusstseins folgendermaßen:

> Die Tugend wird also von dem Weltlaufe besiegt, weil das abstrakte unwirkliche *Wesen* in der Tat ihr Zweck ist, und weil in Ansehung der Wirklichkeit ihr Tun auf *Unterschieden* beruht, die allein in den *Worten* liegen. (302/289)

Mit diesem Kommentar weist Hegel wiederum auf nachfolgende Überlegungen voraus, da er dem tugendhaften Bewusstsein primär eine Realisierung in sprachlichen Tätigkeiten zuschreibt. Sprachliche Tätigkeiten als solche aber führen nicht zu einer Veränderung des Weltlaufs. Das »pomphafte Reden vom Besten der Menschheit« (302/289) bleibt irreal, da es nicht in eine sprachliche Urteilspraxis mit anderen eingebunden ist. Wie Hegel im Geistkapitel darlegen wird, setzt eine solche Urteilspraxis nämlich eine Gemeinschaft voraus. Von einer solchen Gemeinschaft aber hat das tugendhafte Bewusstsein sich gerade abgeschnitten, so dass seine Worte in der Praxis keine Bedeutung gewinnen. In dieser Weise zeigt sich noch einmal verstärkt, dass die im Vernunftkapitel diskutierten Bewusstseinsgestalten Abstraktionen von Gestalten sind, die erst das Geistkapitel klärend untersucht.

C. Die Individualität, welche sich an und für sich selbst reell ist

Die so weit dargestellten Vernunftkonzeptionen des zweiten Großabschnitts im Vernunftkapitel präsentieren Vernunftkonzeptionen, die den Gedanken der allgemeinen Vernünftigkeit sehr einseitig realisieren, nämlich im Sinne leerer Selbstbestimmung. Die dabei auftretenden Widersprüche sollen nun dadurch aufgehoben werden, dass die Selbstbestimmung dezidiert gehaltvoll als Realisierung von Vernünftigkeit angelegt wird. Die Schwäche des tugendhaften Bewusstseins, nicht zur Allgemeinheit vorzudringen, soll damit korrigiert werden. Das Individuum soll sich tatsächlich als Träger von Vernünftigkeit erweisen.

Der dritte Großabschnitt kommt auf diese Weise in einer noch einmal ganz anderen Richtung auf Einseitigkeiten zu sprechen, die erst vor dem Hintergrund der Klärungen des Geistkapitels verständlich sind. Der indirekte Vorgriff betrifft Gestalten des Geistkapitels, die erst in den Abschnitten über

Bildung und Moralität aufgeklärt werden. Gerade hier kommen also moderne Fehlverständnisse von Sittlichkeit zum Tragen. Im Kern geht es um Bewusstseinsgestalten, in denen Individuen im Rahmen von vernünftigen gemeinschaftlichen Praktiken eine eigenständige Position für sich reklamieren. Individualität ist dabei in ihrer Eigenständigkeit an gemeinschaftliche Praktiken gebunden. Die Einseitigkeit der Gestalten, die Hegel sich im letzten Großabschnitt des Vernunftkapitels vornimmt, besteht darin, die Eigenständigkeit vernünftiger Individuen unabhängig von den gemeinschaftlichen Praktiken verstehen zu wollen, in denen sie Hegel zufolge entwickelt ist:

> Das Bewusstsein hat hiemit allen Gegensatz und alle Bedingung seines Tuns abgeworfen; es geht frisch *von sich* aus, und nicht auf *ein Anderes*, sondern *auf sich selbst.* Indem die Individualität die Wirklichkeit an ihr selbst ist, ist der *Stoff* des Wirkens und der *Zweck* des Tuns an dem Tun selbst. (306/293)

Charakteristisch für die Bewusstseinsgestalten, die Hegel in der Folge diskutiert, ist, dass ein Individuum in seiner vernünftigen Tätigkeit auf sich selbst gestellt ist. Man kann hier also von einem abstrakten Individualismus sprechen. Abstrakt ist der Individualismus, weil er die konkreten Abhängigkeiten, aus denen heraus individuelle Perspektiven konstituiert sind, ausblendet.

Er ist in wiederum sehr heterogenen Bewusstseinsgestalten realisiert. Zuerst diskutiert Hegel eine Gestalt, die er als »geistiges Tierreich« bezeichnet. Er zeichnet hier das Bild einer durch und durch individualisierten Gesellschaft. In der Folge allerdings geht es nicht mehr um Bilder von Gesellschaft, sondern um die Idee der Selbstgesetzgebung selbst, die in zwei individualistischen Varianten durchgespielt wird, das heißt einerseits in der Variante der gesetzgebenden und andererseits in der Variante der gesetzprüfenden Vernunft.

a. Das geistige Tierreich und der Betrug, oder die Sache selbst

Von einem geistigen Tierreich spricht Hegel aus dem Grunde, um eine aus seiner Sicht absurde Vorstellung zu kennzeichnen, nämlich die Vorstellung, es seien allein die Individuen Träger von Geist und nicht die Zusammenhänge in einer Gesellschaft. Gesellschaftlichkeit wird dabei in der Weise verstanden, als seien die Zusammenhänge in ihr bloß natürlich. Innerhalb dieser natürlichen Zusammenhänge sind Individuen mit geistigen Interessen unterwegs. Das Zusammenspiel dieser geistigen Interessen wird entsprechend als etwas begriffen, das sich bloß zufällig einstellt. Die Kombination von geistiger Individualität und natürlicher gesellschaftlicher Einbettung artikuliert Hegel in pointierter Weise, indem er hier von einem »geistigen Tierreich« spricht. Das Tierreich ist der Hintergrund (Hegel spricht von einem »durchsichtige[n] allgemeine[n] Element« [308/294]), vor dem sich Individuen in ihrem Geist frei und ungebunden entfalten können.

Diese Entfaltung geschieht auf Basis natürlicher Anlagen des Individuums. Jedes Individuum entwickelt seine Anlagen und bildet damit für sich selbst den alleinigen Zweck seines Handelns. Sein Handeln ist das Mittel, diesen Zweck zu verwirklichen. Auch wenn das Prinzip der individuellen Verwirklichung natürlicher Anlagen in der Gesellschaft geteilt wird, ist jedes Individuum in der Realisierung seines Zwecks auf sich allein gestellt. Genau darin aber liegt ein Widerspruch des Wissensanspruchs, den das Bewusstsein verfolgt. Das Bewusstsein braucht Werke, in denen es seine geistige Entfaltung realisiert. Die Werke aber gehören nicht dem Individuum selbst an, sondern sind Elemente der Wirklichkeit. Als solche Elemente sind sie dem »Widerspiel anderer Kräfte und Interesse[n]« (315/301) ausgesetzt. Das Individuum wird also seiner Werke gewissermaßen beraubt; es kann sie nicht für sich bewahren.

Aus diesem Grund verschiebt das Individuum, das sich selbst alleiniger Zweck ist, seinen Anspruch so, dass es sich auf etwas bezieht, das in den Augen aller zählt. Hegel spricht hier pointiert von »der Sache selbst«, um die es dem Individuum gehe. »Die Sache selbst« ist Hegels Begriff für einen selbstlosen Anspruch, den das Individuum verfolgt. Er kann hier gut in Anlehnung an die Redensart verstanden werden, es gehe einem »allein um die Sache«. Das um die Verwirklichung seiner Individualität bedachte Individuum reklamiert nämlich für sich, allein an der Sache orientiert zu sein. Die Sache selbst ist ein Werk, das in den Augen aller bestimmt ist. Insofern richtet sich das Individuum mit seinem Bezug auf die Sache selbst auf seine Gemeinschaft mit anderen. Hegel sieht darin im Ansatz eine wichtige Einsicht gewonnen und kommentiert entsprechend:

> In der *Sache selbst* also, als der gegenständlich gewordnen Durchdringung der Individualität und der Gegenständlichkeit selbst, ist dem Selbstbewusstsein sein wahrer Begriff von sich geworden, oder es ist zum Bewusstsein seiner Substanz gekommen. (318/304 f.)

Der Widerspruch aber ist mit dieser Korrektur des Wissensanspruchs nicht aufgehoben. Denn wiederum widerspricht das Individuum sich mit seinem Wissensanspruch selbst. Die Sache selbst ist nichts, um das es einem Individuum von sich aus gehen kann. Die Sache selbst erfordert eine Interaktion von Individuen, die sich im Rahmen einer Gemeinschaft auf diese Sache beziehen, so dass die Interaktionen im Rahmen der Gemeinschaft als Substanz des Individuums zu verstehen sind. Da das Individuum sie von sich aus zu realisieren sucht, kann es keinen Sinn daraus machen, dass auch andere sich auf die Sache selbst beziehen. Im Handeln der anderen, das sich auch auf diese Sache bezieht, wittert es nur Betrug und sucht die Sache mit scheinbar wahrhafter Ehrlichkeit vor diesem zu bewahren. Damit aber verfehlt das Individuum die Sache selbst und bleibt letztlich dabei, nur sein eigenes Werk zu realisieren. Und mehr noch: Das Individuum verfehlt auch sich selbst, denn es kann keinen Sinn daraus machen, dass es sich aufgrund der Handlungen von anderen, die sich auf die Sache selbst beziehen, auch selbst zugleich mit dieser Sache verändert. Das ehrliche Engagement für die Sache selbst ist also nur ein Schein. »Die Wahrheit dieser Ehrlichkeit aber ist, nicht so ehrlich zu sein, als sie aussieht.« (320/307) Hegel spricht hier von einem »Betrug seiner selbst und der andern« (323/309). Dieser Betrug ist als die Wahrheit der gesamten Bewusstseinsgestalt zu verstehen. Charakteristisch für das geistige Tierreich ist, wie wir gesehen haben, dass Individuen ihr geistiges Potential für sich verwirklichen wollen, ohne auch die gesellschaftlichen Interaktionen als für die Entwicklung dieses Potentials relevant zu begreifen. Damit bleibt all das, was Individuen geistig realisieren, ohne Resonanz. Man kann aber, so macht Hegel hier indirekt bereits verständlich, nur dadurch etwas geistig realisieren, dass es in der Interaktion mit anderen bestätigt wird. Aus diesem Grund betrügt man in dem Versuch, es doch zu tun, sich selbst und die anderen.

b. Die gesetzgebende Vernunft

Der Widerspruch des geistigen Tierreichs findet aber nicht sogleich die Aufhebung, die zu Interaktionen in einer Gemeinschaft führt. Vielmehr führt er zu einer Bewusstseinsgestalt, die eine vernünftige Selbstverwirklichung des Individuums zu leisten beansprucht, die gerade nicht auf eine Bestätigung durch andere angewiesen ist. Hegel markiert diesen neuen Anspruch, indem er von der »*absolute*[n] *Sache*« (325/311) spricht, um die es dem Individuum jetzt geht. Das Individuum zielt darauf, allgemeine sittliche Gesetze zu fassen. Diese Gesetze sind eine absolute Sache in dem Sinne, dass das Individuum davon ausgeht, keiner Bestätigung durch andere zu bedürfen. Vorausgesetzt ist damit, »dass die *gesunde Vernunft* unmittelbar weiß, was *recht* und *gut* ist« (326/312). Hegel gibt zwei Beispiele für Gesetze, mit denen das Individuum sich im Sinne einer absoluten Sache verwirklichen will: »*Jeder soll die Wahrheit sprechen*« (327/313) und »*Liebe deinen Nächsten als dich selbst*« (328/314). Doch auch wenn diese Gesetze unkontrovers scheinen, brauchen sie doch die Interaktion im Rahmen der Gesellschaft. Die gesetzgebende Vernunft trifft somit auf Widersprüche, die denen des geistigen Tierreichs analog sind.

Hegel nennt zwei Gründe für das Auftreten dieser Widersprüche:

Erstens sind die Gesetze, so wie das Bewusstsein sie fasst, zu unbestimmt. Auch wenn es unkontrovers sein mag zu fordern, dass jeder die Wahrheit sprechen soll, muss konkretisiert werden, was genau das heißt. Wie steht es mit dem berühmten von Kant aufgeworfenen Fall einer Lüge zum Schutz des Lebens eines anderen?[12] Gilt in diesem Fall die Pflicht zur Wahrheit auch? Solange solche Fragen nicht beantwortet worden sind, bleibt das Gesetz ohne klare Kontur. Für die Beantwortung aber bedarf es gesellschaftlicher Kontroversen, wie Hegel sie im Geistkapitel verfolgen wird.

Zweitens sind die Gesetze wiederum zu konkret, um dem Anspruch der absoluten Sache gerecht werden zu können. Dem Individuum geht es ja darum, das zum Gesetz zu ma-

12 Vgl. Immanuel Kant, »Über ein vermeintliches Recht aus Menschenliebe zu lügen«, in: I. K., *Werkausgabe*, Frankfurt a. M. 1977, Bd. VIII, S. 635–643.

chen, was die reine Vernunft gebietet. Die reine Vernunft aber gebietet Vernünftigkeit und nicht konkrete Gesetze. Vernünftigkeit ist die »absolute Allgemeinheit« (330/315), der konkrete Gesetze gehorchen müssen, die sich aber ihrerseits nicht selbst in Form konkreter Gesetze fassen lässt.

c. Die gesetzprüfende Vernunft

Der Widerspruch der gesetzgebenden Vernunft führt so zu einer letzten Aufhebung, die im Rahmen eines abstrakten Individualismus verbleibt. Hegel bezeichnet diese Aufhebung als gesetzprüfende Vernunft. Wenn die absolute Sache, die das Individuum zu gewinnen beansprucht, nicht durch konkrete Gesetze gewonnen werden kann, dann kann sie, so der Gedanke, durch bloße Vernünftigkeit realisiert werden. Der Anspruch des Individuums ist somit, aus bloßer Vernunft Gesetze auf ihre Vernünftigkeit hin prüfen zu können. Dieser Anspruch ist jedoch noch widersprüchlicher als derjenige, den die gesetzgebende Vernunft verfolgt. Dies liegt darin begründet, dass das Bewusstsein jetzt keinerlei Bestimmtheit mehr für sich beansprucht. Es testet zum Beispiel Gesetze auf ihre Widerspruchsfreiheit hin, ohne inhaltlich Stellung zu ihnen zu nehmen. Widerspruchsfreiheit ist aber als solche kein Maßstab, da Widersprüche immer bestimmt sind und insofern auch Widerspruchsfreiheit immer nur als Überwindung bestimmter Widersprüche gedacht werden kann. Die Vernünftigkeit, die das Individuum in der Prüfung von Gesetzen für sich beansprucht, bleibt damit leer. Sie ist noch unbestimmter als die Gesetze, die von der letzten Bewusstseinsgestalt zur Geltung gebracht wurden. Damit aber führt die Idee der Gesetzprüfung sich selbst *ad absurdum*. Eine Prüfung kann nur aufgrund eines Maßstabs erfolgen. Wenn die Idee der Vernünftigkeit aber leer ist, dann bringt sie auch keinen spezifischen Maßstab mit. »Der Maßstab des Gesetzes, den die Vernunft an ihr selbst hat, passt daher allem gleich gut und ist hiemit in der Tat kein Maßstab.« (333/319)

Aus Hegels Perspektive ist die gesetzprüfende Vernunft das extreme Ende eines Irrwegs, der aus dem Gedanken einer Verwirklichung des Individuums durch sich selbst folgt. Um einen Irrweg handelt es sich deshalb, weil das Individuum sich auf diese Art und Weise überhaupt nicht verwirklicht. Es schneidet sich von den Quellen ab, deren jede Verwirklichung von Individualität bedarf, und zwar von den gesellschaftlichen Zusammenhängen in einer geteilten Welt, in denen Individuen sich dadurch verwirklichen können, dass sie einen Standpunkt für sich behaupten. Zweifelsohne ist für Hegel an diesem Punkt seiner Diskussion von Bewusstseinsgestalten noch nicht absehbar, wie genau eine solche Verwirklichung zu begreifen ist. Aber es hat sich geklärt, dass der Gedanke einer Verwirklichung des Individuums durch sich selbst zu immer weiteren Widersprüchen führt. Deren Kern liegt, wie jetzt zu sehen ist, darin, dass das Individuum sich ohne einen gesellschaftlichen Zusammenhang, in dem es mit anderen steht, geistig begründen will. Aus diesem Grund kann es seinen Vorstellungen von Vernünftigkeit keine Bestimmtheit geben. Der gesamte Anspruch der vernünftigen Selbstbestimmung muss aus diesem Grund aufgehoben werden, damit das Individuum tatsächlich in seiner Vernünftigkeit bestimmt werden kann.

Die Richtung dieser Aufhebung skizziert Hegel knapp mit der folgenden Diagnose: »Nicht darum also, weil ich etwas sich nicht widersprechend finde, ist es Recht; sondern weil es das Rechte ist, ist es Recht.« (337/322) Es ist entscheidend, diese Diagnose nicht als ein abschließendes Wort Hegels (im Sinne eines sittlichen Konservativismus zum Beispiel) zu verstehen, sondern als eine konstitutionslogische Überlegung: Dass etwas im Rahmen einer Gesellschaft als Recht gilt, ist demnach eine notwendige Voraussetzung dafür, dass ein Individuum seine Vorstellungen von Vernünftigkeit zu bestimmen vermag. Es gilt also zu verstehen, wie ein im Rahmen einer Gesellschaft konstituiertes Wissen von einem solchen Recht zu begreifen ist, um den Irrweg zu verlassen. Dies beansprucht Hegel im Geistkapitel zu leisten.

Der systematische Ertrag

Das Vernunftkapitel ist ein umfangreicher Kommentar der Grundidee, Wissen auf Selbstbestimmung zu gründen. Hegel zeigt, dass mit dieser Grundidee mindestens drei Probleme verbunden sind.

Erstens wird mit dem Leitbegriff der Selbstbestimmung der Widerspruch, der mit dem Leitbegriff der Selbstständigkeit verbunden ist, nicht überwunden, nämlich der Widerspruch zwischen Selbstständigkeit und Unselbstständigkeit. Ich habe in meinen einleitenden Ausführungen zu dem Kapitel darauf hingewiesen, dass der mit dem Leitbegriff der Selbstbestimmung verbundene Grundgedanke besagen soll, dass einerseits das Bewusstsein in seinem Aufstellen von Bestimmungen selbstständig und andererseits in seiner Unterwerfung unter die selbstgesetzten Bestimmungen unselbstständig ist. Die Diskussionen des Kapitels zeigen nun, dass diese ›Lösung‹ der Widersprüche der Selbstständigkeit nicht funktioniert. Wenn das Bewusstsein sich in eigener Aktivität selbst bestimmt, dann verfehlt es ein wichtiges Moment seiner Unselbstständigkeit, nämlich seine Unselbstständigkeit der Welt und den anderen gegenüber. In seiner Selbstgesetzgebung kann das Bewusstsein keinen Sinn aus den Widerständen machen, die es erfährt. Seine eigene Unselbstständigkeit bleibt ihm damit nach wie vor fremd.

Aus diesem Grund kommt zweitens die Bestimmtheit, die

das Bewusstsein aus sich heraus generieren will, nicht zustande. Da das Bewusstsein äußere Anstöße aus seiner Selbstbestimmung ausschließt, kann es die Bestimmtheit, die diese Anstöße bieten, nicht für sich fruchtbar machen. So erweisen sich die Gesetze, die es für sich selbst aufstellen will, immer wieder als unbestimmt. Dieser neue Widerspruch zwischen der Bestimmtheit und der Unbestimmtheit des Bewusstseins ist entscheidend für den Fortgang von Hegels Überlegungen im Geistkapitel: Hegel sieht sich vor die Aufgabe gestellt, eine spezifische Struktur gemeinschaftlicher Praxis verständlich zu machen, in der dieser Widerspruch aufgehoben ist.

Die fehlende Bestimmtheit, die sich in den Bewusstseinsgestalten des Vernunftkapitels immer wieder zeigt, affiziert drittens auch den Anspruch der Vernünftigkeit. Die Leitidee der Selbstbestimmung kann nicht klären, was Vernünftigkeit ist, da sie keine Kriterien für sie zu konkretisieren vermag. Immer wieder erweist sich das, was vernünftig zu sein beansprucht, aus diesem Grund als unvernünftig. Es muss also ein anderer Rahmen entwickelt werden, der eine Klärung von Kriterien für Vernünftigkeit erlaubt.

V. Geist, erster Teil: Die sittliche Welt

Überblick

Mit dem Geistkapitel kommt es zu einer grundlegenden Umorientierung in der Explikation der Selbstständigkeit und Selbstbestimmung im Wissen. Beide werden nicht länger aus dem Bewusstsein heraus erläutert, sondern auf Basis einer gemeinschaftlichen Praxis, in der die einzelnen Individuen stehen.

Damit ändert sich die Perspektive auf die fundamentalen Aspekte von Wissenskonzeptionen, denn sie werden nun dezidiert auf Basis von in einer Gemeinschaft etablierten Praktiken erklärt. Gerade gegenüber den Wissenskonzeptionen der Vernunft bedeutet dies eine radikale Umkehr: Für diese galt der Grundsatz, dass Selbstbestimmung Voraussetzung von Praxis ist. So allerdings lässt Selbstbestimmung sich nicht in ihren konstitutiven Zusammenhängen mit Fremdbestimmung fassen, und deshalb muss dieser Grundsatz fallengelassen werden. Er wird abgelöst von dem Gedanken, dass Selbstbestimmung nur im Rahmen von Praktiken selbst zustande kommen kann. Unter dem Titel des Geistes werden Konzeptionen von Wissen verhandelt, denen zufolge die Entwicklung von Praktiken im Rahmen einer Gemeinschaft die Grundlage für das Einlösen der bislang diskutierten Wissensansprüche der Selbstständigkeit und der Selbstbestimmung ist. Hegel vollzieht damit einen weiteren entscheidenden Schritt der Wende zur Praxis, die er im Selbstbewusstseinskapitel begonnen hat.

Der erste Teil des Geistkapitels präsentiert ein zentrales Theoriestück, mit dem Hegel das in Gemeinschaften konstituierte Wissen zu begreifen sucht: Es geht um die Theorie der

Sittlichkeit. Diese Theorie wird an den Gemeinschaften der antiken Polis-Staaten illustriert. Seine Ausführungen sind aber nicht im engern Sinn als historisch zu verstehen. Es geht ihm vielmehr darum, ein grundlegendes Problem in der Konstitution menschlicher Gemeinschaften herauszuarbeiten, das mit der Konzeption normativer Ordnungen gegeben ist, die Hegel mit dem Begriff der Sittlichkeit fasst. Dieses Problem bezeichnet man im Anschluss an Hegels Darstellungen als »Tragödie im Sittlichen«. Als besonders plastisches Beispiel für diese Tragödie wird dabei im Hintergrund die *Antigone*-Tragödie von Sophokles herangezogen, in der Antigone durch die Bestattung ihres Bruders Polyneikes den Untergang der gesamten Polis-Ordnung Thebens herbeiführt. Hegel interessiert sich dafür, inwiefern dieser Untergang aus Problemen der hier realisierten Konzeption einer normativen Ordnung herrührt. Er analysiert die Probleme, aus denen die Tragödie im Sittlichen resultiert, als solche der Realisierung von Anerkennung. So geht es ihm im ersten Teil des Geistkapitels primär darum, Aspekte zu klären, die für eine plausible Konzeption einer normativen Ordnung als einer Anerkennungsordnung entwickelt werden müssen.

Das zentrale Defizit der Sittlichkeit liegt nach Hegels Verständnis darin, dass in ihrem Rahmen Individuen keine eigenständigen Perspektiven geltend machen können. In diesem Sinn charakterisiert Hegel das Problem als ein Problem der Individualität. Entscheidend ist dabei für ihn, dass dieses Problem sich erst vor dem Hintergrund einer in einer Gemeinschaft etablierten normativen Ordnung angemessen fassen lässt – im Gegensatz zu jenen Konzeptionen von Individualität, die das Vernunftkapitel verfolgt hat. Ihm geht es, so gesehen, im ersten Teil des Geistkapitels darum, genau diesen Hintergrund zu fassen, um dadurch Überlegungen zur Konstitution von Individualität vorzubereiten. Der erste Teil des

Geistkapitels ist unbedingt als eine solche Vorbereitung zu lesen. Er suggeriert möglicherweise, Hegel präsentiere hier sein Ideal einer gesellschaftlichen Ordnung. Dies ist aber nicht der Fall: Seine Überlegungen müssen vielmehr im Kontext der Entwicklungen gelesen werden, die die weiteren beiden Teile vollziehen.

Probleme der Interpretation

Der Anfang des Geistkapitels wirft vier zentrale Fragen der Interpretation auf:

(a) Worin besteht die systematische Bedeutung des Unterschieds zwischen dem menschlichen und dem göttlichen Gesetz als zum einen dem Gesetz, das in Polis-Staaten herrscht, und zum anderen dem Gesetz, dem Familien folgen? Hegel legt in seinen Ausführungen nahe, er analysiere hier die Gesellschaftsstrukturen einer antiken Polis. Allerdings ist es keine zufriedenstellende Interpretation, Hegel hier als Historiker zu verstehen. Offensichtlich ist er durchweg mit systematischen Fragen des Wissens befasst. Es gilt also, die Unterscheidung, die er zwischen dem menschlichen und dem göttlichen Gesetz trifft, systematisch zu verstehen. Dies berührt auch die Unterscheidung der Geschlechter, die Hegel mit den beiden von ihm unterschiedenen Gesetzen verknüpft. Welche systematische Bedeutung hat diese Unterscheidung?

(b) Welche Rollen spielen die Protagonisten der Antigone-Tragödie, Kreon und Antigone, Hegels Interpretation zufolge? Auch wenn Hegel nicht sehr direkt auf die Tragödie von Sophokles zu sprechen kommt, sind indirekt doch deren zentrale Figuren für Hegels Darlegungen von großer

Bedeutung. Hat Antigone eine besondere Rolle? Oder kommt beiden die gleiche Funktion zu?

(c) Wie ist die Lehre zu verstehen, die Hegel aus der Tragödie im Sittlichen zieht? Woran geht die Harmonie zugrunde, die in der sittlichen Welt herrscht? Mit dieser Frage hängt eine vierte zusammen:

(d) Inwiefern bedeutet der Übergang zum Rechtszustand einen Fortschritt gegenüber der sittlichen Welt? Diese Frage stellt sich besonders deshalb, weil Hegel über den (römischen) Rechtszustand weit weniger emphatisch spricht als über die klassische antike Sittlichkeit. Inwiefern hebt die hier neu zustande kommende Konzeption dennoch die Widersprüche auf, die die sittliche Welt bestimmen?

Detaillierter Kommentar

Das Geistkapitel bietet einen zentralen Wendepunkt in der Entwicklung, die Hegel verfolgt. Er artikuliert diesen Wendepunkt, indem er die im Geistkapitel diskutierten Gestalten von denen, die die vorigen Kapitel präsentiert haben, unterscheidet. Demnach handelt es sich nun um »Gestalten einer Welt« (340/326) im Gegensatz zu den bloßen Bewusstseinsgestalten, die in den vorangehenden Kapiteln analysiert wurden.

Damit macht Hegel deutlich, dass in den bisherigen Kapiteln nicht im engeren Sinn von einer Entwicklung die Rede war. Wie wir seit dem Bewusstseinskapitel gesehen haben, ist die Abfolge der Bewusstseinsgestalten bis zum Anfang des Geistkapitels so organisiert, dass zunehmend Einseitigkeiten der Wissenskonzeptionen korrigiert werden. Die Wissenskonzeptionen enthalten jeweils Voraussetzungen, die ihnen selbst nicht durchsichtig sind. Diese Voraussetzungen werden in nachfolgenden Wissenskonzeptionen sukzessive verständlich gemacht, wobei Hegel damit – wie wir gesehen haben – nicht eine Entwicklung nachvollzieht, sondern eher zuerst undurchsichtige Voraussetzungen nach und nach aufklärt und entfaltet.

Mit dem Geistkapitel ändert sich nun die Struktur der Abfolge von Bewusstseinsgestalten. Hier geht es Hegel nun tatsächlich um Aspekte einer Entwicklung, die sich im Rahmen menschlicher Gemeinschaften vollzogen hat. Insofern spielt nun die Dimension der Geschichte für Hegel eine entscheidende Rolle (was an unterschiedlichen Stellen im Geistkapitel in aller Deutlichkeit zu sehen ist).

Diese historische Dimension, die nun Einzug in Hegels Überlegungen hält, muss allerdings angemessen verstanden werden. Es geht ihm weder um eine philosophische Geschichtsschreibung, also um eine philosophische Erzählung historischer Ereignisse, noch zielt er auf eine philosophische Rekonstruktion historischer Ereignisse. Nach wie vor ist er mit Wissenskonzeptionen befasst und fragt weiterhin danach, welche Bedingungen erfüllt sein müssen, damit ein Wissen vom Wissen zustande kommt. Inwiefern wird aber dafür nun eine historische Dimension relevant?

Bei den bis zum Geistkapitel diskutierten Wissenskonzeptionen lassen sich die geltend gemachten Bedingungen als Grundbegriffe für das Erheben von Wissensansprüchen verstehen. Mit dem Geistkapitel kommt eine ganz andere Form von Bedingungen zur Sprache: Es geht um Bedingungen, die durch Praktiken realisiert sind. Man kann die nun behandelten Bedingungen eines Wissens vom Wissen artikulieren, indem man sagt, dass es sich um Formen von Praktiken handelt, die im Rahmen einer Gemeinschaft entwickelt worden sind.[1] Die-

1 Pirmin Stekeler-Weithofer spricht in ähnlicher Weise davon, ab dem Geistkapitel gehe es Hegel um eine »institutionelle Praxisformenanalyse« (Stekeler-Weithofer 2014, Bd. 2, S. 109).

se Entwicklung hat Hegel zufolge in der Geschichte stattgefunden, bedarf also einer Analyse, die der historischen Dimension Rechnung trägt. Für die Konstitution der damit behandelten Wissenskonzeptionen sind nicht einzelne Praktiken relevant, die historisch nachvollzogen werden müssten. Vielmehr sind es Typen und Formen von Praktiken, so dass Hegels Blick auf die Geschichte nicht empirisch, sondern systematisch ausfällt. Damit wird auch erstmals in der *PhG* ein Grundzug von Hegels Philosophieren deutlich, für das systematische Fragen nicht zeitenthoben zu verstehen sind, sondern immer eine irreduzibel historische Seite haben. Dieser Zug ist in meinem Kommentar unter anderem dort bereits angeklungen, wo ich darauf verwiesen habe, dass Hegel eine Wissenskonzeption, die sich in ihrem Wissen einsichtig ist, als eine moderne Errungenschaft versteht (vgl. hier S. 25 f.). Die systematische Aufklärung des Wissens vom Wissen hat somit eine konstitutiv historische Seite.

Wenn Bedingungen des Wissens vom Wissen nicht in begrifflichen Zusammenhängen, sondern in Formen und Typen von Praktiken bestehen, dann reicht es nicht aus, Wissensansprüche begrifflich zu analysieren. Es muss vielmehr die Entwicklung von Formen und Typen von Praktiken nachvollzogen werden. In diesem Sinn geht es Hegel jetzt um »Gestalten einer Welt«, das heißt, er will die systematischen Zusammenhänge historisch entwickelter Formen und Typen von Praktiken analysieren. Dabei kommt er wieder auf die Überlegungen des Selbstbewusstseinskapitels zurück, in denen er an entscheidender Stelle bereits einen Vorverweis auf den Geistbegriff gegeben hat. Trägt man diesem Vorverweis Rechnung, muss man genau verfolgen, inwiefern Strukturen der Anerkennung im Rahmen des Geistkapitels aufgeklärt werden. Und tatsächlich lassen sich – wie ich auch in Abhebung gegenüber anderen vorliegenden Interpretationen herausarbeiten will –

zentrale Überlegungen dieses Kapitels so verstehen, dass sie die Struktur von gelingender Anerkennung erhellen.

A. *Der wahre Geist. Die Sittlichkeit*

Der erste Teil des Geistkapitels entwickelt ein Modell von Gesellschaft, das von tiefgreifender Gegenseitigkeit seiner Mitglieder geprägt ist. Hegel charakterisiert diese Gegenseitigkeit, wie bereits in den vorausblickenden Bemerkungen in der Mitte des Vernunftkapitels, mit dem Begriff der Substanz. Diesen Begriff können wir vorerst folgendermaßen verstehen: Substanz ist eine Einheit von Denken und Sein. Aristoteles bestimmt die Substanz als das Zugrundeliegende.[2] Aus diesem Grund hat man nach Aristoteles immer wieder die Substanz als die notwendige Grundlage des Seienden von seinen kontingenten Attributen unterschieden.

Hegel schließt einerseits an diesen Gebrauch an, da auch ihm Substanz als das Zugrundeliegende gilt. Andererseits aber spricht er an einer überraschenden Stelle von Substanz. Wir sind ja nicht an einem Punkt, an dem es um Gegenstände und Eigenschaften ginge, sondern um gemeinschaftliche Praktiken. Dies müssen wir als These Hegels verstehen: Er behauptet, dass das Zugrundeliegende in einer gemeinschaftlichen Praxis besteht, wobei in dieser Praxis eine Einheit von Denken und Sein hergestellt ist.[3]

Die Rede von Substanz an diesem Punkt ist zugleich als Hinweis auf ein Arbeitsprogramm zu verstehen. Hegel will klären, wie eine gemeinschaftliche Praxis beschaffen sein muss, damit die in dieser Praxis hergestellte Einheit von Denken und Sein als eine Grundlage eines sich selbst verstehenden Wissens zu

2 Vgl. Aristoteles, *Metaphysik VII*, Hamburg 1989, 1029 a ff.

3 Vgl. dazu auch Pinkard 2008, S. 138.

begreifen ist. In der Vorrede bemerkt er, es gehe ihm darum, die Substanz als Subjekt zu verstehen (vgl. meinen Kommentar dazu hier S. 322 f.). Im Sinne des besagten Arbeitsprogramms artikuliert: Wie muss eine gemeinschaftliche Praxis beschaffen sein, um sich in ihrem Wissen aus sich heraus entwickeln zu können? Der Verweis auf eine gemeinschaftliche Praxis klärt so gesehen als solcher noch nichts, sondern muss als Grundlage einer Entwicklung von Formen und Typen von Praktiken verstanden werden. Das gesamte Geistkapitel und auch die abschließenden Kapitel des Buches werden in diesem Sinn die Substanz weiter entfalten.

In den Überlegungen zur sittlichen Substanz, die im Vernunftkapitel dazwischengeschoben waren, haben wir schon gesehen, wie Hegel eine erste Form der Substanz, also einer Einheit von Denken und Sein, begreift. Sie besteht in einer im Rahmen einer gemeinschaftlichen Praxis hergestellten Wirklichkeit von Normen, an die alle Mitglieder der Praxis in ihren Handlungen gebunden sind, so dass sie alle in vergleichbaren Situationen in analoger Weise handeln. Alles Handeln einzelner Individuen ist von den normativen Zusammenhängen geprägt, die die Gemeinschaft als ganze etabliert hat. Das Zugrundeliegende, so Hegel, ist hier die im Handeln unterschiedlicher Individuen hergestellte Wirklichkeit normativer Zusammenhänge.

Auch wenn Hegel damit eine wichtige Basis für die Position gewonnen hat, die er in der *PhG* verteidigt, ist die Substanz als solche doch am Anfang des Geistkapitels keinesfalls zufriedenstellend geklärt. Dies liegt, so bemerkt Hegel gleich zu Beginn des ersten Teils, darin begründet, dass die Substanz in ihrer sittlichen Variante von grundlegenden Widersprüchen geprägt ist, die von Hegel unter Rekurs auf Handlungen erläutert werden. Da Handlungen Denken im Sein zu realisieren suchen, tritt mit ihnen die Struktur der jeweiligen gemeinschaftlichen

Praxis zutage. In der Sittlichkeit zeigen sich anhand von Handlungen grundlegende Widersprüche, die hier nicht gelöst werden können. Aus diesem Grund bedarf es Hegel zufolge einer Weiterentwicklung der Substanz, wobei sich am Ende der Überlegungen zur Sittlichkeit bereits absehen lässt, dass es dabei nicht um eine Auflösung der in der Sittlichkeit zutage tretenden Spannungen, sondern um ihren Austrag geht.

a. Die sittliche Welt, das menschliche und göttliche Gesetz, der Mann und das Weib

Hegel beginnt die Ausführungen zur sittlichen Welt damit, dass er die Grundlagen der Widersprüche, die die sittliche Substanz enthält, klarer entfaltet. Er erläutert sie jetzt in den Begriffen der Einzelheit und der Allgemeinheit. In der Realisierung normativer Zusammenhänge in einer Gemeinschaft können demnach Einzelheit oder Allgemeinheit als Prinzipien leitend sein.

Im ersten Fall sind die normativen Zusammenhänge aus der Perspektive einer einzelnen Gemeinschaft zu begreifen. Normative Zusammenhänge, die an eine einzelne Gemeinschaft gebunden sind, sind immer spezifische Zusammenhänge, spezifische Prägungen, die in historisch-kontingenter Weise in einem Gemeinwesen gegeben sind (nach dem Motto: »Wir machen das so und so«). Hegel erläutert diese Figuration des Geistes folgendermaßen: »Als die *wirkliche Substanz* ist er *ein Volk*, als *wirkliches Bewusstsein Bürger* des Volkes.« (344/329) In einem Volk sind jeweils bestimmte Sitten und Gebräuche leitend, und sie sind dadurch leitend, dass einzelne Individuen ein Bewusstsein von diesen Zusammenhängen haben, also wissen, dass man bei ihnen etwas so und so macht. Da ein entsprechender normativer Zusammenhang immer durch die menschliche Praxis im Rahmen einzelner Gemeinwesen zustande kommt, spricht Hegel hier von dem »menschliche[n]

Gesetz« (344/329). Er charakterisiert es in folgender Weise: »E[s] ist in der Form der Allgemeinheit das *bekannte* Gesetz und die *vorhandene* Sitte [...]« (344/329). Die »Form der Allgemeinheit« fasst hier einzelne Inhalte, also jeweils die in einem spezifischen Gemeinwesen herrschenden Gebräuche, Sitten und Normen. Eine echte Allgemeinheit der Inhalte ist so nicht gegeben.

Das menschliche Gesetz kontrastiert Hegel mit dem *»göttliche*[n] *Gesetz«* (344/330), als dem Geist, der tatsächlich eine Allgemeinheit der Inhalte realisiert. Die Relevanz dieses Gesetzes lässt sich anhand des Widerspruchs aufklären, den das menschliche Gesetz beinhaltet. Dieses ist Substanz als ein normativer Zusammenhang, der alle Individuen umfasst, allerdings mit einer entscheidenden Einschränkung: Der Zusammenhang umfasst nur all diejenigen Individuen, die kontingenterweise in der Gemeinschaft leben, um die es gerade geht. Die Allgemeinheit des menschlichen Gesetzes hat eine klare Grenze, die darin besteht, dass manche Individuen zu einer Gemeinschaft gehören, andere aber nicht. Aus diesem Grund realisiert das menschliche Gesetz keine wahre Allgemeinheit. Eine wahre sittliche Substanz hingegen umfasst Individuen ohne Einschränkungen. Wir können dies als zentrales Element einer Suchanzeige verstehen. Gesucht wird ein sittlicher Zusammenhang, der Individuen ohne Einschränkungen einschließt.

Man könnte denken, dass Hegel so etwas wie das Reich Gottes ins Feld führt. Ein solches Reich ist aber keine Einheit von Denken und Sein, da es nicht auf Erden realisiert ist. Aus diesem Grund erläutert er eine sittliche Substanz, die Individuen ohne Einschränkungen umfasst, anders. Es ist für ihn die Familie. Die Familie ist jeweils ein normativer Zusammenhang. In einem traditionsbestimmten Gemeinwesen unterliegt jedes Mitglied einer Familie, wie Hegel paradigmatisch an den Rollen von Schwester und Bruder erläutert, besonderen Pflichten und hat besondere Rechte. Die normative Ordnung hat dabei eine gewissermaßen natürliche Basis: Sie ergibt sich aus den natürlichen Rollen, die Einzelne in einer Familie haben. Aus diesem Grund ist die Ordnung nicht historisch-kontingent ausgeprägt, sondern gilt in einer umfassenden Weise. Überall dort, wo es Familien gibt, unterliegen ihre Mitglieder analogen normativen Zusammenhängen. Das göttliche Gesetz, das in der Familie herrscht, ist also ein Gesetz, das eine in einer gemeinschaftlichen Praxis hergestellte Einheit von Denken und Sein auf eine natürliche Art und Weise vorgibt.

Ich will noch einmal zusammenfassen, was ich Hegel bislang zugeschrieben habe:

(a) Von einer sittlichen Substanz (als einer ersten Form der Substanz) können wir überall dort sprechen, wo normative Zusammenhänge das Handeln aller Individuen, die diesen Zusammenhängen unterliegen, unmittelbar prägen.
(b) Da sittliche Substanz immer Allgemeinheit ist, die Einzelnes, nämlich Individuen, umfasst, gibt es die sittliche Substanz, strukturell gedacht, in zwei Weisen (Hegel spricht immer wieder von zwei »Massen« im Sinne des Plurals von Maß): zum einen so, dass sie von den Individuen aus entwickelt und so historisch-kontingent geprägt ist, also als menschliches Gesetz; und zum anderen so, dass sie eine natürliche Ordnung menschlichen Zusammenlebens realisiert und so keine kontingenten Momente aufweist: als göttliches Gesetz.

Die Unterscheidung zwischen zwei Realisierungen normativer Zusammenhänge, die das Handeln von Individuen unmittelbar prägen, ist aber durch die einfache Gegenüberstellung von Einzelheit und Allgemeinheit noch nicht hinreichend gefasst, da hinsichtlich dieser Gegenüberstellung in den normativen Zusammenhängen ein grundlegender Widerspruch besteht: Das Prinzip der Einzelheit erweist sich als das einer problematischen Allgemeinheit, dasjenige der Allgemeinheit erweist sich als das einer problematischen Einzelheit. Das menschliche Gesetz ist historisch-kulturell geprägt und bezieht insofern Einzelheiten von Individuen ein; dennoch ist es ein Gesetz, das dem Individuum keinen Raum bietet, im Rahmen der normativen Ordnung etwas Eigenes zu realisieren (und sich damit in seiner Besonderheit zu zeigen[4]). Innerhalb der normativen Zusammenhänge, die eine Gemeinschaft historisch-kulturell etabliert hat, sind Einzelne nur insofern integriert, wie sie sich den normativen Zusammenhängen unterordnen. Hegel spricht hierfür von einer »Gewalt gegen das individuelle Für-sich-sein« (344/330), die von dem menschlichen Gesetz ausgehe, wodurch es sich letztlich als ein Gesetz von Allgemeinheit erweist.

Ein umgekehrter Widerspruch findet sich in dem göttlichen Gesetz: Als eine natürliche Einrichtung normativer Zusammenhänge trägt dieses nicht einzelnen historisch-kulturellen Besonderheiten Rechnung. Das aber heißt, dass Individuen hier keine spezifischen Normen zu erfüllen haben. Sie gehören den normativen Zusammenhängen einfach aufgrund der natürlichen Rolle an, die sie einnehmen. Die Allgemeinheit des göttlichen Gesetzes erweist sich damit als eine solche, die dem Einzelnen gewissermaßen unbegrenzte Spielräume eröffnet. Insofern sagt Hegel: »Der der Familie eigentümliche *positive* Zweck ist der Einzelne als solcher.« (346/331) Das göttliche Gesetz ist, so gesehen, eines der uneingeschränkten Einzelheit.

Da Hegel die normativen Ordnungen der sittlichen Sub-

4 Vgl. zu dem Zusammenhang der logischen Bestimmungen der Allgemeinheit, Einzelheit und Besonderheit für Hegel: Hegel, *Wissenschaft der Logik II*, in: *TWA*, Bd. 6, S. 273 ff.

stanz als solche der Anerkennung fasst (vgl. z. B. 352/336 f.), steht eine Interpretation vor der Aufgabe, die Anerkennungsformen der Allgemeinheit und der Einzelheit zu klären, die Hegel als menschliches und göttliches Gesetz voneinander unterscheidet.

Man könnte hier mit Hegel von einer einzelnen Anerkennung sprechen, die auf Allgemeinheit verpflichtet (menschliches Gesetz) – sowie von einer allgemeinen Anerkennung, die Einzelheit zulässt (göttliches Gesetz). Diese Terminologie aber scheint mir noch nicht klärend genug, so dass ich einen anderen terminologischen Vorschlag mache, der für den roten Faden, den Hegel mit der Unterscheidung der beiden Gesetze für das Geistkapitel vorbereitet, klärend ist. Diesen Vorschlag will ich folgendermaßen entwickeln: In den normativen Zusammenhängen, die durch ein menschliches Gesetz bestimmt sind, werden Einzelne nur in dem Maße anerkannt, wie sie sich an die jeweiligen Sitten und Gebräuche halten. Von den Einzelnen wird erwartet, dass sie sich konform zu der geltenden normativen Ordnung verhalten. Für ein entsprechend konformes Verhalten verdienen sie Anerkennung. Die Anerkennung steht auf diese Weise wesentlich unter der Bedingung, der etablierten Ordnung zu folgen. Ich spreche hier von einer *bedingten Anerkennung*.

Anders ist dies innerhalb der familiären Ordnung des göttlichen Gesetzes. In dieser Ordnung gibt es keine spezifischen normativen Vorgaben, die in der jeweiligen Gemeinschaft begründet wären. Die Vorgaben sind vielmehr natürlich und schränken aus diesem Grund den Einzelnen nicht in spezifischer Weise ein. Dies zeigt sich besonders dort, wo Familienmitglieder in besonderer Weise Gegenstand der Anerkennung sind: bei den Ahnen. Hegel hebt in seinen Analysen darauf ab, dass die Normen der Familie als eines natürlichen gesellschaftlichen Verbundes wesentlich mit ihrer Abstammung zu tun haben, so dass im Zentrum normativer Regelungen das Verhältnis zu den Ahnen als den Toten steht, auf die die Familie gegründet ist. Für die Ahnen gilt, dass sie anerkannt werden – unabhängig davon, was genau sie in ihrem Leben getan haben. Allein ihre Stellung als Ahnen begründet ihren Anspruch darauf, von den Nachkommen anerkannt zu werden. Die Anerkennung gilt also nicht ihrem konkreten Tun. Hegel drückt dies markant aus, wenn er sagt, ein in dieser Weise anerkannter Ahne sei nur »der *Unwirkliche* marklose Schatten« (346/332). Dabei lässt sich »marklos« im Sinne von »ohne Markierungen«, »ohne Eigenschaften« verstehen. Da die Anerkennung hier nicht unter Bedingungen steht, spreche ich in Bezug auf das göttliche Gesetz von einer *unbedingten Anerkennung*.

Die Widersprüche in der sittlichen Substanz lassen sich jetzt folgendermaßen verstehen: Immer dann, wenn die Normen, auf denen Anerkennung basiert, von Einzelheiten, also historisch-kontingenten Praktiken ausgehen, kommt Anerkennung nur bedingt zustande. Sie erreicht nicht die Allgemeinheit, die im Begriff der Anerkennung liegt, also die Allgemeinheit eines Selbstbewusstseins, das von anderen in seinen Selbstverständnissen uneingeschränkt reflektiert wird (das, wie Hegel sagt, an und für sich ist). Sofern Anerkennung bedingt ist, bleiben die Einzelnen konstitutiv unselbstständig, können also, sofern sie anerkannt werden wollen, nichts Eigenes in die Praxis einbringen. So realisiert das menschliche Gesetz eine Allgemeinheit, innerhalb deren die Einzelheit nicht für sich Bestand hat.

Betrachten wir nun dagegen das göttliche Gesetz: Hier ist die Stellung der Einzelnen durch die Ordnung der Familie gesichert, so dass die Anerkennung, die ihnen gezollt wird, nicht unter Bedingungen steht. Dies aber führt dazu, dass das jeweils konkrete Tun der Einzelnen im Rahmen von Anerkennungsbeziehungen nicht reflektiert wird. Die Einzelnen bleiben in Bezug auf dieses Tun ohne Resonanz. Zwar kann ich den Status als Familienmitglied nicht durch schlechte Taten verwirken. Das bedeutet aber zugleich, dass für diesen Status meine tatsächlichen Leistungen nichts zählen. Mein Tun hat für meinen Status keine Bedeutung. Damit aber wird auch hier kein an-und-für-sich-seiendes Selbstbewusstsein realisiert, da die Einzelnen in ihrem spezifischen Tun nicht von anderen reflektiert werden. Sie können also sich selbst nicht innerhalb einer gemeinschaftlichen Praxis Kontur verleihen.

Die der sittlichen Substanz inhärierenden Widersprüche können so verstanden werden, dass sie das Zustandekommen von Anerkennung im vollen Sinn blockieren. Indem Hegel gleich zu Anfang des Geistkapitels diese Widersprüche betont, macht er deutlich, dass die Überlegungen zur Konstitution von Anerkennung sich durch den Rekurs auf die Substanz in ihrer sittlichen Variante nicht abschließen lassen.

Hegel vertritt dabei die überraschende These, dass die Widersprüche in der sittlichen Substanz nicht zutage treten müssen. Als solche ist die sittliche Ordnung als ein Zusammenhang von zwei Gesetzen zu verstehen, die sich so zu ergänzen vermögen, dass keine Spannung aufkommt. So führt er aus:

> Das Ganze ist ein ruhiges Gleichgewicht aller Teile, und jeder Teil ein einheimischer Geist, der seine Befriedigung nicht jenseits seiner sucht, sondern sie in sich darum hat, weil er selbst in diesem Gleichgewichte mit dem Ganzen ist. (355/340)

Und weiter: »Das sittliche Reich ist auf diese Weise in seinem *Bestehen* eine unbefleckte, durch keinen Zwiespalt verunreinigte Welt.« (356/341) Solche Aussagen mögen ein Grund dafür sein, dass Interpretationen angesichts von Hegels Darlegungen zur sittlichen Substanz immer wieder die These vertreten haben, Hegel halte die sittliche Substanz für ein Ideal, dem gegenüber moderne Entwicklungen von Gesellschaften als Verfall zu werten seien.[5] Hegel wird damit die These zugeschrieben, dass in einem idealen Gemeinwesen alle Teile in einem ruhigen Gleichgewicht stehen müssen und in ihm eine umfassende Struktur gegenseitiger Anerkennung entwickelt ist. Dies passt zum Bild von Hegel als einem staatstragenden Philosophen, der er während seiner Berliner Zeit zeitweise auch tatsächlich, aber definitiv nicht zur Zeit der Niederschrift der *PhG*[6] gewesen sein mag. Zu deutlich ist bereits an diesem Punkt Hegels Diagnose, dass sittliche Harmonie nur um den Preis eklatanter Widersprüche zu haben ist.

Diese Diagnose hindert ihn allerdings nicht daran zu behaupten, dass die sittliche Ordnung ihre Widersprüche nicht zeigen muss. Hegel legt in längeren Ausführungen zu den unterschiedlichen Rollen von Mann und Frau – auch in der spezifischen Konstellation von Bruder und Schwester – im Gemeinwesen dar, dass die Sphären des menschlichen und des göttlichen Gesetzes sich gut miteinander vereinbaren lassen. Hegel kann damit so verstanden werden, dass die Wissenskonzeption der Sittlichkeit in ihrer Stabilität auf der natürlichen Ordnung der Geschlechter gründet: Das menschliche und das göttliche Gesetz sind dadurch miteinander kompatibel, dass Männer öffentliche Rollen in der Gemeinschaft übernehmen und Frauen die Ordnung der Familie vertreten. So kommt es erstens strukturell zu einer unproblematischen Koexistenz der

5 So schreibt z. B. Jean Hyppolite: »[T]he greatest work of art is the organic city« (Hyppolite 1979, S. 331). Vgl. auch Brandom 2019, 11. Kap.

6 Auch mit Blick auf die berühmte Rechtsphilosophie ist immer wieder erwogen worden, Hegel verstehe die sittliche Substanz als Idealbild von Gesellschaft. Aber auch dort ist diese These interpretatorisch nicht zu halten. Vgl. u. a. Shlomo Avineri, *Hegels Theorie des modernen Staates*, Frankfurt a. M. 1976.

Gesetze des Gemeinwesens und der Gesetze der Familie. Zweitens muss kein Individuum in sich beide Gesetze miteinander in Einklang bringen, da sie nach der natürlichen Ordnung der Geschlechter auf Individuen verteilt sind. Dies sind die beiden Gründe dafür, dass die Widersprüche der sittlichen Ordnung sich nicht zeigen müssen.

Hegel lässt sich so verstehen, dass er damit noch einen weiteren Widerspruch der sittlichen Substanz diagnostiziert, der zwischen der historischen Konstitution sittlicher Gemeinschaften und der natürlichen Grundlage besteht, auf die diese Konstitution sich in den Geschlechtern stützt. Er begreift es als ein Defizit der sittlichen Substanz, dass sie eine natürliche Ordnung als gegeben voraussetzt, so dass er dafür argumentiert, dass die Sittlichkeit an ihren natürlichen Voraussetzungen letztlich zerbricht. Hegel wird also missverstanden, wenn man ihm eine Affirmation der natürlichen Ordnung der Geschlechter zuschreibt. Das Gegenteil ist der Fall: Er zielt auf eine Kritik falscher Naturalisierungen gesellschaftlicher Ordnungen.

b. Die sittliche Handlung. Das menschliche und göttliche Wissen, die Schuld und das Schicksal

Das Zerbrechen der sittlichen Substanz wird unmittelbar im nächsten Abschnitt in einem Gedankengang nachvollzogen, der in Hegel-Interpretationen, wie bereits bemerkt, immer wieder als »Tragödie im Sittlichen« diskutiert wird. Dabei orientiert er sich an der auch bereits angesprochenen literarischen Vorlage, nämlich an der *Antigone*-Tragödie von Sophokles (ich habe bereits im Vernunftkapitel auf die Relevanz literarischer Vorlagen für Hegels Explikation der Bewusstseinsgestalten hingewiesen und werde darauf in meinem Kommentar zum Religionskapitel zurückkommen). Hegel begreift diese Tragödie als eine exemplarische Reflexion darüber, dass die sittliche Substanz an ihren Widersprüchen zugrunde geht. Wie bereits ausgeführt, ist dies als eine These mit Blick auf Defizite in den Formen und Typen von Praktiken zu verstehen, die in dieser Substanz gegeben sind. Hegel argumentiert also nicht im engeren Sinn historisch, er will nicht sagen, dass Theben zugrunde gehen musste – oder, wenn man an die Zeit des Trojanischen Krieges denkt, etwa Mykene. Es geht ihm vielmehr darum zu zeigen, dass die Widersprüche der Struktur von Praktiken in der sittlichen Substanz aufbrechen, sobald es zu einer relevanten Bekräftigung einer normativen Ordnung durch eine Handlung kommt. Mit jeder solchen Bekräftigung wird unumgänglich gegen die andere Ordnung verstoßen. Das Handeln zeigt insofern irreduzibel ein tragisches Moment: Es zerbricht unwillkürlich die Ordnung, an die es gebunden ist und die es zu bekräftigen sucht.

Für genau diese Konstellation ist die *Antigone*-Tragödie paradigmatisch. Hegel kann sie gut in der Struktur von menschlichem und göttlichem Gesetz erläutern. Auf der einen Seite steht Kreon als Repräsentant der Stadt Theben: Er verkörpert das menschliche Gesetz. Auf der anderen Seite befindet sich dessen Nichte Antigone, die als Schwester und Frau das göttliche Gesetz repräsentiert. Als nun Polyneikes, Antigones Bruder, gegen seinen Bruder Eteokles zu Felde zieht und Theben angreift und beide dabei zu Tode kommen, handelt Antigone in einer Weise, die mit den Normen der Stadt nicht in Einklang steht, die ihr aber von dem göttlichen Gesetz als dem Gesetz der Familie geboten ist: Sie bestattet den verbannten Bruder Polyneikes, während Eteokles mit allen Ehren der Stadt beerdigt wird. Der Onkel Kreon wendet sich aus diesem Grund gegen sie. Damit ist wiederum die familiäre Ordnung gestört, so dass es zu einem raschen Zusammenbruch des gesamten Ordnungsgefüges kommt (in Sophokles' Tragödie sind am Ende fast alle tot). All dies steht nicht in Hegels Text, da er nicht den Anspruch verfolgt, eine Interpretation der antiken Tragödie zu liefern (er hat diese Tragödie aber durchaus sehr geschätzt[7]). Dennoch lassen sich die Erläuterungen zur sittlichen Handlung, die Hegel gibt, gut an eben dieser Tragödie nachvollziehen.

Das Problem, das Hegel herausarbeitet, besteht darin, dass die Individuen ihren jeweiligen sittlichen Ordnungen unmittelbar angehören und aus diesem Grund den Zusammenhang der unterschiedlichen Ordnungen nicht übersehen können. Sowohl Kreon als auch Antigone sind an die Gesetze, denen sie unterstehen, so gebunden, dass sie sich nicht von ihnen distanzieren können. Hegel sagt dies in aller Deutlichkeit: »Das sittliche Bewusstsein aber weiß, was es zu tun hat; und *ist* entschieden, es sei dem göttlichen oder dem menschlichen Gesetze anzugehören.« (358/343; Hervorhebung von mir) Er gebraucht hierfür den Begriff des »*Charakter[s]*« (359/343), den man im Sinne einer theatralen Figur verstehen kann. Die Individuen sind keine Subjekte im vollen Sinn, sondern bloße Figuren, die durch eine normative Ordnung wie durch einen Theatertext gesteuert sind. Hegels Erläuterung hält dies markant fest. Er behauptet nicht, dass das sittliche Bewusstsein sich entschieden *hat*, sondern einfach entschieden *ist*. Wer sich entscheidet, kann in einer Wahl zwischen unterschiedlichen Möglichkeiten abwägen. Dies aber ist dem sittlichen Bewusstsein nicht möglich: Es unterliegt dem jeweiligen Gesetz, wie es in Hegels Sprache heißt, unmittelbar. Kreon und Antigone wissen direkt, was zu tun ist. Sie handeln nicht aus eigener Überzeugung, sondern aufgrund der Normen, denen sie unterstehen.

Diese Unmittelbarkeit der Normen hat eine entscheidende Konsequenz: Die sittlich Handelnden sind nicht in der Lage zu realisieren, dass sich ihre sittlichen Ordnungen in dem kon-

7 Vgl. Hegel, *Vorlesungen über die Ästhetik II*, in: *TWA*, Bd. 14, S. 60.

kreten Fall widerstreiten. Da sie sich nicht von der Ordnung, in der sie sind, was sie sind, distanzieren können, haben sie keine Möglichkeit, eine Differenz ihrer Ordnung von anderen Ordnungen zu bemerken. Daraus wiederum folgt, dass es für die sittlich Handelnden überhaupt keinen Konflikt geben kann. Wer keine Differenz von Ordnungen feststellen kann, ist auch nicht in der Lage, mit anderen einen Konflikt auszutragen. Sofern es vor diesem Hintergrund zu einer Differenz von Ordnungen kommt, brechen die Ordnungen zusammen. Es kommt zu einer bloßen Kollision (Hegel spricht von einer »Kollision der Pflichten« [358/343]). Eine Kollision liegt nach diesem Verständnis genau dann vor, wenn normative Ordnungen im Widerspruch zueinander stehen, ohne dass auf diesen Widerspruch reflektiert werden könnte. Ein Konflikt hingegen ist konstitutiv damit verbunden, dass diejenigen, die in ihm stehen, sich zu dem Widerspruch verhalten.[8] Das heißt nicht, dass das Austragen von Konflikten immer zu Lösungen führt, sondern nur, dass Konflikte immer mit einer Reflexion der beteiligten Parteien auf die zwischen ihnen bestehenden Differenzen verbunden sind. Genau zu einer solchen Reflexion sind Kreon und Antigone aber nicht in der Lage, da sie sich von ihren Ordnungen eben gar nicht distanzieren können. Hegel findet eine recht eigentümliche Erläuterung für dieses Defizit:

> Das sittliche Bewusstsein aber hat aus der Schale der absoluten Substanz die Vergessenheit aller Einseitigkeit des Fürsich-seins, seiner Zwecke und eigentümlichen Begriffe ge-

8 Hegel begreift das Theater grundsätzlich als ein Medium, um den Unterschied von so verstandenen Kollisionen und Konflikten zu reflektieren. Vgl. hierzu auch Hegel, *Vorlesungen über die Ästhetik I*, in: *TWA*, Bd. 13, S. 266–283.

trunken, und darum in diesem stygischen Wasser zugleich alle eigne Wesenheit und selbstständige Bedeutung der gegenständlichen Wirklichkeit ertränkt. (360/344)

Wer unter dem menschlichen oder dem göttlichen Gesetz steht, für den hat die Wirklichkeit keine Selbstständigkeit, da ihr oder ihm alles in der Form des jeweiligen Gesetzes begegnet. Die betroffenen Individuen können ihre eigene Perspektive nicht von anderem und von dem, womit die Welt sie konfrontiert, unterscheiden. Aus diesem Grund spricht Hegel von der »Vergessenheit aller Einseitigkeit des Für-sich-seins«. Um Vergessenheit handelt es sich deshalb, da das sittliche Bewusstsein aus Hegels Perspektive eine Abstraktion im Sinne einer Vorstufe von einer weitergehenden Entwicklung sittlicher Wirklichkeit darstellt, so dass ihm die Struktur der sittlichen Praxis selbst nicht durchsichtig ist. Dies führt dazu, dass die eigene normative Praxis (das menschliche oder das göttliche Gesetz) als alles gilt, was es gibt. Dies trifft auf Kreon und Antigone gleichermaßen zu, so dass Antigones Handlungen nicht, wie einige Interpretationen erwogen haben, einen emanzipatorischen Charakter haben,[9] sondern strukturell genauso gebunden sind wie diejenigen Kreons. Unter dieser Voraussetzung kann nur eine Kollision dazu führen, dass die unsichtbaren Widersprüche in den Formen und Typen von Praktiken tatsächlich aufbrechen.

An diesem Punkt ist es entscheidend, genau nachzuvollzie-

9 Vgl. z. B. Jocelyn B. Hoy, »Hegel, Antigone, and Feminist Critique: The Spirit of Ancient Greece«, in: Kenneth R. Westphal (Hrsg.), *The Blackwell Guide to Hegel's Phenomenology of Spirit*, Oxford/MA 2009, S. 172–189; Kimberly Hutchings, *Hegel and Feminist Philosophy*, Cambridge/MA 2003, S. 80–111; Patricia Jagentowicz Mills, »Hegel's Antigone«, in: P. J. M. (Hrsg.), *Feminist Interpretations of G. W. F. Hegel*, University Park / PA 1996, S. 59–88.

hen, inwiefern es sich bei der sittlichen Substanz aus Hegels Sicht um eine bestimmte Wissenskonzeption handelt. Hegel erläutert diese Konzeption folgendermaßen: »Für das Selbstbewusstsein als Bewusstsein hat die gegenständliche Wirklichkeit als solche Wesen [...]« (359/344). Wie er in den unmittelbar folgenden Sätzen erläutert, soll Wissen nun nicht mehr aus einem gegenständlichen Verhältnis und auch nicht aus den Ideen der Selbstständigkeit und der Selbstbestimmung heraus begründet werden. Die Begründung soll vielmehr aus der wirklichen normativen Praxis heraus erfolgen, an der das Selbstbewusstsein partizipiert. Das Bewusstsein beansprucht, sich selbst aus seiner Partizipation an einer normativen Praxis heraus zu wissen. Es ist nicht aus sich heraus bestimmt, sondern aus den Zusammenhängen, in denen es in der gemeinschaftlichen normativen Praxis in der äußeren Welt steht. In diesem Sinn hat für es die »gegenständliche Wirklichkeit als solche Wesen«. So besagt die Gegenstandsauffassung des sittlichen Bewusstseins, dass alles Wissen in den normativen Zusammenhängen begründet ist, an denen das Bewusstsein partizipiert. Diese Gegenstandsauffassung aber widerspricht dem Wissensanspruch: Wenn alles Wissen in den normativen Zusammenhängen begründet ist, an denen das Bewusstsein partizipiert, dann kommt es nicht zu einem Wissen von sich selbst. Um es bildlich auszudrücken: Das sittliche Bewusstsein verliert sich in den normativen Zusammenhängen, an die auch alle anderen Mitglieder der Gemeinschaft gebunden sind.[10]

Um die systematische Pointe von Hegels Kommentar zu den strukturellen Widersprüchen in der sittlichen Substanz zu fassen, ist es wiederum hilfreich, auf den Begriff der Anerken-

10 Vgl. hierzu die erste Stufe der Struktur, die Hegel im Selbstbewusstseinskapitel als »reine[n] Begriff des Anerkennens« (154/147) erläutert, und meinen Kommentar dazu, hier S. 104.

nung zurückzukommen. Diejenigen, die unterschiedlichen Ordnungen angehören, können sich wechselseitig nicht anerkennen. Als Repräsentanten der beiden Gesetze, die sie vertreten, stehen Kreon und Antigone wie Fremde voreinander, die nichts miteinander teilen.

Die Unmöglichkeit, andere als andere anzuerkennen, reicht aber letztlich noch weiter: Sie hat auch Konsequenzen für die internen Beziehungen innerhalb einer sittlichen Ordnung. Es gilt ja generell, dass die einzelnen Individuen ihre eigenen Perspektiven nicht von anderem unterscheiden können. Das bedeutet aber, dass sie sich auch nicht von sich aus auf das Handeln der anderen beziehen können, die in derselben normativen Ordnung stehen wie sie. Sie können auch diese anderen nicht anerkennen. Anerkennen, so macht Hegel mit seinen Überlegungen zur »Tragödie im Sittlichen« deutlich, setzt nämlich voraus, dass diejenigen, die andere anerkennen, sich von der normativen Ordnung, auf die sie sich um der Anerkennung willen beziehen, zugleich distanzieren können. Anders gesagt: Sie müssen in der Lage sein, Anerkennung aus freien Stücken zu gewähren. Kreon und Antigone anerkennen jedoch niemanden aus freien Stücken. Wo sie anerkennen, werden sie von der Ordnung, der sie unterstehen, dazu genötigt. Sie haben keine eigene Einschätzung in Bezug darauf, was Anerkennung verdient und was nicht.[11] Die Anerkennung, die sie den jeweiligen Mitgliedern ihrer sittlichen Ordnungen gewähren,

11 Pinkard fasst diese reflexionslose Gebundenheit an eine normative Ordnung mit dem Stichwort des »Fanatismus« (vgl. Terry Pinkard, »Autorität und Kunst-Religion«, in: Klaus Vieweg / Wolfgang Welsch (Hrsg.), *Hegels Phänomenologie des Geistes*, Frankfurt a. M. 2008, S. 540-561, hier: S. 557 f.). Damit aber wird die Struktur der Sittlichkeit verzeichnet: Eine ethische Fanatikerin kann die Ordnung, für die sie einsteht, grundsätzlich von anderen Ordnungen unterscheiden, gegen die sie sich richtet. Genau dies impliziert ja

ist aus diesem Grund keine Anerkennung im vollen Sinn. Sie ist, um es pointiert auszudrücken, programmiert von den Ordnungen, in denen die Einzelnen jeweils stehen. Die jeweiligen Mitglieder können nicht anders, als diese Anerkennung zu gewähren. Anerkennung im echten Sinne aber kann auf diese Weise nicht zustande kommen. Sie setzt nämlich voraus, dass diejenigen, die andere anerkennen, auch anders können.

Mit seiner Diagnose, im Rahmen der sittlichen Substanz leide das einzelne Bewusstsein unter einer »Vergessenheit aller Einseitigkeit des Für-sich-seins«, zieht Hegel deutliche Konsequenzen aus den Widersprüchen dieser Wissenskonzeption. Diese Widersprüche hatte ich folgendermaßen bestimmt: Im Rahmen des menschlichen Gesetzes wird der Einzelheit nur in der Art und Weise Rechnung getragen, dass Einzelne zum Konformismus gezwungen sind. Hier wird nur bedingte Allgemeinheit realisiert. Nur dann, wenn das Individuum den Regeln der Gemeinschaft gehorcht, darf es sich als Teil der Gemeinschaft begreifen. Das göttliche Gesetz hingegen eröffnet den Einzelnen Spielräume für unterschiedlichste Handlungen, erlaubt es ihnen aber nicht, diese Spielräume im Rahmen der gemeinschaftlichen Praxis zu konkretisieren. Die unbedingte Anerkennung ist dem tatsächlichen Tun gegenüber indifferent.

Die Konsequenz aus diesen Widersprüchen, die Hegel nun zieht, lässt sich folgendermaßen verstehen: Solange solche Widersprüche vorherrschen, kann Anerkennung gar nicht zustande kommen. Anerkennungshandlungen setzen voraus, dass diejenigen, die andere anerkennen, einen Spielraum haben, sich gegenüber den anderen zu verhalten. Dieser Spielraum aber muss mit den jeweils geltenden Normen verbunden sein, also in der gemeinschaftlichen Praxis konkretisiert wer-

ihr Fanatismus. Für das sittliche Bewusstsein ist eine solche Unterscheidung aber gerade nicht möglich.

den. In Begriffen der intersubjektiven Konzeption von Anerkennung bedeutet dies: Wer andere anerkennt oder ihnen Anerkennung verweigert, setzt sich mit seinen Handlungen immer der Kritik anderer aus. Er handelt nicht aus bloßer Konformität, konkretisiert seine Handlungen aber doch immer anderen gegenüber und hat damit einen Spielraum, der nicht beliebig ist.

Das Zwischenergebnis von Hegels Überlegungen zur Wissenskonzeption der sittlichen Substanz lässt sich entsprechend wie folgt artikulieren: Anerkennung kann nur dann zustande kommen, wenn die beiden Anerkennungstypen, die in der sittlichen Substanz in unterschiedlichen Ordnungen ausgeprägt sind, im Rahmen *einer* Ordnung zusammengeführt werden. Der Spielraum in allen Akten der Anerkennung – das unbedingte Moment – muss als Aspekt von Praktiken, die den spezifisch ausgeprägten Normen einer historisch-kulturellen Gemeinschaft unterstehen, verständlich werden. Kurz gesagt: Anerkennung setzt eine systematische Verbindung von bedingter und unbedingter Anerkennung voraus. Es gilt für Hegel deshalb in der Folge zu verstehen, wie eine gemeinschaftliche Praxis entwickelt werden musste, um Anerkennung in dieser Weise zu realisieren. Welche Formen und Typen von Praktiken mussten ausgebildet werden, um die Einseitigkeiten der sittlichen Substanz zu überwinden? In der Antwort auf diese Frage geht es dabei nicht allein um den Anerkennungsbegriff, sondern auch und in erster Linie um die Explikation eines Wissens, das sich als Wissen versteht.

c. Der Rechtszustand

Ein erster entscheidender Schritt auf dem Weg zu diesem Ziel wird gleich im nächsten Abschnitt gegangen. Wiederum lädt Hegels Darstellung seine Leserinnen und Leser dazu ein, ihn als Historiker misszuverstehen. Sie legt nahe, es gehe ihm um die Entwicklung, die gesellschaftliche Strukturen mit dem Übergang von der klassischen griechischen Polis zur Idee der *civitas romana*, dem besonderen Rechtsstatus römischer Bürger, erfahren haben. Das ist aber gar nicht Hegels Anliegen. Vielmehr geht es ihm um eine aus seiner Sicht wichtige Station in Bezug auf die genannte Frage, also jene Frage, welche Typen und Formen von Praktiken im Rahmen menschlicher Gemeinschaften entwickelt werden mussten, um Anerkennung als eine Verbindung von bedingten und unbedingten Momenten und damit ein Wissen, das sich einsichtig ist, zu realisieren. Ein erster wichtiger Schritt auf diesem Weg ist die Entwicklung rechtlicher Praktiken und damit die Entwicklung der Rechtsperson.

Es ist leicht zu sehen, inwiefern diese Entwicklung im Rahmen von Hegels Fragestellung von Bedeutung ist: Mit der Einführung der Rechtsperson werden die einzelnen Individuen strukturell von den normativen Zusammenhängen, die in einer Gemeinschaft herrschen, emanzipiert. Das »*Ich* des Selbstbewusstseins« gilt damit »als das *an und für sich* seiende Wesen; dies *Anerkanntsein* ist seine Substantialität [...]« (371/355). Das einzelne Individuum wird hier unabhängig von den jeweils geltenden Normen als Subjekt dieser Normen, als Träger von Rechten, konzipiert. Es ist damit grundsätzlich als Person anerkannt, und dies Anerkanntsein macht das einzelne Individuum aus. Träger von Rechten ist es dabei nicht für sich, sondern im Rahmen einer öffentlichen Praxis, also, um es mit Hegel zu sagen, in der gegenständlichen Wirklichkeit.

Die Wissenskonzeption, die mit dem Rechtszustand entwickelt wird, hebt damit den Widerspruch auf, der die sittliche Substanz prägt. Dort verliert das sittliche Bewusstsein sich in den normativen Zusammenhängen und kann aus diesem Grund seinen Wissensanspruch, sich selbst aus der Partizipation an diesen Zusammenhängen heraus zu wissen, nicht umsetzen. Im Rechtszustand wird dieser Widerspruch nun dadurch überwunden, dass die Rechtsperson sich aus ihrem Anerkanntsein im Rahmen der rechtlichen Praxis heraus zu wissen beansprucht. Dieser Anspruch ist der Grundgedanke, den der Rechtszustand verfolgt.

Auch wenn dieser Grundgedanke eine wichtige Errungenschaft bedeutet, sieht sich auch die Wissenskonzeption des Rechtszustands mit Widersprüchen konfrontiert. Hegel kommentiert sie direkt nach dem Semikolon, mit dem das letzte Zitat endet, indem er schreibt: »aber sie [die Substantialität des Selbstbewusstseins] ist die *abstrakte Allgemeinheit*, weil ihr Inhalt *dieses spröde Selbst*, nicht das in der Substanz aufgelöste ist.« (371/355) Noch deutlicher wird er etwas später: »Dies leere Eins der Person ist daher in seiner *Realität* ein zufälliges Dasein und wesenloses Bewegen und Tun, welches zu keinem Bestand kommt.« (372/356 f.)

Die Widersprüche resultieren in dieser Konzeption also aus der Spannung zwischen der Abstraktheit der Gegenstandskonzeption und dem Anspruch, mit diesem solle das Wesen des Selbstbewusstseins gefasst werden. Wenn der Gegenstand nur der Status der Gleichheit vor dem Gesetz ist, dann manifestiert dieser Gegenstand nichts Konkretes derjenigen Personen, die diesen Status innehaben. Bezüglich dieses Status sind sie alle gleich. In einer solchen von allem Konkreten absehenden und in diesem Sinne abstrakten Gleichheit aber kann nicht das Wesen eines Selbstbewusstseins liegen, da das Wesen ja die spezifische Bestimmtheit des Selbstbewusstseins ausmachen soll. Die spezifische Bestimmtheit aber gilt in der Konzeption des Rechtszustands, wie Hegel kommentiert, als bloße Zufälligkeit. Was auch immer das Selbstbewusstsein genau tut und denkt, geht seinen Status als Rechtsperson nichts an. Die Idee dieses Status besteht ja gerade darin, von solchen Bestimmungen abzusehen. Aus diesem Grund kann der Wissensanspruch nicht eingelöst werden, das Wesen des Selbstbewusstseins zu fassen. Gefasst wird nur die leere Hülle eines solchen Wesens.

Trotz dieser negativen Einschätzung begreift Hegel den Rechtszustand wie gesagt als einen wichtigen Entwicklungsschritt. Die Wichtigkeit dieses Schrittes lässt sich folgendermaßen artikulieren: Für die sittliche Substanz ist es charakteristisch, dass Anerkennung letztlich nicht zustande kommt, da die einzelnen Mitglieder sittlicher Ordnungen sich nicht von diesen Ordnungen zu distanzieren vermögen. Genau eine solche Distanzierung wird nun durch den Rechtszustand realisiert. Derjenige, der den Status einer Rechtsperson hat, kann Rechte für sich einklagen. Er ist nicht unmittelbar an die Ordnung gebunden (welche auch immer dies sei), sondern hat prinzipiell einen Status inne, aus dem heraus er sich zu ihr verhalten kann. In Begriffen der Anerkennung gesagt: Jedes Individuum, das den Status der Rechtsperson hat, ist darin anerkannt, Rechte für sich geltend machen zu können. Anerkannt wird in dieser Weise sein Vermögen, sich von einer spezifischen normativen Ordnung zu distanzieren.

Diese positive Einschätzung ist aber zugleich mit einer negativen verbunden: Das Anerkanntsein des Individuums steht unter starken Bedingungen: Das Individuum kann ja nicht beliebige Rechte für sich geltend machen, sondern nur diejenigen, die in einer Gemeinschaft auch tatsächlich gelten. Es ist damit der »allgemeinen Macht der Wirklichkeit« (374/358) unterworfen, die die Rechte erlässt. Damit wiederholt sich, wie Hegel betont, abstrakt betrachtet, die Struktur des unglücklichen Bewusstseins (vgl. 374/359): Der Rechtszustand ist mit einem Bewusstsein der eigenen Substanzlosigkeit verbunden, das aus der Unterwerfung unter eine allgemeine Macht resultiert.

Von einer solchen allgemeinen Macht spricht Hegel hier in einer doppeldeutigen Art und Weise, nämlich zum einen im

Sinne der rechtssetzenden Staatsmacht und zum anderen im Sinne der Macht materieller Güter, also des Reichtums. Diese beiden Machtfaktoren (die in den weitergehenden Überlegungen des Geistkapitels noch eine größere Rolle spielen werden) hängen in dem Sinne zusammen, dass dem Recht wesentlich die Aufgabe zukommt, den Besitz des Einzelnen zu schützen.

In beiden Hinsichten nimmt die realisierte Anerkennung am Ende aber ein recht dürftiges Aussehen an: Sieht es eingangs so aus, als handele es sich um eine Anerkennung, die dem Einzelnen einen unbedingten Status zugesteht (er kann immer von sich aus Rechte für sich einklagen), so zeigt sich am Ende, dass die Anerkennung unter klaren Bedingungen steht: Das Individuum kann zwar von sich aus Rechte einklagen, aber dies nur unter der Bedingung, dass es sich zum einen an die Rechte hält, die von der rechtssetzenden Macht erlassen worden sind. Zum anderen bleibt das Individuum mit diesem Status rechtlicher Anerkennung gänzlich unbestimmt, so dass es gewissermaßen genötigt ist, sich durch materielle Güter zu bestimmen. Das begreift Hegel als ein Symptom der Substanzlosigkeit, die dem Konzept der Rechtsperson inhärent ist.

Der systematische Ertrag

Der erste Teil des Geistkapitels rekonstruiert den Ausgangspunkt einer Geschichte der Entwicklung von Typen und Formen von Praktiken im Rahmen menschlicher Gemeinschaften (als Grundlage einer angemessenen Wissenskonzeption), die Hegel im Geistkapitel und darüber hinaus entfaltet. In dieser Geschichte geht es um die Verwirklichung von Anerkennung (als eines wesentlichen Moments der Explikation eines Wissens vom Wissen), also um die Verwirklichung jener Struktur, die Hegel in einer kleinen, abstrakten Vorschau im Selbstbewusstseinskapitel bereits skizziert hat. Der Ausgangspunkt, den Hegel zeichnet, lässt sich in drei Stichworten rekapitulieren:

(a) Erstens ist für Anerkennung immer die Spannung wichtig, die in der sittlichen Substanz durch die Koexistenz von menschlichem und göttlichem Gesetz aufgelöst ist. Ich habe den Vorschlag gemacht, diese Spannung in Begriffen von bedingten und unbedingten Momenten in der Realisierung von Anerkennung zu fassen: Anerkennung kann nur dort realisiert werden, wo einzelne Individuen einerseits einen Spielraum haben, sich zu anderen zu verhalten, und andererseits an solche normativen Zusammenhänge gebunden sind, wie eine gemeinschaftliche Praxis sie ausprägt. Wie das Zerbrechen der sittlichen Substanz indirekt deutlich macht, reicht es nicht, diese beiden Dimensionen in einer Gemeinschaft additiv und damit äußerlich zu verbinden. Es gilt also zu verstehen, wie eine interne Verbindung unbedingter und bedingter Momente in der Realisierung von Anerkennung zustande kommt.

(b) Zweitens klärt Hegel, dass der besagte Spielraum eines einzelnen Individuums mit seiner Fähigkeit zusammenhängt, sich von normativen Zusammenhängen distanzieren zu können. Individuen, die sich anerkennen, sind in der Lage, normative Ansprüche und damit auch Unterschiede zwischen ihnen als solche zu thematisieren. Anders gesagt: Sie sind in der Lage zu reflektieren, was Anerkennung verdient und was nicht. Oder noch einmal mit Bezug auf Wissen gesagt: Sie sind in der Lage zu reflektieren, was tatsächlich Wissen ist und was nicht. Es muss verständlich werden, wie die entsprechenden Reflexionsvermögen zustande kommen und wie sie zu begreifen sind.

(c) Mit dem Rekurs auf die *Antigone*-Tragödie wird noch ein dritter Aspekt verständlich: Eine Reflexion über das Anerkennenswerte ist besonders dort entscheidend, wo Konflikte ausgetragen werden müssen. Antigone und Kreon scheitern an der Kollision der beiden normativen Ordnungen, denen sie angehören, da sie nicht auf die unterschiedlichen Ansprüche, die diese Ordnungen an sie stellen, zu reflektieren vermögen. Sie können sich aus diesem Grund nicht wechselseitig anerkennen. Für die Realisierung von Anerkennung wird damit die Fähigkeit, Konflikte auszutragen, zu einem wichtigen Prüfstein. Hegel muss im Folgenden klären, worin diese Fähigkeit besteht und welche Bedeutung ihr Erwerb für ein gelingendes Anerkennungsgeschehen hat.

VI. Geist, zweiter Teil: Die Bildung

Überblick

Der zweite Teil des Geistkapitels hat einen transitorischen Charakter. Mehr noch als beim ersten Teil des Kapitels ist hier die Verlockung groß, Hegel weitestgehend mit historischen Zusammenhängen als solchen befasst zu sehen. Er spricht vom Mittelalter, von der Aufklärung und von der Französischen Revolution: Hegel suggeriert so, es gehe ihm um den Verlauf der Geschichte und um einen kulturkritischen Kommentar zum modernen Denken. Dies aber widerspricht dem Anspruch des Buches: Dessen Anspruch besteht ja, wie bereits betont, nicht darin, eine rationale Rekonstruktion von Geschichte im Sinne einer philosophischen Explikation historischer Ereignisse zu liefern, sondern das erscheinende Wissen zu behandeln, also zu klären, was eine zufriedenstellende Wissenskonzeption ausmacht. Kurz gesagt: Hegels Ansprüche sind dort, wo er Historisches behandelt, immer zugleich systematischer Natur. Dies gilt es gerade bei der Lektüre des zweiten Teils im Geistkapitel immer im Kopf zu behalten.

Das Ziel des Kapitels in historisch-systematischer Absicht haben wir bereits im Ansatz klären können. Es besteht darin, Weiterentwicklungen von Typen und Formen von Praktiken zu verfolgen, die erforderlich sind, um zu einem gelingenden Anerkennungsgeschehen und damit zu einem selbstbewussten Wissen zu gelangen. Oder anders gesagt: Es besteht darin, Elemente von Praktiken zu klären, die dazu führen, dass die Tragödie im Sittlichen sich nicht wiederholt. Damit steht in diesem Teil eine Frage im Zentrum: Wie kann ein einzelnes Individuum im Rahmen einer gemeinschaftlichen Praxis in die Lage versetzt werden, sich zu den in der Praxis verwirklichten

Normen und damit auch zu anderen Mitgliedern dieser Praxis, die diesen Normen folgen, zu verhalten? Hegel antwortet auf diese Frage mit zwei Begriffen, die beide bereits im Titel dieses Teils auftauchen, nämlich mit den Begriffen der Bildung und der Entfremdung. Die Einführung dieser Begriffe ist überraschend. Den Begriff der Bildung gebrauchen wir normalerweise dort, wo es um die Entwicklung einzelner Individuen zu vollen Mitgliedern einer Praxis geht. Hegel gebraucht ihn aber für die Entwicklung von Praktiken insgesamt. Noch überraschender ist die Einführung des Entfremdungsbegriffs, da dieser erst einmal negativ klingt.[1] Hegel aber hat ein letztlich positives Verständnis von Entfremdung (was nicht heißt, dass er nicht auch problematische Aspekte von Entfremdung thematisieren würde): Entfremdung ist ihm zufolge eine produktive Kraft für die Entwicklung der Eigenständigkeit von Individuen im Rahmen einer gemeinschaftlichen Praxis.[2] Damit deutet sich bereits das große Thema des zweiten Teils an. Es geht in ihm um den Begriff der Freiheit, der am Ende des Teils auch dezidiert in der Überschrift des dritten Abschnitts auftaucht.

1 Diese negative Besetzung des Begriffes ist besonders von Rousseau her zu verstehen. Vgl. z. B. Jean-Jacques Rousseau, *Abhandlung über den Ursprung und die Grundlagen der Ungleichheit unter den Menschen*, Stuttgart 1998; dazu vgl. Frederick Neuhouser, *Pathologien der Selbstliebe: Freiheit und Anerkennung bei Rousseau*, Berlin 2012, S. 118–122.

2 Zwar wird von vielen Interpretationen bemerkt, dass Hegel ein positives Verständnis von Entfremdung hat (vgl. z. B. Siep 2002, S. 189). Es wird aber nicht systematisch ausbuchstabiert, worin die positive Bedeutung von Entfremdung für die von Hegel am Ende thematisierte Versöhnung besteht, so dass immer wieder unterstellt wird, im Zustand der Versöhnung sei Entfremdung dann überwunden (vgl. hierzu z. B. Pinkard 2008, S. 336). Damit aber wird Hegels positives Verständnis von Entfremdung unverständlich.

Der zweite Teil des Geistkapitels ist insgesamt als eine Reflexion von Freiheit als einem notwendigen Moment einer Wissenskonzeption zu verstehen. Freiheit wird dabei weder als Selbstständigkeit (also nicht im Sinne des Wissensanspruchs, der im Selbstbewusstseinskapitel verfolgt wird) noch als Selbstbestimmung verstanden (also auch nicht im Sinne des Wissensanspruchs, der das Vernunftkapitel prägt). Sie gilt vielmehr als ein positiver Status, den einzelne Individuen nur im Rahmen einer gemeinschaftlichen Praxis erlangen können. Hegel will, als eine Lektion aus den Widersprüchen in der sittlichen Substanz, diesen Status in seinen Voraussetzungen aufklären. Seine Erläuterungen haben dabei zwei Seiten:

Auf der einen Seite vollzieht er in den genannten Begriffen der Bildung und der Entfremdung nach, wie Freiheit konstituiert ist. Er verfolgt die für diese Konstitution relevanten Elemente der Praxis.

Auf der anderen Seite betrachtet er, mit welchen Fehlentwicklungen die Idee der Freiheit in ihr Gegenteil verkehrt wird. Sofern im Rahmen einer gesellschaftlichen Praxis allein der Anspruch auf Freiheit verfolgt wird, verliert diese jeden Halt. So endet der Teil mit einer negativen Einsicht: Dort, wo Freiheit um ihrer selbst willen verfolgt wird, kommt sie gerade nicht zustande.

Probleme der Interpretation

Der zweite Teil des Geistkapitels wirft vier zentrale Fragen der Interpretation auf:

(a) Hegel erläutert die Welt der Bildung als eine Welt, in der zwei Ordnungen in Konkurrenz zueinander stehen. Auf der einen Seite steht zum Beispiel die Ordnung der Staatsmacht, auf der anderen Seite die Privatwirtschaft – auf der einen Seite steht die Ordnung des Edelmuts, auf der anderen Seite die Ordnung der Niedertracht. In welchem Sinn sind diese Oppositionen und Konkurrenzen wesentlich für den Gedanken der Bildung?

(b) Mit der Entwicklung von Praktiken, die Hegel im zweiten Teil des Geistkapitels verfolgt, kommt eine Praxis in den Blick, die bislang in dem Text zwar am Rande immer wieder aufgetaucht ist, aber noch nicht als solche thematisch wurde: Es geht um die Sprache. Welche Rolle spielen die Sprache und insbesondere das Urteilen für die Entwicklungen von Praktiken, die Hegel hier verfolgt? Welche Bedeutung hat sprachliches Urteilen für die Konstitution von Freiheit?

(c) Hegels Erläuterungen der Aufklärung und ihrer Konsequenzen rücken die Moderne als solche in den Blick. Hegel eröffnet damit die Diskussion um ein Thema, das, wie wir bereits mehrfach gesehen haben, im Zentrum seiner Philosophie steht: nämlich die Theorie der Moderne. Welche Bedeutung haben die Moderne beziehungsweise Modernität im Rahmen der Entwicklung, die er hier verfolgt? Inwiefern haben sie eine konstitutive Relevanz für die Eigenständigkeit des einzelnen Individuums im Rahmen einer gemeinschaftlichen Praxis?

(d) Die vierte Frage bezieht sich nicht alleine auf Aspekte des hier kommentierten Teils, sondern auf den Zusammenhang, in dem die hier entfalteten Wissenskonzeptionen mit denen aus dem Vernunftkapitel stehen. Die Verwandtschaften zwischen den im Vernunftkapitel diskutierten Wissenskonzeptionen und den hier diskutierten Konzeptionen sind offensichtlich: Jeweils spielen das Verhältnis von rationaler Einsicht und Glauben, von Eigennutz und Gemeinschaftssinn und nicht zuletzt von Gesetzgebung und Gesetzprüfung eine entscheidende Rolle. Warum kommt es zu diesen Verwandtschaften, und wie unterscheiden sich die Wissensansprüche der Vernunft von denen, die im Rahmen der Bildung und der Aufklärung verfolgt werden?

Detaillierter Kommentar

Hegel beginnt den Teil mit einigen kurzen Überlegungen zum entfremdeten Bewusstsein im Allgemeinen. In knappen Formulierungen umreißt er die neue Bewusstseinsgestalt, die den Widerspruch des Rechtszustands aufhebt. Letzterer bestand zwischen der Abstraktheit der Konzeption selbstbewusster Personalität und dem Anspruch, mit diesem Konzept das Wesen des Selbstbewusstseins zu fassen. Um diesen Widerspruch produktiv zu machen, muss das Selbstbewusstsein sein Wesen gegenüber der Realität behaupten. Wenn die Realität, wie im Rechtszustand, einfach in der Form selbstbewusster Individuen gestaltet ist, dann geht das Selbstbewusstsein in der Realität unter. Entgegen seinem Anspruch zeigt es sich letztlich als unwesentlich. Genau dieses Scheitern an dem im Rechtszustand verfolgten Anspruch soll in der neuen Bewusstseinsgestalt aufgehoben werden. Dies geschieht dadurch, dass das Selbstbewusstsein sich nicht weiter in seiner *Form* als wesentlich zu zeigen versucht, sondern vielmehr in seinem *Inhalt*: Das Selbstbewusstsein entwickelt eigene Auffassungen von der sittlichen Wirklichkeit. Hegel erläutert die Gestalt, die sich auf diese Weise ergibt, folgendermaßen.

> Die Substanz ist auf diese Weise *Geist*, selbstbewusste *Einheit* des Selbsts und des Wesens, aber beides hat auch die Bedeutung der Entfremdung füreinander. Er ist *Bewusstsein*

> einer für sich freien gegenständlichen Wirklichkeit; diesem Bewusstsein aber steht jene Einheit des Selbst und des Wesens gegenüber, dem *wirklichen* das *reine Bewusstsein.* (376/360)

Charakteristisch für den sich entfremdenden Geist ist eine Unterscheidung des Bewusstseins, die Hegel hier als Unterscheidung zwischen dem »wirklichen« und dem »reinen Bewusstsein« charakterisiert. Dabei spreche ich nicht von einer Unterscheidung in dem Sinne, dass das Bewusstsein sich der Wirklichkeit einfach entgegensetzen würde (wie dies im Selbstbewusstseinskapitel und in gewisser Weise auch in einigen Gestalten des Vernunftkapitels der Fall war). Das Bewusstsein weiß sich mit der Wirklichkeit verbunden, allerdings mit einer in sich gedoppelten Wirklichkeit. Die Wirklichkeit ist für den sich entfremdenden Geist von Entgegensetzungen geprägt, die das Bewusstsein gerade aus seiner Verbindung mit dieser Wirklichkeit mit hervorbringt. Dies leistet das Bewusstsein dadurch, dass es sich bildet. Es entwickelt Vorstellungen der Wirklichkeit, mit denen diese sich als besser erweisen soll, als sie ist. Von Bildung spricht Hegel also in dem Sinne, dass Vorstellungen einer besseren Welt entwickelt werden, und zwar nicht im Sinne eines haltlosen Idealismus, sondern im Sinne einer realen Verbesserung sittlicher Praxis. Was »Bildung« hier bedeutet, kann man entsprechend auch so erläutern: Bildung ist derjenige Prozess, in dem das Selbstbewusstsein von einer die Wirklichkeit prägenden normativen Ordnung, die nicht zufriedenstellen kann, zu einer besseren normativen Ordnung übergeht und diese zu realisieren sucht. Damit ist Bildung ein Bewusstsein zweier normativer Ordnungen beziehungsweise Wirklichkeiten und insofern »wirkliches« und »reines Bewusstsein« zugleich. Dies gilt es bei der Auseinandersetzung mit diesem Teil durchweg im Auge zu behalten.

Hegel kündigt zugleich an, dass er in dem langen Teil (der zweite Teil des Geistkapitels ist deutlich länger als seine beiden anderen Teile) verfolgen wird, dass das Bewusstsein zweier Wirklichkeiten seinen Anspruch nicht erfüllt, das Wesen des Selbstbewusstseins zu sein. Solange das entfremdete Bewusstsein seine Entfremdung dadurch realisiert, dass es normative Ordnungen durch Bezugnahme auf andere solche Ordnungen relativiert (und dies ist in all den Gestalten, die der zweite Teil des Kapitels bespricht, der Fall), verliert das Bewusstsein zunehmend an Halt, da die normativen Ordnungen sich nur gegenseitig relativieren. Die Idee der Bildung als einer Überschreitung der Wirklichkeit zur besseren Wirklichkeit hin zerstört diese letztlich.

I. Die Welt des sich entfremdeten Geistes

In den wenigen Sätzen, mit denen Hegel den ersten Großabschnitt des Teils eröffnet, deutet er einen Zusammenhang an, der ihn in den weiteren Abschnitten des Teils beschäftigt (der also nicht allein die Überlegungen des ersten Großabschnitts betrifft): Der Übergang zu einer besseren Wirklichkeit geschieht durch Glauben und Begriff zugleich: Bildung ist eine Art und Weise, sich über die Gegenwart zu erheben. Diese Erhebung ist immer mit der Haltung verbunden, an das Bessere zu glauben und so das Schlechtere zu fliehen. Zugleich geschieht die Erhebung dadurch, dass das Bessere verstanden wird. Aus diesem Grund ist der Glaube an das Bessere immer mit begrifflicher Arbeit verbunden: mit einer begrifflichen Durchdringung der Wirklichkeit daraufhin, wie sie zum Besseren zu entwickeln ist. In der Bildung hängt beides zusammen: der Glaube an das Bessere und seine begriffliche Artikulation.

a. Die Bildung und ihr Reich der Wirklichkeit

In dem ersten, besonders langen Abschnitt konkretisiert Hegel diese abstrakten Grundbestimmungen der Bildung unter Rekurs auf eine Konstellation, die er mit den Begriffen »Herrschaft und Reichtum« (385/368) charakterisiert. Diese Konstellation ist uns im Rechtszustand schon begegnet, jedoch in einer undifferenzierten Art und Weise. Einem Bewusstsein zweier Wirklichkeiten wird es nun möglich, zwischen der Staatsmacht und der Privatwirtschaft gerade in dem Sinne zu differenzieren, dass dadurch Prozesse der Bildung initiiert werden. In der für die Entwicklung von Praktiken in einer Gemeinschaft grundlegenden Konstellation von »Herrschaft und Reichtum« stehen sich zwei unterschiedliche normative Ordnungen gegenüber, die in einem Gemeinwesen als Orientierung dienen können. Da es sich um unterschiedliche Ordnungen handelt, können Individuen in Bezug auf sie einen Übergang von einer schlechteren zu einer besseren Wirklichkeit entwickeln. Herrschaft und Reichtum gelten dabei als Erscheinungsweisen zweier gegenläufiger Haltungen, die Individuen in und zu einem Gemeinwesen einnehmen können: Sie können sich zum einen eigennützig verhalten, zum anderen können sie sich für das Gemeinwohl engagieren.

Diese beiden Haltungen sind wichtig für Hegels Überlegungen mit Blick auf die Beantwortung der Frage, wie Praktiken entwickelt werden müssen, damit eine Praxis gelingender Anerkennung und damit eine Praxis selbstbewussten Wissens zustande kommt. Hinsichtlich der Stellung von Individuen innerhalb eines Gemeinwesens drückt sich die Spannung von bedingter und unbedingter Anerkennung in der Divergenz von Eigennutzorientierung und Gemeinwohlorientierung aus. Eigennutzorientierung stellt eine Haltung dar, in der ein Individuum im Sinne seiner eigenen Interessen handelt. Diese Perspektive bedingt, was es tut und als wer es gelten will. Immer dann, wenn andere das Individuum in seinem Eigennutz bestätigen, kommt es insofern zu einer bedingten Anerkennung. Anders ist dies bei der Gemeinwohlorientierung, die gerade die Überwindung der spezifischen Perspektive des Individuums voraussetzt, so dass dasjenige verfolgt wird, was allgemein zu tun das Richtige ist. In diesem Fall ist das Individuum nicht durch seine eigene Perspektive bedingt. Es verdient so in seinem Handeln unbedingte Anerkennung.

Stellt man diesen Zusammenhang mit der im ersten Teil des Kapitels entwickelten Struktur von Anerkennung in Rechnung, wird deutlich, worum es Hegel in der grundlegenden Konstellation geht, die er behandelt: Es geht ihm um Haltungen, die ausgebildet und kultiviert werden müssen, damit die für Anerkennung erforderliche Spannung zustande kommt. Auch wenn Hegel in der Folge zeigen wird, dass die Konstellation ihrem eigenen Anspruch, zu einer besseren Wirklichkeit zu führen, nicht gerecht werden kann, so ist er doch so zu verstehen, dass sie für die Entwicklung von gesellschaftlichen Strukturen als einer Basis von Wissenspraktiken unerlässlich ist. Unerlässlich ist es, dass Einzelne sich für das, was sie für sich verfolgen, bedingte Anerkennung verdienen, und dass sie für all ihr Tun, in dem sie von sich absehen und also um Allgemeinheit bemüht sind, unbedingte Anerkennung verdienen.

Das Bewusstsein der beiden normativen Ordnungen von Herrschaft und Reichtum hängt aus Hegels Perspektive mit einer entscheidenden Entwicklung von Praktiken zusammen, nämlich mit der Entwicklung sprachlicher Praktiken. Hegel erklärt die Relevanz dieser Praktiken unter Rekurs auf die Grundstruktur von Entfremdung: Es handelt sich um die Struktur, das Gute gegen das Schlechte zu stellen. Diese Struktur wird durch die exemplarische Konstellation konkretisiert: Dem ersten Augenschein nach ist der Reichtum das Schlechte und die Herrschaft das Gute.

Das entfremdete Bewusstsein nimmt entsprechende Wertungen vor, indem es urteilt. Entsprechend heißt es in Hegels Analyse: »Das Selbstbewusstsein ist aber ferner die Beziehung seines reinen Bewusstseins auf sein wirkliches, des Gedachten auf das gegenständliche Wesen, es ist wesentlich das *Urteil.*« (385/369) Das entfremdete Bewusstsein konstituiert sich durch Sprache.[3] Der Unterschied zwischen der Wirklichkeit, die schlecht ist, und derjenigen, die Besseres verspricht, wird in Urteilen getroffen – und diese sind sprachlich verfasst. Bildung kommt dadurch zustande, dass etwas gegenüber etwas anderem als besser erachtet wird. Das selbstlose Engagement für das Gemeinwohl ist gut als etwas, das es im Gegensatz zum eigennützigen Verhalten zu erstreben gilt. Das Gute muss als solches beurteilt werden. Das Urteil führt die trennenden Unterscheidungen ein, durch die die Wirklichkeit aufgeteilt wird. Das reine Bewusstsein entfremdet sich urteilend von dem wirklichen Bewusstsein. Hegel sagt dabei in aller Deutlichkeit, dass Sprache in dieser Bewusstseinsgestalt ihre spezifische Bedeutung und Produktivität zeigt.

> Diese Entfremdung aber geschieht allein in der *Sprache*, welche hier in ihrer eigentümlichen Bedeutung auftritt. – In der Welt der Sittlichkeit *Gesetz* und *Befehl*, in der Welt der Wirklichkeit erst *Rat*, hat sie das *Wesen* zum Inhalte, und ist dessen Form; hier aber erhält sie die Form, welche sie ist, selbst zum Inhalte, und gilt als *Sprache*; es ist die Kraft des Sprechens als eines solchen, welche das ausführt, was auszuführen ist. (392/376)

Sprache hat in dieser Bewusstseinsgestalt nicht eine primär repräsentationale Funktion. Sie verdoppelt nicht die Wirklich-

3 Vgl. hierzu besonders Hyppolite 1979, S. 409–417.

keit, sondern greift in sie ein, indem sie die Idee einer besseren Welt in Entgegensetzung zur Wirklichkeit entwickelt. Das Aussprechen hat eine eigene Kraft: Mittels dieser Kraft wird das Gute als ein eigener normativer Zusammenhang etabliert, der gegen den die Wirklichkeit bestimmenden normativen Zusammenhang gestellt wird. Das entfremdete Bewusstsein ist so ein Bewusstsein, das aus seinem Urteil über die normativen Zusammenhänge der Wirklichkeit heraus eine normative Ordnung verfolgt, die Besseres verspricht.

Diese Kraft der Sprache ist allerdings nicht auf ein bestimmtes Verständnis von Wirklichkeit und der dieser korrespondierenden besseren Welt beschränkt. In der Einschätzung von Reichtum und Herrschaft können sich die Vorzeichen jederzeit in ihr Gegenteil verkehren. So kann die Herrschaft aufgrund ihrer Orientierung am Gemeinwohl ebenso als gut eingeschätzt werden, wie sie als Repressionsmacht gegenüber den Entwicklungen von Einzelnen als schlecht erachtet werden kann. Die Entfremdung zeigt sich auf diese Weise als eine offene Struktur, die nicht auf bestimmte Verständnisse festgelegt werden kann. Was als gut gilt, kann im nächsten Moment als schlecht beurteilt werden. Keine Norm ist davor geschützt, im Namen unterschiedener Seiten und Interessen in Stellung gebracht zu werden.

Mit der sprachlichen Einschätzung dessen, was gut und was schlecht ist, hängt eine andere Beurteilung zusammen: Gemeint ist die Beurteilung derjenigen Haltungen, die sich entweder auf das Gute oder das Schlechte richten. Für diese Beurteilung führt Hegel zwei markante Begriffe ein. Eine dem Guten zugewandte Haltung wird demnach als »edelmütig«; eine dem Schlechten zugewandte als »niederträchtig« bezeichnet. Die Einschätzung von Haltungen basiert wie auch die Einschätzung normativer Ordnungen auf der Kraft der Sprache. Der Edelmütige hat sich dem Guten verschrieben; der Niederträchtige dem Schlechten. Insofern sieht es so aus, dass die beiden Haltungen sich zumindest strukturell klar voneinander unterscheiden lassen. Dies aber ist doch nicht der Fall. So kann es zum Beispiel sein, dass das Edelmütige deswegen als niederträchtig angesehen wird, weil seine Tätigkeit für das Gemeinwohl aus eigennützigen Motiven geschieht. Oder abstrakter gesagt: Es kann sein, dass eine am Guten orientierte Haltung sich wegen eigennütziger Motive als niederträchtig erweist – im Sinne des Selbstmarketing-Slogans »Tue Gutes und rede darüber«. Die Haltungen von Edelmut und Niedertracht sind deshalb in keiner Hinsicht stabil. Sie können in unbegrenzter Weise ineinander umschlagen.

Hegel führt hierfür den Begriff der »Verkehrung« (382/366) ein. Es ist charakteristisch für das entfremdete Bewusstsein, dass es sich gewissermaßen immer wieder gegen sich selbst zu wenden vermag. Die normativen Ordnungen, im Namen deren es andere Ordnungen als schlecht einschätzt, erweisen sich als austauschbar. Nichts an diesen Ordnungen ist an sich gut. Das Wesen des entfremdeten Bewusstseins besteht also nicht darin, das Gute zu erkennen beziehungsweise edelmütig zu sein. Es liegt vielmehr darin, sich von Ordnungen freimachen zu können. Insofern handelt es sich um eine Verkehrung:

> Er ist diese absolute und allgemeine Verkehrung und Entfremdung der Wirklichkeit und des Gedankens; die *reine Bildung*. Was in dieser Welt erfahren wird, ist, dass weder die *wirklichen Wesen* der Macht und des Reichtums noch ihre bestimmten *Begriffe*, Gut und Schlecht, oder das Bewusstsein des Guten und Schlechten, das edelmütige und niederträchtige Wahrheit haben; sondern alle diese Momente verkehren sich vielmehr eins im andern, und jedes ist das Gegenteil seiner selbst. (402/385)

Die »reine Bildung«, von der Hegel hier spricht, besteht in der Erfahrung, dass keine Ordnung aus sich heraus dem sich bildenden Selbstbewusstsein Wahrheit garantiert. Jede Ordnung, die das Gute zu verbürgen scheint, kann immer noch einmal anders perspektiviert werden. Dies gilt ebenso für die Beurteilungen der Haltungen des Edelmuts und der Niedertracht, die immer wieder revidiert werden können.[4] Die »reine Bildung« macht aus, dass Ordnungen immer wieder im Namen anderer Ordnungen kritisiert werden können. Damit erweist Entfremdung sich als die Struktur, die sie für Hegel ist, das heißt als eine Struktur der Freiheit. Die Wichtigkeit der Entfremdung liegt darin, dass sie Distanz von einzelnen normativen Ordnungen und damit Freiheit eröffnet. Nur lässt diese Freiheit, so Hegels Diagnose, sich in der reinen Bildung nicht stabilisieren. Die durch Entfremdung konstituierte Distanz ist also noch nicht so entwickelt, dass einzelne Individuen tatsächlich einen freien Standpunkt gegenüber normativen Ordnungen einnehmen könnten. Sie sind hier aus Hegels Sicht aber auf dem Weg zu einer solchen Position.

Dieses Zwischenergebnis will ich noch einmal mit Bezug auf den Begriff der Anerkennung fassen: Das entfremdete Bewusstsein sucht der bedingten Anerkennung, die die normative Wirklichkeit verspricht, eine mit unbedingter Anerkennung verbundene Ordnung gegenüberzustellen. Dieser Anspruch aber scheitert deshalb, weil jede Ordnung sich als eine solche perspektivieren lässt, die das Verhalten derjenigen, die sich ihr unterordnen, bedingt. Keine Ordnung ist aus sich her-

4 Insofern ist Brandoms Interpretation, der »edelmütig« und »niederträchtig« als »meta-attitudes towards norms« (Brandom 2019, 13. Kap.) charakterisiert, problematisch, da Hegel ja gerade argumentiert, dass auch diese Haltungen sich nicht auf einer Metaebene stabilisieren lassen, sondern wie alle Haltungen der Verkehrung unterworfen sind.

aus gut und begründet so eine unbedingte Wertschätzung derer, die sich innerhalb ihrer bewegen. Keine Ordnung kann aus sich heraus einen Standpunkt der Freiheit begründen.

In Sachen unbedingter Anerkennung und Freiheit folgt daraus für Hegel, dass beide gerade nicht auf der Basis der Bindung an Ordnungen (in der Entgegensetzung zu anderen Ordnungen) gewonnen werden können. Es muss vielmehr eine prinzipielle Distanz zu Ordnungen überhaupt begründet werden, um ein unbedingtes Moment in Beziehungen der Anerkennung und damit Freiheit zu realisieren. An diesem Punkt von Hegels Rekonstruktion einer Entwicklung von Praxis ist aber noch nicht absehbar, wie dies geschehen kann.

b. Der Glaube und die reine Einsicht

Der grundlegende Widerspruch des entfremdeten Bewusstseins besteht darin, dass sein Anspruch, sich unter Rekurs auf eine bessere normative Ordnung in seinem Wesen (als freies Selbstbewusstsein) zu zeigen, scheitert, und zwar aus dem Grund, weil jede Ordnung sich aus einer neuen Perspektive als schlecht begreifen lässt. Dass alles Gute hier immer nur relativ verfasst ist, bedeutet, dass der Anspruch verfehlt wird, durch die Orientierung am Guten Allgemeinheit zu erreichen, also eine Haltung zu realisieren, die unbedingte Anerkennung verdient. Auf diese Weise lernt das Bewusstsein, dass um der Einlösung der eigenen Wissensansprüche willen das Gute festgehalten werden muss: Es muss so gewusst werden, dass es nicht relativiert werden kann. Die erste Bewegung, die auf diese Erfahrung folgt, begründet eine Bewusstseinsgestalt, die das Gute gedanklich in absoluter Weise zu fassen sucht. Hegel nennt sie »der Glaube und die reine Einsicht«: Glaube und reine Einsicht sind gedankliche normative Ordnungen, die als solche das Wesen des Selbstbewusstseins im Rahmen eines sittlich verfassten Gemeinwesens begründen sollen. Dabei ist es für die Ordnungen, die normative Orientierung bieten sollen, entscheidend, ausgesprochen und so im Rahmen einer normativ verfassten Wirklichkeit geteilt zu werden. Der Anspruch der Bewusstseinsgestalt besteht also darin, Festigkeit in Bezug auf das Gute dadurch zu realisieren, dass dieses im Sinne einer in einer Gemeinschaft mit anderen geteilten gedanklichen Grundorientierung gefasst wird.

Glaube und reine Einsicht sind aus Hegels Sicht zwei Varianten, in denen die Bewusstseinsgestalt auftreten kann: Zum einen kann das Bewusstsein religiöse Vorstellungen zur Begründung einer stabilen gedanklichen normativen Ordnung heranziehen. Zum anderen ist dies auf der Basis von Begriffen möglich, wobei diese Begriffe letztlich Begriffe des Guten sind. Hegel interessiert sich für den grundlegenden Zusammenhang dieser beiden Formen, behauptet also, dass sie nur oberflächlich im Widerspruch zueinander stehen.[5] Wer aus dem Glauben normative Orientierungen schöpft, der stellt den wirklichen normativen Zusammenhängen eigene gedanklich gefasste Zusammenhänge entgegen. Dies wird in der reinen Einsicht deutlich, die das, was der Glaube an sich realisiert, auch für sich ist. Entsprechend schreibt Hegel:

> Was die reine Einsicht an und für sich ist, haben wir gesehen; wie der Glaube das ruhige reine *Bewusstsein* des Geistes, als des *Wesens*, so ist sie das *Selbst*bewusstsein dessel-

5 Insofern kann man mit Jean Hyppolite und Terry Pinkard sagen, dass Hegel sich auf die Seite des Glaubens schlägt (Hyppolite 1979, S. 435–452; Pinkard 2008, S. 179). Hegel vertritt jedoch nicht die These, dass der Glaube Entfremdung zu stabilisieren vermag, so dass er hier eher so verstanden werden kann, dass eine Aufhebung des Widerspruchs von Glauben und reiner Einsicht zu einem angemesseneren Verständnis von Religion führt.

ben; sie weiß das Wesen daher nicht als *Wesen*, sondern als absolutes *Selbst*. (414/397)

Die reine Einsicht steht damit für eine besondere Form der Bildung, nämlich für eine Bildung in der Form des eigenen Wesens. Gedanken sind wesentlich begrifflich. Als solche sind sie auch bereits im Glauben realisiert, allerdings unabhängig von der Form des Selbstbewusstseins, dem sie Stabilität geben sollen. Die reine Einsicht stellt nun hier den Zusammenhang her, der an sich bereits im Glauben besteht: Gedanken unterstehen in ihrer begrifflichen Struktur der Form des Selbst. Die Form des Selbst ist die Selbstbestimmtheit im Denken, also all das, was im Vernunftkapitel behandelt wurde, oder kurz gesagt: die Vernunft. Die reine Einsicht ist eine Wissenskonzeption, die aus der eigenen Vernünftigkeit heraus eine Ordnung des Guten begründet, die den normativen Zusammenhängen der Wirklichkeit entgegengestellt wird. Dabei geht diese Konzeption über die Widersprüche der Vernunft insofern hinaus, als sie neben ihrer Orientierung am gedanklich gefassten Guten auch ein Bewusstsein der in der Welt realisierten normativen Ordnung und ihrer Widerstände für die Realisierung des Guten ist (als ein Bewusstsein zweier Wirklichkeiten).

Trotzdem verfängt die Konzeption der reinen Einsicht sich auch ihrerseits in einem Widerspruch, wie er bereits das entfremdete Bewusstsein über sich hinaus getrieben hat (aus diesem Grund handelt es sich nach Hegels Verständnis um eine Gestalt, die der Welt des sich entfremdeten Geistes angehört): Die normative Orientierung am Guten erweist sich als instabil. Vernünftigkeit allein ist keine solche Orientierung. Es handelt sich hier vielmehr nur um die Form der Selbstbestimmtheit in Bezug auf alle wesentlichen Orientierungen im Rahmen eines sittlichen Gemeinwesens. Worin aber diese wesentlichen Orientierungen bestehen, wird durch den Rekurs auf die Form der Vernünftigkeit nicht geklärt. Die Bewusstseinsgestalt, die sich an einer gedanklich gefassten normativen Ordnung stabilisieren will, scheitert, da eine solche Ordnung sich nicht aus sich heraus stabilisieren lässt.

II. Die Aufklärung

Dies führt zu einer Wissenskonzeption, die Hegel die Aufklärung nennt und die neben dem entfremdeten Bewusstsein den zweiten großen Schwerpunkt in dem Teil ausmacht, mit dem wir gerade befasst sind. Aufklärung ist eine Wissenskonzeption, die sich in der Konfrontation mit anderen normativen Ordnungen ausbildet und die insofern diesen anderen Ordnungen nicht einfach eigene Ordnungen entgegensetzt, sondern eine eigene Ordnung aus den Defiziten der anderen Ordnungen heraus zu entwickeln sucht. Die Aufklärung zieht insofern Konsequenzen aus dem Widerspruch, von dem die reine Einsicht geprägt ist. Die reine Einsicht macht die Erfahrung, dass die alleinige Berufung auf Vernünftigkeit keine Klärung erlaubt, was das Gute ist. Aus diesem Grund soll eine solche Klärung im Rahmen der neuen Bewusstseinsgestalt dadurch realisiert werden, dass normative Ordnungen in ihren Defiziten analysiert und durch diese Analyse bessere Ordnungen begründet werden. Der Anspruch der Aufklärung besteht also darin, aus der Kritik an dem heraus, was nicht vernünftig ist, eine Orientierung an einem durch Vernunft gefassten Guten zu gewinnen. Mit diesem Anspruch realisiert die Aufklärung eine moderne Variante der Entfremdung.

a. Der Kampf der Aufklärung mit dem Aberglauben

Nach Kants berühmtem Diktum ist Aufklärung der »Ausgang des Menschen aus der selbstverschuldeten Unmündigkeit«.[6] Hegel begreift diese Bewusstseinsgestalt als eine Weiterentwicklung des entfremdeten Bewusstseins. Bildung wird hier nicht dadurch realisiert, dass man sich auf die Seite des Guten schlägt, sondern dadurch dass man die Schlechtigkeit des Schlechten offenlegt. Entsprechend charakterisiert er die Aufklärung zu Beginn des Abschnitts:

> Sie weiß den Glauben als das ihr, der Vernunft und Wahrheit, Entgegengesetzte. Wie er ihr im Allgemeinen ein Gewebe von Aberglauben, Vorurteilen und Irrtümern ist, so organisiert sich ihr weiter das Bewusstsein dieses Inhalts als in ein Reich des Irrtums, worin die falsche Einsicht einmal als die *allgemeine Masse* des Bewusstseins, unmittelbar, unbefangen und ohne Reflexion in sich selbst ist, aber das Moment der Reflexion in sich oder des Selbstbewusstseins, getrennt von der Unbefangenheit, auch an ihr hat, als eine im Hintergrunde für sich bleibende Einsicht und böse Absicht, von welcher jenes betört wird. (418 f./401)

Kurz gesagt: Aufklärung wendet sich gegen die Unmündigkeit eines Bewusstseins, das sich unbefangen einer normativen Ordnung verschreibt, die ihrerseits einem Kalkül von Herrschaft unterliegt und insofern als schlecht zu verurteilen ist. Aufklärung realisiert ihre Kritik an Unmündigkeit auf diese Weise als Herrschaftskritik. Der Anspruch der Aufklärung besteht darin, jede fremdgesetzte Ordnung zu überwinden und dadurch eine Ordnung zu etablieren, die allein aus dem selbst-

6 Immanuel Kant, »Was ist Aufklärung?«, in: I. K., *Werkausgabe*, Frankfurt a. M. 1977, Bd. XI.1, S. 53–61.

bewussten Vermögen der Kritik des Schlechten gewonnen wird. Die Kritik richtet sich gegen all diejenigen gedanklichen Ordnungen, in denen Menschen als unfrei zu begreifen sind und die sich insofern als »Aberglaube« denunzieren lassen.

Mit ihren kritischen Zielen verstrickt die Aufklärung sich nach Hegels Verständnis jedoch in tiefgreifende Widersprüche: Das Zentrum dieser Widersprüche liegt darin, dass die Aufklärung dadurch sichere Orientierung gewinnen will, dass sie sich negativ zu anderen Orientierungen verhält. Dies führt dazu, dass alle Sicherheit, die sie gewinnt, nur aus den anderen Orientierungen gewonnen werden kann, die sie bekämpft. Die Aufklärung verfängt sich so in einer gedanklichen Figur, die man nach Hegel immer wieder als »Dialektik der Grenze« bezeichnet hat:[7] Das negative Verhältnis, durch das sie sich begründet, impliziert, dass das, was negiert wird, zugleich bejaht wird. Nur dadurch, dass es den Glauben gibt, hat die Aufklärung ein Existenzrecht. Sie hat also an dem Glauben ihren alleinigen Halt. Diese »Dialektik der Aufklärung«[8] kommentiert Hegel auf eine sehr abstrakte Art und Weise:

> Die reine Einsicht und Absicht, welche sich negativ verhält, kann, da ihr Begriff alle Wesenheit und nichts außer ihr ist, nur das Negative ihrer selbst sein. Sie wird daher als Einsicht zum Negativen der reinen Einsicht, sie wird Unwahrheit und Unvernunft und als Absicht zum Negativen der reinen Absicht, zur Lüge und Unlauterkeit des Zwecks. (422/404)

7 Vgl. hierzu z. B. Hans-Georg Gadamer, *Wahrheit und Methode. Grundzüge einer philosophischen Hermeneutik*, Tübingen 1990, S. 348.

8 Vgl. Max Horkheimer / Theodor W. Adorno, *Dialektik der Aufklärung: philosophische Fragmente*, Frankfurt a. M. 1969, bes. S. 35–49.

Die Aufklärung ist die reine Einsicht, die dadurch Halt zu gewinnen sucht, dass sie sich gegen den Glauben wendet. Wie Hegel aber im Abschnitt zuvor bereits gezeigt hat, ist der Glaube von seiner Struktur her nichts anderes als die reine Einsicht. Es handelt sich um eine eigene gedanklich gefasste normative Ordnung, die als Korrektiv eines sittlichen Gemeinwesens vertreten wird. Die Aufklärung will selbst genau dies: Sie will eine eigene gedanklich gefasste normative Ordnung realisieren. Allerdings will sie dabei sicherstellen, dass diese Ordnung tatsächlich eigen gefasst ist. Aus diesem Grund denunziert sie den Glauben der Fremdbestimmtheit. Die Negation des Glaubens, auf die die Aufklärung sich gründet, ist aber, wie Hegel kommentiert, eine Selbstnegation. Die Aufklärung besteht in einem Misstrauen gegen das, was sie selbst ausmacht, das heißt reine Einsicht zu sein.

Dieses Misstrauen kann man folgendermaßen artikulieren: Jede gedanklich gefasste Ordnung kann das Produkt eines Machtstrebens sein. Jede Berufung auf Vernünftigkeit ist eine Operation, die Macht sichern soll. So zeigt sich die Aufklärung als »reine Einsicht und Absicht, welche sich negativ verhält«, als das »Negative ihrer selbst«. Es ist also aus Hegels Sicht zwingend, dass die Aufklärung sich gegen sich selbst wendet: Der Anspruch, eine Stabilität in der gedanklichen Orientierung an dem Guten durch eine Kritik unmündiger gedanklicher Ordnungen zu gewinnen, führt dazu, dass alle gedanklichen Ordnungen suspekt werden müssen. Die Aufklärung sucht aber genau eine gedankliche Ordnung zu begründen. Ihr bleibt so aus ihrer eigenen Perspektive nichts anderes übrig, als sich als »Unwahrheit und Unvernunft« zu verstehen beziehungsweise sich der »Lüge und Unlauterkeit des Zwecks« zu bezichtigen. Der grundlegende Widerspruch der Aufklärung besteht also darin, dass es einerseits ihr Anspruch ist, ein vernünftiges Denken zu stabilisieren, dass sie dies aber andererseits nur durch eine permanente Destabilisierung zu erreichen vermag, von der sie letztlich selbst erfasst wird. Was der Aufklärung fehlt, kann man mit Vorblick auf Hegels Überlegungen im dritten Abschnitt des Geistkapitels so bestimmen: Es fehlt ihr eine Praxis der vernünftigen Selbst-Destabilisierung im Sinne von Selbstkritik, also der Unterscheidung zwischen Überzeugungen, die gut begründet sind, und Überzeugungen, für die das nicht gilt. Solange jedoch keine solche Praxis etabliert ist, lässt sich die von der Aufklärung vollzogene permanente Destabilisierung nur im Widerspruch zur gesuchten Stabilität erfahren. Dieser Widerspruch wird von Hegels Text in vielen Aspekten durchbuchstabiert, die ich hier nicht weiter berücksichtige, da sie für die systematische Struktur von Hegels Überlegungen zumindest nach meinem Verständnis nicht zentral sind.

b. Die Wahrheit der Aufklärung

Im Anschluss an seine Diagnose, dass die Aufklärung ihrem eigenen Anspruch konstitutiv nicht gerecht werden kann, wirft Hegel die Frage auf, worin denn die Wirklichkeit besteht, die durch die Aufklärung begründet wird. Negativ ist die Antwort auf diese Frage bereits klar: Die Aufklärung begründet keine stabile gedankliche Ordnung der Vernünftigkeit. Die positive Antwort gibt Hegel in zwei Schritten: Erstens legt er dar, dass die Aufklärung in neue Figuren der Unmündigkeit umschlägt (a). Zweitens folge aus ihr ein Denken der bloßen Nützlichkeit (b).

(a) Da die Aufklärung ihrem eigenen Ziel, eine reine Einsicht in Vernünftigkeit zu begründen, nicht gerecht wird, bringt sie eine Tendenz hervor, die reine Einsicht doch noch dadurch zu gewinnen, dass stabilisierende Instanzen eingeführt werden. Als solche Instanzen nennt Hegel »*Gott*« und die »*Materie*« (445/426). Die Aufklärung schlägt hier in eine neue Form des Glaubens um: Gott oder Materie sollen die vernünftigen Strukturen des Seins verbürgen. Das Ziel der Aufklärung, die Stabilität einer vernünftigen Ordnung sicherzustellen, wird damit ironischerweise auf eine Art und Weise realisiert, in der die Aufklärung aufgegeben wird, das heißt durch einen religiösen oder materialistischen Glauben.

(b) Ein solcher Glaube betrifft aber nur die gedankliche Seite der Orientierungen, die die Aufklärung ausbildet, also das »reine Bewusstsein«. Was das »wirkliche Bewusstsein« anbetrifft, so schlägt sich hier nieder, dass die Aufklärung keine stabile Ordnung der Vernunft zu begründen vermag. Ihre Wirklichkeit ist, wie Hegel im Sinne ihres grundlegenden Widerspruchs analysiert hat, eine Destabilisierung normativer Orientierungen im Sinne eines haltlosen Skeptizismus. Dies schlägt sich darin nieder, dass die Aufklärung ein umfassendes Denken von Nützlichkeit durchsetzt. Wenn überhaupt keine Ordnung absolute Geltung beanspruchen kann, dann werden Rechtfertigungen auf jeweils spezifische Zusammenhänge hin relativiert. In dem Maße, in dem die Aufklärung die Frage nach dem an sich Guten verabschiedet, bewirkt sie eine Relativierung des Guten. Dies lässt sich als eine Konsequenz der von der Aufklärung durchgeführten Herrschaftskritik begreifen. Deren Ergebnis besteht, wie gesehen, in dem Gedanken, dass jede gedankliche Ordnung im Dienste von Herrschaft und Macht stehen kann, so dass es gilt, jeder Ordnung zu misstrauen. Die Positivierung dieses Gedankens besteht in einem Denken der Nützlichkeit: Ein solches Denken begreift alle Gegenstände unter Rekurs auf den Selbstbestimmungswillen des Selbstbewusstseins. Hegel kommentiert entsprechend:

> Das Nützliche ist der Gegenstand, insofern das Selbstbewusstsein ihn durchschaut und die *einzelne Gewissheit* seiner selbst, seinen Genuss (sein *Fürsich-sein*) in ihm hat; es *sieht* ihn auf diese Weise *ein*, und diese Einsicht enthält das *wahre* Wesen des Gegenstandes (ein Durchschautes oder *für ein Anderes* zu sein) [...]. (450/430 f.)

Die Aufklärung, die in einem umfassenden Misstrauen in gedankliche Ordnungen zu sich selbst kommt, realisiert ihr Projekt der reinen Einsicht in einem zweckrationalen Denken. Alles, was zu irgendetwas gut ist, wird auf irgendwelche Interessen zurückgeführt (in Hegels formaler Sprache ausgedrückt: wird darauf zurückgeführt »für ein Anderes zu sein«). Nichts verkörpert einen Wert an sich, sondern überall wird das Geltungsbedürfnis und Machtstreben des Selbstbewusstseins gesehen. So kulminiert die Aufklärung aus Hegels Sicht in einer Praxis umfassender Relativierung. Die umfassende Relativierung ist dabei ein Produkt der Ordnung des Denkens, die von der Aufklärung letztlich selbst entwickelt wird. Diese Ordnung geht davon aus, dass nicht die Vernunft, sondern das Interesse die Welt regiert. Die normativen Zusammenhänge der Wirklichkeit sind von der Ordnung dieses Denkens geprägt. Wie Hegel zum Abschluss ironisch kommentiert: »Beide Welten sind versöhnt, und der Himmel auf die Erde herunter verpflanzt.« (450/431)

Was aber heißt dies alles für die systematischen Fragen, mit denen Hegel befasst ist? Er deutet das entfremdete Bewusstsein als ein Bewusstsein, das Distanz von der sittlichen Ordnung der Wirklichkeit dadurch zu gewinnen sucht, dass es sich an eine bessere Ordnung der Wirklichkeit bindet. Der Widerspruch im entfremdeten Bewusstsein besteht darin, dass es in seiner Orientierung am Guten Stabilität zu erlangen sucht, tatsächlich aber jedes Gute immer nur relativiert und auf diese

Weise sich selbst destabilisiert. Das aufgeklärte Bewusstsein zieht daraus die Konsequenz, die Stabilität in der Orientierung am Guten aus einer Kritik aller Relativierungen des Guten zu suchen. In Begriffen der Anerkennung ausgedrückt: Das aufgeklärte Bewusstsein kritisiert alle Ordnungen, in denen Anerkennung nur in bedingter Weise erfolgt, um dadurch zu einer Ordnung zu gelangen, die unbedingte Anerkennung verdient. Dieser Anspruch der Aufklärung aber verkehrt sich in sein Gegenteil: Die Aufklärung befestigt bedingte Anerkennung in einer umfassenden Weise. Für das aufgeklärte Bewusstsein gilt, dass nichts um seiner selbst willen Anerkennung verdient.

Auch wenn der Rekurs der Aufklärung also auf eine Ordnung des Denkens aus Hegels Sicht wichtig ist, um Entfremdung produktiv werden zu lassen, so zeigt sich dieser Rekurs hier von seiner unproduktiven Seite: Wenn nichts um seiner selbst willen Anerkennung verdient, dann kann Anerkennung nicht realisiert werden, denn eine Anerkennung, die auf irgendwelche Interessen relativiert wird, hat keinen Bestand. In der Welt der Aufklärung gibt es nichts und niemanden, das oder der seinem Wesen nach Anerkennung verdiente. Hegel begreift dies als eine Realisierung von Freiheit, in der jeder Zusammenhalt einer Gemeinschaft zerbricht, und die insofern zutiefst destruktiv ist. Insofern erweist sich die Aufklärung als die Realisierung einer normativen Praxis, die eine Quelle von modernen Selbstmissverständnissen im Sinne der Bewusstseinsgestalten des Vernunftkapitels ist. Die Individualität, welche sich an und für sich reell ist, stellt eine Konsequenz des unproduktiven Zerbrechens der Gemeinschaft aus der Aufklärung heraus dar.

III. Die absolute Freiheit und der Schrecken

Der abschließende Abschnitt des Teils präsentiert keine eigene Bewusstseinsgestalt, die eine systematische Weiterentwicklung der Gestalten des entfremdeten und des aufgeklärten Bewusstseins bieten würde. Vielmehr zeichnet er in drastischer Art und Weise die Konsequenzen, die eine einseitige Vernunftgläubigkeit im Sinne der Aufklärung mit sich bringt. Diese Konsequenzen liegen in der Realisierung einer Freiheit, die nichts anderes als eine umfassende Haltlosigkeit bedeutet. Das umfassende Misstrauen gegenüber jeder Ordnung des Denkens produziert aus Hegels Sicht genau diese Haltlosigkeit. Um sie zu illustrieren, bezieht er sich offensichtlich auf eine Periode der Französischen Revolution, die man als »*terreur*« bezeichnet. Ihm geht es aber auch an diesem Punkt nicht um ein bestimmtes historisches Ereignis. Die *terreur* hat für ihn eine systematische Bedeutung: Sie zeigt das destruktive Potential einer Entfremdung, die einen Zustand realisiert, den Hegel als »absolute Freiheit« bezeichnet. Der Abschnitt kann als Kommentar genau zu diesem Begriff gelesen werden: »Absolute Freiheit« ist eine Form von Freiheit, die sich von allem löst, die einen Zustand der vollkommenen Ungebundenheit realisiert:

> Hiemit ist der Geist als *absolute Freiheit* vorhanden; er ist das Selbstbewusstsein, welches sich erfasst, dass seine Gewissheit seiner selbst, das Wesen aller geistigen Massen der realen so wie der übersinnlichen Welt, oder umgekehrt, dass Wesen und Wirklichkeit das Wissen des Bewusstseins von *sich* ist. (452/432)

Die vollkommene Ungebundenheit wird dadurch realisiert, dass das Selbstbewusstsein alle normativen Zusammenhänge auf die eigene Macht zurückführt – und zwar nicht nur diejenigen, die es in Gedanken herstellt, sondern auch all diejenigen, die in der Welt verwirklicht sind (was aus Hegels Sicht ein tiefes Missverständnis ist, da die normativen Zusammenhänge in der Welt jedes einzelne Selbstbewusstsein grundsätzlich übersteigen). Das Selbstbewusstsein wähnt sich so in einem Zustand der grenzenlosen Wirksamkeit. Hegel kommentiert damit offensichtlich den von Jean-Jacques Rousseau entwickelten Begriff der natürlichen Freiheit als Grundlage des Gesellschaftsvertrags. »Der Mensch wird frei geboren«,[9] heißt es bekanntlich bei Rousseau. Dies ist aus Hegels Sicht eine paradigmatische Artikulation des Gedankens der absoluten, also vollkommen ungebundenen Freiheit. Die so verstandene Freiheit wird von Rousseau als Grundlage des »allgemeinen Willens« (452 ff./432 ff.; der *volonté générale*) und damit des gesellschaftlichen Zusammenschlusses verstanden. Sie ist auf diese Weise genau jene Macht, aus der alle normativen Zusammenhänge in der Welt hervorgehen.

Warum aber ist Freiheit falsch verstanden, wenn sie in dieser Weise als absolute Freiheit gedacht wird? Hegels Diagnose lässt sich in zwei Schritten zusammenfassen:

(a) Wenn das Selbstbewusstsein alle Ordnung auf die eigene Macht zurückführt, kann sie diese Macht nicht in positiver Art und Weise dokumentieren. Im Zustand der absoluten Freiheit hört die gegenständliche Welt auf, als ein Widerstand des Selbstbewusstseins zu gelten. Das Selbstbewusstsein aber braucht diesen Widerstand gegenständlicher Materialität, um sich in seiner Freiheit zeigen zu können. Wenn er entfernt wird, ist das unmöglich: »Kein positives Werk noch Tat kann also die allgemeine Freiheit

9 Jean-Jacques Rousseau, *Vom Gesellschaftsvertrag*, Stuttgart 1986, S. 30.

hervorbringen [...].« (455/435) So bleibt dem Selbstbewusstsein in diesem Zustand nur, sich durch eine Vernichtung aller Widerstände in der äußeren Welt zu realisieren. Hegel spricht in diesem Zusammenhang mit einem berühmten Wort davon, es handele sich um eine »*Furie* des Verschwindens« (455/436), eine Gestalt, die sich in einer umfassenden Zerstörung von allem und jedem behauptet.

(b) Die Haltlosigkeit des Selbstbewusstseins hängt aber nicht nur damit zusammen, dass ihm der äußere Widerstand fehlt. Es fehlt ihm auch, dass etwas Bedeutung für es hat. Wenn das Selbstbewusstsein alle Ordnung auf die eigene Macht zurückführt, dann hat nichts für dieses Selbstbewusstsein als solches Bedeutung. Oder anders gesagt: Jede mögliche Bedeutung wird relativiert und so von dem Selbstbewusstsein beherrscht. Eine solchermaßen beherrschte Bedeutung aber ist keine. »Alle diese Bestimmungen [Ehre, Reichtum, die Sprache der Einsicht etc.] sind in dem Verluste, den das Selbst in der absoluten Freiheit erfährt, verloren [...].« (459/439) Es zeigt sich damit für Hegel indirekt, dass Freiheit nur dadurch realisiert werden kann, dass etwas für das Selbstbewusstsein Bedeutung hat, dass es ihm um etwas geht, das ihm nicht einfach verfügbar ist. Freiheit hat nur darin Bestand, dass sie sich in einem Kontext von Widerständen und Abhängigkeiten entwickelt und bewährt. Im Zustand der absoluten Freiheit geht es um nichts, leistet nichts Widerstand und kann sich das Selbstbewusstsein insofern gerade nicht als frei erweisen.

Die absolute Freiheit ist in diesem Sinn für Hegel ein Zerrbild der Freiheit. Der Kern dieses Zerrbildes besteht darin, dass Freiheit nicht im Zusammenhang mit Beschränkungen und Momenten der Unverfügbarkeit entwickelt wird, sondern dass alle diese Momente ausgeschaltet sind. Freiheit erweist sich damit als umfassende zerstörerische Macht, als eine Macht schrankenloser Negation.

Der systematische Ertrag

Der zweite Teil des Geistkapitels diskutiert Entfremdung als ein wesentliches Element von Praktiken, mittels deren Individuen Distanz von normativen Ordnungen zu gewinnen suchen – und dies als Voraussetzung für das Erheben von Wissensansprüchen und auch für die Konstitution von Anerkennungsbeziehungen. Es behandelt Praktiken, die Entfremdung hervorbringen, und unproduktive Varianten von Entfremdung. Insofern lässt sich der systematische Ertrag des Teils in drei Aspekten zusammenfassen:

(a) Entfremdung ist nach Hegels Verständnis die Struktur, durch die Individuen Distanz zu den herrschenden Normen gewinnen. Die erste Variante, in der diese Struktur auftritt, ist das Gutheißen einer Ordnung im Vergleich zu einer anderen. Die Ordnung, die als gut eingeschätzt wird, sichert die Distanz gegenüber der Ordnung, die als schlecht gilt. Auch wenn Hegel argumentiert, dass diese Variante Distanz nicht zu sichern vermag, so hält er die Entfremdung als eine Struktur, die Distanz eröffnet, für ein notwendiges Moment eines Wissens, das sich als solches weiß. Ohne dass die Ordnung, innerhalb deren man lebt, einem zugleich fremd ist, kann man nicht die Eigenständigkeit gewinnen, die es einem erlaubt, zu der Art und Weise, wie Normen befolgt werden und zu befolgen sind, Stellung zu nehmen.

(b) Mit Blick auf diejenigen Praktiken, die Entfremdung realisieren, bringt der zweite Teil des Geistkapitels eine entscheidende Einsicht ins Spiel: Sprache als das Medium, in dem Urteile gefällt werden, ist ein unerlässliches Moment dieser Realisierung. Dies liegt, folgt man den Erläuterungen Hegels, in der Kraft der Sprache begründet. Durch ihre Kraft eröffnet Sprache eine Distanz von der sittlichen Ordnung der Wirklichkeit. Hegel gehört nicht zu den Philosophen, die ein besonderes Augenmerk auf Sprache gerichtet haben. Anders als zum Beispiel Johann Gottfried Herder oder Wilhelm von Humboldt (1767–1835) rückt er die Sprache nicht in den Mittelpunkt seiner philosophischen Überlegungen. Dennoch präsentiert er an diesem Punkt der *PhG* eine wichtige sprachphilosophische Einsicht: Sprache ist demnach nicht bloß eine Repräsentation von Wirklichkeit, sondern greift auch in die Wirklichkeit ein (wie es im 20. Jahrhundert besonders John Austin mit seiner Sprechakttheorie behauptet hat)[10].

Hegel macht nun eine besondere Dimension dieses Eingriffs geltend, wenn er der Sprache das Potential zuschreibt, Entfremdung hervorzubringen. Dass Hegel der Sprache dieses Potential zuerkennt, macht einen wichtigen Aspekt seiner Position deutlich: Für ihn haben sprachliche – und, wie sich im Religionskapitel zeigen wird, auch allgemein symbolische – Praktiken eine genuin produktive Dimension.

(c) Die Entwicklung von Entfremdung, die Hegel in diesem Teil diskutiert, begreift er dennoch als unproduktiv. Dies liegt daran, dass die Distanz gegenüber normativen Ordnungen durch andere Ordnungen gesichert werden soll, an die das Bewusstsein sich bindet. Die Bindung an eine Ordnung kann aber keine Distanz von Ordnungen sichern. Sie

10 Vgl. John L. Austin, *Zur Theorie der Sprechakte*, Stuttgart 2002.

führt vielmehr dazu, dass die Notwendigkeit, sich von Ordnungen zu distanzieren, sich immer weiter fortpflanzt, dass sie perpetuiert wird. Auf diese Art und Weise kann Distanz also nicht gewonnen werden, sondern kommt es am Ende nur dazu, dass sie aufgegeben wird. Diese Aufgabe, die nach Hegels Analyse in der Konsequenz der Aufklärung liegt, manifestiert die Unproduktivität des Versuchs, Distanz auf eine bessere Ordnung zu gründen, die der bestehenden Ordnung entgegengesetzt wird.

VII. Geist, dritter Teil: Die Moralität

Überblick

Der dritte Teil des Geistkapitels ist ein entscheidender Teil des gesamten Buches. Hegel setzt hier einen ersten Schlussstein mit Blick auf seine Geschichte der Entwicklung von Typen und Formen von Praktiken, die ein selbstbewusstes Wissen konstituieren, und damit auch einen ersten Schlussstein der Theorie der Anerkennung, die er in der *PhG* entwickelt.

Das allerdings wird nicht gleich deutlich, wenn man den Teil erstmals in Augenschein nimmt: Der Teil zerfällt in zwei recht ungleiche Hälften. Die erste Hälfte bietet die expliziteste Diskussion der Philosophie Kants, die Hegel in der *PhG* führt. Sie hat einen durchweg negativen Grundton, der zum Teil mit einer amüsanten Polemik gewürzt ist. Die zweite Hälfte bringt eine überraschende Figur ins Spiel, die erst einmal nicht nahelegt, es würde etwas Entscheidendes geschehen: Es geht um die Figur des Gewissens. Man gewinnt auf den ersten Blick den Eindruck, als handle es sich um einen Teil, der eine eher nebensächliche und von Hegel nicht sonderlich gewürdigte Wissenskonzeption verfolgt.

Dass der Teil dennoch von entscheidender Bedeutung ist, wird dann deutlich, wenn man realisiert, dass er mit einer wichtigen Akzentverschiebung verbunden ist. Hegel setzt seine Entwicklung in Orientierung an historischen Anhaltspunkten nicht direkt weiter fort, sondern kommentiert beziehungsweise entwickelt eher systematische Positionen. Es geht ihm so gesehen darum, eine systematische Summe aus den Überlegungen des Geistkapitels insgesamt zu ziehen. Und genau dies ist die Funktion, die der abschließende Teil des Kapitels hat. Die systematische Summe lässt sich mit dem Begriff der Reflexion artikulieren: Hegel will zeigen, dass Praktiken der Reflexion für die Realisierung von Distanz im Sinne der Entfremdung und damit auch für die Konstitution gelingender Anerkennungsbeziehungen unerlässlich sind. So lässt sich die Frage, die der Teil behandelt, folgendermaßen formulieren: Wie müssen Praktiken der Reflexion beschaffen sein, damit mittels ihrer einerseits Distanz von normativen Ordnungen und auf diese Weise andererseits Anerkennungsbeziehungen zustande kommen? Hegel unterscheidet in seinen Überlegungen zwei unterschiedliche Typen von Reflexionspraktiken[1] voneinander: erstens solche, die ein Individuum monologisch für sich ausführt (die Konzeption der Moralität), und zweitens solche, die mehrere Individuen in Interaktion miteinander ausführen (die Konzeption des Gewissens). Seine These lautet nun, dass erst der letzte Typ von Praktiken uns zu den gesuchten Verständnissen bringt.

Der Abschluss des Geistkapitels präsentiert diejenige Position, um die es Hegel geht, in einer sehr abstrakten Art und Weise. Als Leserin und Leser wünschte man sich, er würde etwas klarer sagen, wie seine Lösung mit Blick auf die behandelten systematischen Fragen aussieht. Dies zu leisten bleibt jedoch letztlich Interpretationen von Hegels Text überlassen. Es kann allerdings auch wichtig sein zu erkennen, dass Hegel gar nicht den Anspruch hat, seine Erläuterungen einer zufriedenstellenden Wissenskonzeption an diesem Punkt abzuschließen. Das Geistkapitel ist nicht Hegels letztes Wort in dieser

1 Dieser Begriff wird in meiner Erläuterung des weiteren Gangs der *PhG* eine wichtige Rolle spielen. Ich will am Rande vermerken, dass ich damit nicht Hegels eigenen Gebrauch des Reflexionsbegriffs aufgreife. Von Reflexion redet Hegel meist im Zusammenhang mit der von ihm so genannten Reflexionsphilosophie, die er stark kritisiert (vgl. Hegel, *Die Differenz des Fichteschen und Schellingschen Systems der Philosophie*, in: *TWA*, Bd. 2, S. 25 ff.).

Sache, sondern muss gerade an seinem Ende auch mit Blick auf den Übergang zum Religionskapitel verstanden werden. Dieser Übergang wirkt auf viele Interpreten so, als wechsle Hegel einfach das Thema, als ergänze er noch etwas. Hermeneutisch plausibler ist aber, davon auszugehen, dass Hegel seine systematischen Überlegungen fortsetzt. Diese Fortsetzung gilt es also von Anfang an im Auge zu behalten.

Probleme der Interpretation

Der abschließende Teil des Geistkapitels wirft drei wichtige Fragen für die Interpretation auf, die sich in Orientierung an der Struktur des Teils fassen lassen:

(a) Der Teil beginnt mit einer langen kritischen Auseinandersetzung Hegels, in der Kant ein direkter Bezugspunkt zu sein scheint. Ein solch direkter Kommentar zu einer bestimmten Philosophie findet sich, so haben wir im Zuge des bisherigen Erläuterungen gesehen, im ganzen Buch sonst nicht. Warum kommt es an dieser Stelle zu diesem Kommentar? Wichtig ist diese Frage besonders, da Hegel einen sehr negativen Ton anschlägt. Wir haben aber immer wieder gesehen, dass Hegel die Wissenskonzeptionen, die er kommentiert, auch als solche begreift, die mit positiven Errungenschaften verbunden sind. Worin bestehen also die Errungenschaften der Moralität und wie vertragen sie sich mit der negativen Tendenz von Hegels Stellungnahme zu ihr?

(b) Die zweite Frage betrifft die idealtypisch gefassten Figuren, die im Gewissenskapitel im Zentrum stehen, also die »schöne Seele«, das »harte Herz«, das »handelnde Bewusstsein« und das »urteilende Bewusstsein«. Worum geht es ihm mit diesen Figuren? Inwiefern klären sie Aspekte der Praxis, in der Anerkennung verwirklicht wird?

(c) Hegels Überlegungen zur Wissenskonzeption des Gewissens haben einen entscheidenden Wendepunkt in einem Versöhnungsgeschehen, das Hegel kurz vor Ende des Kapitels erläutert. Aus einem Konflikt heraus kommt es hier zu einem versöhnlichen Abschluss. Wie aber ist dieser Abschluss zu verstehen? Zeigt Hegel sich hier als der Versöhnungsphilosoph, als den man ihn immer wieder verstanden hat? Oder kann man der von ihm nachvollzogenen Versöhnung einen anderen Sinn geben? Welche systematische Bedeutung hat sie?

Detaillierter Kommentar

Der abschließende Teil des Geistkapitels behandelt eine neue Art und Weise, Entfremdung zu realisieren. Hegel bezeichnet diese Art und Weise der Realisierung von Entfremdung als Moralität. Damit ist die Bewusstseinsgestalt, um die es Hegel geht, aber nur sehr undeutlich bezeichnet. Gegenstand des Kapitels ist nicht eine besondere praktische Haltung, sondern eine strukturelle Weiterentwicklung von Praktiken und damit des Selbstbewusstseins. Diese Weiterentwicklung wird von Hegel in dem knappen Text, der den Teil einleitet, folgendermaßen charakterisiert (ich zitiere diese wichtige Passage etwas ausführlicher):

> Hier also scheint das Wissen endlich seiner Wahrheit vollkommen gleich geworden zu sein, denn seine Wahrheit ist dies Wissen selbst, und aller Gegensatz beider Seiten verschwunden; und zwar nicht *für uns*, oder *an sich*, sondern für das Selbstbewusstsein selbst. Es ist nämlich über den

> Gegensatz des Bewusstseins selbst Meister geworden. Dieses beruht auf dem Gegensatze der Gewissheit seiner selbst und des Gegenstandes; nun aber ist der Gegenstand ihm selbst die Gewissheit seiner, das Wissen – so wie die Gewissheit seiner selbst als solche nicht mehr eigene Zwecke hat, also nicht mehr in der Bestimmtheit, sondern reines Wissen ist. (461/441)

Auch wenn Hegel davon spricht, dass hier das Wissen seiner Wahrheit gleich zu sein scheine und damit deutlich macht, dass wir in diesem Teil noch nicht am Ende des Weges sind, so zeichnet er den Schritt, der jetzt geschieht, doch aus, indem er behauptet, das Bewusstsein sei jetzt über seinen grundlegenden Gegensatz »Meister geworden«. Den Gegensatz, von dem hier die Rede ist, habe ich immer wieder folgendermaßen artikuliert: In jedem Bewusstsein korreliert ein Wissensanspruch (Hegel spricht hier von der »Gewissheit seiner selbst«) einer Gegenstandsauffassung (Hegel spricht schlicht von dem »Gegenstand«).

Was bedeutet es nun, dass das Bewusstsein über diesen Gegensatz Meister geworden ist? Es bedeutet, dass der Gegenstand des Bewusstseins darin liegt, einen (moralischen) Wissensanspruch zu haben. Anders gesagt: Der Gegenstand des Bewusstseins ist das Bewusstsein selbst mit seinen Wissensansprüchen. Es ist dies aber nicht auf eine direkte Art und Weise.

Ich habe bereits in meinem Kommentar zum Selbstbewusstseinskapitel darauf hingewiesen, dass Hegels Explikation von Selbstbewusstsein gegen Subjekt-Objekt-Theorien des Selbstbewusstseins gerichtet ist. Selbstbewusstsein kann demnach nicht dadurch erklärt werden, dass ein Subjekt sich selbst zum Objekt macht (da dies unvermeidlich in einen Regress führt). Hegel kann also an dem Punkt, den wir jetzt erreicht haben, nicht so verstanden werden, dass er doch zu einer Subjekt-Objekt-Theorie zurückkehrt. Der Gegenstand, auf den sich das Bewusstsein im Rahmen der neuen Bewusstseinsgestalt bezieht, ist nicht in dem Sinne es selbst, dass das Bewusstsein sich als solches objektiviert. Sein Objekt ist vielmehr das Erheben von Wissensansprüchen als solches; es reflektiert darauf, was es heißt, (moralische) Wissensansprüche zu erheben. Das Bewusstsein thematisiert sich in seinen Wissensansprüchen und hat in diesem Sinn einen Gegenstand, von dem es einerseits nicht getrennt ist, mit dem es aber andererseits auch nicht zusammenfällt. In diesem Sinn ist das Bewusstsein in seinem Gegenstand bei sich.

Diese neue Bewusstseinskonzeption hebt die Widersprüche auf, die das aufgeklärte Bewusstsein zeigt und die sich in der Konzeption der absoluten Freiheit niedergeschlagen haben. Diese Widersprüche bestehen zwischen dem Anspruch des aufgeklärten Bewusstseins, eine normative Ordnung zu stabilisieren, und der Destabilisierung, die das Bewusstsein durch seine Relativierung normativer Ordnungen hervorbringt. Das Scheitern der Aufklärung an ihrem eigenen Anspruch liegt nach Hegels Diagnose in der negativen Haltung des aufgeklärten Bewusstseins begründet – dieses Bewusstsein will Stabilität durch die Kritik instabiler Ordnungen generieren, ist aufgrund seiner negativen Haltung jedoch destabilisierend. Dieser Widerspruch wird nun dadurch aufgehoben, dass das Bewusstsein sich auf seine eigene destabilisierende Kraft bezieht. Es beansprucht, sich in dieser destabilisierenden Kraft zu stabilisieren. Konkreter gesagt bedeutet dies: Die neue Bewusstseinsgestalt verfolgt den Wissensanspruch, Selbstkritik zu leisten. Sein Gegenstand sind Prinzipien der Selbstkritik. Die neue Bewusstseinsgestalt entwickelt in diesem Sinn Praktiken der Selbstreflexion, und zwar der Selbstreflexion von sich in seiner eigenen kritischen Aktivität. Die

Reflexion ist deshalb praktisch, weil das Selbstbewusstsein sich in seiner Reflexion nicht kognitiv zum Gegenstand wird, sondern praktisch transformiert. Sein Anspruch kann entsprechend auch folgendermaßen erläutert werden: Es beansprucht, die sittliche Ordnung dadurch zu entwickeln, dass es sich unter Rekurs auf Prinzipien der Selbstkritik selbst verändert. Diese Selbstentwicklung verfolgt Hegel im abschließenden Teil des Geistkapitels.

a. Die moralische Weltanschauung

Die erste Art und Weise, in der sich für Hegel die neue Bewusstseinsgestalt konkretisiert, ist in der praktischen Philosophie Immanuel Kants gegeben. Dass Hegel hier so deutlich auf Kant Bezug nimmt, bedeutet nicht, dass es ihm primär um eine Kritik von dessen Philosophie ginge. Er diskutiert Kants pflichtenethische Position vielmehr exemplarisch für die Bewusstseinsgestalt, mit der er nun befasst ist. Die »moralische Weltanschauung« etabliert eine spezifische Praxis der Selbstreflexion, indem das Bewusstsein sich auf die Pflicht bezieht, wie sie im kategorischen Imperativ bestimmt wird: Alle Prinzipien des eigenen Tuns werden an den Prinzipien einer allgemeinen Gesetzgebung gemessen. Genau darin besteht die Pflicht: sich nach den Prinzipien, die für alle in ihrem Handeln gelten, zu richten. Der Anspruch des Bewusstseins liegt darin, durch Bezug auf die Pflicht Stabilität zu gewinnen. Das Bewusstsein soll Festigkeit gewinnen, indem es unter Rückgriff auf allgemeine Prinzipien des Handelns Selbstkritik übt.

In dieser Selbstkritik liegt die wesentliche Errungenschaft der moralischen Weltanschauung. Vernunft wird von ihr als wesentlich selbstkritisch verstanden. Dennoch ist diese Einsicht aus Hegels Sicht hier nicht in einer tragfähigen Weise ausbuchstabiert. Dies analysiert er, indem er in vier Schritten die Kantische Postulatenlehre in Erinnerung ruft. Er arbeitet damit eine grundlegende Problematik der moralischen Weltanschauung heraus: Sie kann ihren Bezug auf die Pflicht nur dadurch herstellen, dass sie sich gegen die Wirklichkeit stellt. Es darf aber kein Gegensatz zwischen Pflicht und Wirklichkeit aufkommen. Aus diesem Grund sollen Postulate die Vereinbarkeit von Pflicht und Wirklichkeit sicherstellen:

1. Im ersten Schritt wendet sich das Bewusstsein durch seinen Bezug auf die Pflicht gegen die Natur. Die Natur gilt als unbekümmert gegenüber dem pflichtgemäßen Tun – sie ist nicht von sich aus auf pflichtgemäßes Handeln hin eingerichtet. Aus diesem Grund fordert das erste Postulat, das die moralische Weltanschauung aufstellt, die Vereinbarkeit von Natur und Moralität.
2. Der zweite Schritt trägt den Gegensatz von Natur und Moralität in das einzelne selbstbewusste Individuum ein. Die Orientierung an der Pflicht ist demnach durch einen Widerstreit zwischen Vernunft und Sinnlichkeit geprägt. Das Sinnliche gilt dem Bewusstsein, das sich auf die Pflicht bezieht, (so kann man mit Kant sagen) als pathologisch. Dennoch ist der Bezug auf die Pflicht nur dann für die kritische Praxis des Bewusstseins relevant, wenn er sich im Bereich des sinnlichen Wesens, das dieses Bewusstsein auch ist, niederzuschlagen vermag. Aus diesem Grund kommt es zum Postulat der »Harmonie der Moralität und des sinnlichen Willens« (468/447).
3. Dieses Postulat hat allerdings zur Folge, dass die moralische Weltanschauung die Pflicht als etwas verstehen muss, das sich sinnlich konkretisiert, also als eine Vielzahl unterschiedlicher, vernunftgemäßer Pflichten. Dadurch droht die gesuchte Stabilität wieder verlorenzugehen. Aus diesem Grund kommt es im dritten Schritt dazu, dass das Bewusstsein die Vielheit der Pflichten auf eine absolute Pflicht be-

zieht, die es an einem transzendenten Wesen festmacht. Postuliert wird hier ein anderes Bewusstsein, das Hegel als »Herr und Beherrscher der Welt« (469/449) charakterisiert.

4. Der vierte Schritt zieht die Konsequenz der Trennung zwischen einer Vielheit von Pflichten und der absoluten Pflicht, die das Bewusstsein konstitutiv übersteigt. Da das Bewusstsein die absolute Pflicht aufgrund ihrer Transzendenz nicht realisieren kann, folgt, dass es sich in Wahrheit um kein moralisches, sondern um ein unmoralisches Bewusstsein handelt. Die Wirklichkeit des Bewusstseins ist Unmoralität. Aus diesem Grund muss die absolute Pflicht postuliert werden.

Die moralische Weltanschauung erweist sich damit letzten Endes als ein Bewusstsein von der Unwirklichkeit der Moralität. Moralität ist demnach das, was notwendigerweise unwirklich bleibt.[2]

Damit ist ein grundlegender Widerspruch artikuliert, der die moralische Weltanschauung umtreibt. Dieser Widerspruch lässt sich in einer ersten Annäherung folgendermaßen verstehen: Die moralische Weltanschauung will Prinzipien der Selbstkritik durch einen Bezug auf die Pflicht generieren und dadurch in ihren Prinzipien Stabilität erlangen. Der Bezug auf die Pflicht ergibt aber nur dann Sinn, wenn die Prinzipien der Selbstkritik ohne diesen Bezug in sich instabil sind. Die moralische Weltanschauung ist aus diesem Grund auf das Selbstverständnis verpflichtet, instabil zu sein. Das Bewusstsein hat ein Wissen von sich als getrennt von dem, was Stabilität zu garantieren vermag. Wiederum sind wir also mit einer Art und

2 Jean Hyppolite spricht in diesem Sinn davon, dass in der Moralität die Natur der Moral subordiniert werde, so dass Natur nicht als der Raum der Realisierung von Moral verständlich wird; vgl. Hyppolite 1979, S. 473.

Weise der Entfremdung konfrontiert, die nicht produktiv wird: Das Bewusstsein will hier in seiner Selbstkritik Stabilität durch den Bezug auf eine Instanz gewinnen, die ihm extern ist. Damit aber schreibt es Instabilität fest.

Mit Blick auf Hegels systematische Argumentation ist es aufschlussreich, diesen Widerspruch der moralischen Weltanschauung wiederum in Begriffen der Anerkennung zu fassen. Das Bewusstsein der moralischen Weltanschauung zollt der Pflicht unbedingte Anerkennung. Zugleich will es sich durch seinen Bezug auf die Pflicht seinerseits unbedingte Anerkennung verdienen. Der Bezug auf die Pflicht führt jedoch genau zum Gegenteil: Durch ihn reflektiert das Bewusstsein sich in seinem Getrenntsein von der Pflicht. Als sinnliches Wesen ist der Mensch, wie es in Kants berühmtem Wort heißt, ein »krummes Holz«.[3] Er verdient also nur bedingte Anerkennung. Auf diese Weise widerspricht die Wissenskonzeption der moralischen Weltanschauung dem Anerkennungsanspruch, den das Bewusstsein mit ihr verfolgt. Das Bewusstsein will unbedingte Anerkennung erreichen; die Haltung aber, die es dabei einnimmt, legt fest, dass es nur bedingte Anerkennung verdient, da es seinem Anspruch konstitutiv nicht gerecht werden kann. Noch einmal anders gesagt: Der Wissensanspruch der Moralität, den das Bewusstsein verfolgt, soll dazu führen, dass ein Übergang von bedingter zu unbedingter Anerkennung stattfindet. Die Konzeption der Moralität schreibt aber fest, dass dieser Übergang grundsätzlich unmöglich ist.

Das grundlegende Problem, das sich in dieser Konzeption zeigt, lässt sich so aus Hegels Sicht folgendermaßen verstehen: Das Bewusstsein will aus dem Bezug zur Pflicht, den es sich

3 Immanuel Kant, »Idee zu einer allgemeinen Geschichte in weltbürgerlicher Absicht«, in: I. K., *Werkausgabe*, Frankfurt a. M. 1977, Bd. VI, S. 41.

gibt, über sich hinausgelangen. Es will sich durch Selbstkritik überwinden. Es gelangt aber damit in keiner Weise über sich hinaus. Der Bezug auf die Pflicht geht allein von ihm aus. Auf diese Art und Weise kann nicht mehr als lediglich bedingte Anerkennung zustande kommen.

Buchstabiert man die Widersprüche der moralischen Weltanschauung in dieser Weise aus, wird verständlich, welch grundlegenden Konstruktionsfehler die Wissenskonzeption hat: Sie sucht unbedingte Anerkennung in einer monologischen Art und Weise zu realisieren. Im Monolog aber können die bedingten Verhältnisse, in denen das Bewusstsein steht, nicht überwunden werden. Es hilft auch nicht, die Pflicht im Sinne einer allgemeinen Stimme zu verstehen, also im Sinne der Stimme aller vernünftigen Wesen. Auch wenn diese Stimme für das Prinzip der Vernunft steht und ihr insofern eine hohe Verbindlichkeit zuzuschreiben ist, bringt sie dennoch keine reale Interaktion zwischen Individuen mit sich. Aus diesem Grund kommt das Bewusstsein nicht über sich hinaus.

Damit zeichnet sich ab, wie die Einsicht der moralischen Weltanschauung produktiv gewendet werden kann, worin also Hegel die Möglichkeit einer Überwindung ihres grundlegenden Widerspruchs sieht: Es gilt, die Selbstkritik durch einen Bezug auf die Pflicht so anzulegen, dass tatsächlich andere an der Konstitution dieser Selbstkritik mitwirken. Eine reale Allgemeinheit muss hergestellt werden, die das einzelne Subjekt einbezieht. Eine solche Konzeption überschreitet die moralische Weltanschauung.

b. Die Verstellung

Bevor diese Konzeption entwickelt wird, diskutiert Hegel im zweiten Abschnitt des Teils die Widersprüche der moralischen Weltanschauung detailliert. Er überschreibt diesen Abschnitt mit »Die Verstellung«. Diese Überschrift gibt einen Hinweis darauf, um was es Hegel in seiner Diskussion geht: Er will zeigen, wie die moralische Weltanschauung aus bestimmten Widersprüchen keinen Sinn machen kann, aus denen man ihm zufolge aber Sinn machen muss. Verstellt ist also der richtige Blick auf diese Widersprüche. Die Widersprüche bringen so, wie sie in der moralischen Weltanschauung gefasst sind, keine produktive Spannung hervor. Eine solche Spannung aber gilt es zu erreichen. Hegel geht es also nicht darum, das »*ganze Nest* gedankenloser Widersprüche« (474/453) einfach aufzulösen. Sein Ziel ist es vielmehr, dieses Nest so zu entwickeln, dass die Widersprüche ihr produktives Potential entfalten. Die Errungenschaft der moralischen Weltanschauung besteht darin, die entsprechenden Widersprüche herausgearbeitet zu haben. Dennoch bleibt diese Wissenskonzeption einseitig, da sie die Widersprüche nur in einer verstellten Art und Weise fasst. Ich will mich in meinem Kommentar nicht allen Widersprüchen widmen, die Hegel im Rahmen des Abschnitts analysiert, sondern beschränke mich auf drei von ihnen, die gerade für die von Hegel verfolgte Idee des Produktivwerdens dieser Widersprüche besonders wichtig sind:

(a) Den ersten Widerspruch, den Hegel kommentiert, bezeichne ich als »Widerspruch der pflichtgemäßen Handlung«. Derjenige, der pflichtgemäß handelt, geht davon aus, dass die Pflicht ein Zustand ist, der mit einer einzelnen Handlung nicht erreicht werden kann. Keine Handlung kann als solche der Pflicht gerecht werden. Dennoch wird gehandelt und von der moralischen Weltanschauung auch nachdrücklich eine Handlung aus Pflichtbewusstsein gefordert.

Die Idee der pflichtgemäßen Handlung widerspricht sich damit selbst. Auf der einen Seite geht sie davon aus, dass die Versöhnung von Pflicht und Wirklichkeit nur jenseits der Handlung geschehen kann. Auf der anderen Seite muss das Handeln als ein Verwirklichen der Pflicht gedacht werden, so dass sie selbst diese Versöhnung zu leisten hat. Die moralische Weltanschauung hat keine Mittel, um mit diesem Widerspruch umzugehen. Dazu bedürfte es einer Haltung, die es erlaubt, zwischen Fällen pflichtgemäßen Handelns und solchen, die dies nicht sind, zu unterscheiden. Produktiv wird der Widerspruch erst dort, wo mit Blick auf einzelne Handlungen darüber geurteilt werden kann, inwiefern sie der Pflicht, der sie zu folgen beanspruchen, tatsächlich gerecht werden oder nicht. Dazu muss, so wird Hegel im nächsten Abschnitt implizit argumentieren, eine Wissenskonzeption realisiert werden, die es erlaubt, Konflikte über Anspruch und Wirklichkeit von Handlungen auszutragen.

(b) Der zweite von Hegel kommentierte Widerspruch betrifft den Menschen als Sinnenwesen und Vernunftwesen. Der Begriff der Pflicht, den die moralische Weltanschauung verfolgt, ist so angelegt, dass er sich gegen das richtet, was bei Kant »Neigung« heißt. Moralität soll entsprechend gegen die Triebnatur des Menschen durchgesetzt werden. Diese Triebnatur bildet jedoch die Wirklichkeit des Menschen. Falls also Menschen tatsächlich etwas vollbringen, durch das sie die Pflicht realisieren, so setzt dies voraus, dass die menschliche Triebnatur mit der Pflicht in Einklang zu bringen ist. Genau dies aber widerspricht dem Gedanken, dass die Pflichtorientierung gegen die sinnlichen Neigungen gerichtet ist.

Wiederum wird von der moralischen Weltanschauung dieser Widerspruch verstellt: Sie erweckt den Anschein, dass der Widerspruch unproduktiv bleiben muss. Hegel argumentiert hingegen indirekt dafür, dass es eigentlich gilt, den Widerspruch produktiv zu machen. Dies ist nur dort der Fall, wo der mögliche Widerstreit der sinnlichen Natur des Menschen und seiner Vernunftorientierung ausgetragen werden kann, und zwar im Rahmen einer Wissenskonzeption, die es erlaubt, Konflikte in Bezug auf diesen Widerstreit zu führen.

(c) Der dritte Widerspruch, den Hegel pointiert festhält, betrifft das Verhältnis zwischen Pflicht und Glück. Es ist ein wichtiger Grundsatz der moralischen Weltanschauung, dass Glückswürdigkeit durch Pflichterfüllung verdient werden muss. Nun ist es aber grundsätzlich denkbar und sogar erlebbar, dass auch unmoralisches Handeln mit Glück verbunden ist. Zudem ist die moralische Weltanschauung, wie erörtert, ein Bewusstsein der Unwirklichkeit der Pflicht und damit auch der Unerreichbarkeit des Glücks. Es sieht damit so aus, als sei nicht einmal gesichert, dass mit dem pflichtgemäßen Handeln tatsächlich Glückswürdigkeit erlangt wird. Wiederum wird damit die Spannung zwischen pflichtgemäßem Handeln und Glückswürdigkeit blockiert: Es bedarf einer Wissenskonzeption, die es erlaubt, aus dieser Spannung ein produktives Potential zu gewinnen.

Hegel beschließt seine Analysen zur moralischen Weltanschauung damit, dass er artikuliert, warum diese Weltanschauung die Widersprüche, die sie aufwirft, zugleich verstellt. Seine Diagnose ist denkbar klar, und ich habe sie bereits vorweggenommen: Die moralische Weltanschauung ist eine monologische Konzeption. Sie ist nicht ernsthaft damit verbunden, dass Diskussionen darüber stattfinden, was als Pflicht zu gelten hat und was nicht. In Hegels Worten:

> Es ist dem moralischen Bewusstsein auch überhaupt damit nicht Ernst, etwas *durch ein anderes* Bewusstsein, als es

selbst ist, heiligen zu lassen; denn es ist ihm schlechthin nur das heilig, was ihm durch *sich selbst und in ihm* heilig ist. (482/460)

Die moralische Weltanschauung verstellt die von ihr aufgeworfenen Widersprüche also aus dem Grund, weil sie den selbstkritischen Bezug auf die Pflicht aus dem einzelnen Individuum heraus konzipiert. Wer aus sich heraus qua Vernunft auf die Vernunft aller bezogen ist, kann die konstitutiven Widersprüche einer vernünftigen Weltorientierung nicht austragen, da Vernunft für ihn nicht ein Anspruch ist, den er mit anderen in Praktiken teilt. Dass kein anderes Bewusstsein als anderes beteiligt ist, hat zur Folge, dass jede Perspektive fehlt, die das Einlösen des Vernunftanspruchs kritisch verfolgen könnte. Erst eine solche Perspektive macht es möglich, so argumentiert Hegel implizit, sich zu den Spannungen zu verhalten, die mit dem Vernunftanspruch verbunden sind.

c. Das Gewissen. Die schöne Seele, das Böse und seine Verzeihung

Die Bewusstseinsgestalt, die Hegel im Anschluss kommentiert, soll die Verstellung der moralischen Weltanschauung auflösen. Sie löst das Defizit auf, dass die moralische Weltanschauung prägt, nämlich ihren monologischen Charakter. Das ist insofern überraschend, als die nächste Bewusstseinsgestalt von Hegel als »Gewissen« bezeichnet wird. Handelt es sich beim Gewissen nicht weiterhin um eine monologische Gestalt und noch dazu um eine, die partikularer ist als die Moralität? Wer nur seinem eigenen Gewissen verpflichtet ist, bezieht sich nicht auf eine höhere Instanz wie das Sittengesetz, so dass hier gerade nicht eingelöst zu sein scheint, was Hegel aber einlösen muss. Das gewissenhafte Bewusstsein wirkt so wie eine Wissenskonzeption, mit der aller Zusammenhalt in einer Gemeinschaft verlorenzugehen droht. Wenn jede und jeder sich auf ihr oder sein Gewissen beruft, dann scheint jede und jeder für sich ein Wissen davon in Anspruch zu nehmen, was das Richtige ist. Dies ist aber nur der erste Anschein.

Hegel legt überzeugend dar, dass Gewissenhaftigkeit in dieser Art und Weise nicht angemessen verstanden wird. Wer seinem Gewissen verpflichtet ist, handelt aus seinen eigenen triftigen Gründen heraus. Die Eigenheit dieser Gründe ist aber nur dann verwirklicht, wenn sie von anderen bestätigt wird. Gewissenhaft handelt also nur jemand, der von anderen darin bestätigt wird, gewissenhaft zu handeln. Man kann sich nicht selbst darin versichern, dass man aus eigenen triftigen Gründen heraus handelt. Dies können nur andere, die reflektieren, ob die Gründe tatsächlich triftig sind. Insofern ist die Wissenskonzeption, die das gewissenhafte Bewusstsein verfolgt, grundsätzlich dialogisch und interaktiv angelegt. Sie setzt voraus, dass es zu einem Geschehen wechselseitiger Anerkennung kommt.

Der abschließende Abschnitt des Geistkapitels wird also falsch eingeschätzt, wenn man ihn für einen nebensächlichen Abschnitt hält. Die Rede vom »Gewissen« mag auf den ersten Blick zwar eine solche Einschätzung nahelegen. Aber bereits von der Komposition des Textes her gesehen wird deutlich, dass diese Einschätzung nicht plausibel ist. Hegel beschließt mit dem Abschnitt das längste Kapitel des Buches, so dass es sich um das Ende eines langen Gedankengangs handelt. Auch wenn man dies dem Abschnitt zu Beginn nicht unbedingt ansieht, wird an späterer Stelle sehr wohl deutlich, dass Hegel dem gewissenhaften Bewusstsein eine zentrale Errungenschaft in seiner Analyse der Entwicklung von Praktiken zuschreibt, durch die ein selbstbewusstes Wissen mit der Realisierung von Anerkennungsbeziehungen zustande kommt. So heißt es gegen Ende des Abschnitts:

> Das Wort der Versöhnung ist der *daseiende* Geist, der das reine Wissen seiner selbst als *allgemeinen* Wesens in seinem Gegenteile, in dem reinen Wissen seiner als der absolut in sich seienden *Einzelheit* anschaut – ein gegenseitiges Anerkennen, welches der *absolute* Geist ist. (516/493)

Auch wenn sich diese Worte nicht gleich in ihrer Bedeutung erschließen, machen die Formulierungen doch deutlich, dass das gewissenhafte Bewusstsein aus Hegels Sicht Anerkennung realisiert. Er analysiert in seinen Überlegungen zur Bewusstseinsgestalt des Gewissens eine dialogische Interaktion, die zu gelingender Anerkennung führt. Aus diesem Grund beschließt der Gewissensabschnitt die Überlegungen zur Entwicklung der für eine entsprechende Realisierung notwendigen Praktiken.

Hegels Analyse der Interaktionsformen, die sich im Rahmen der Wissenskonzeption des Gewissens ergeben, lässt sich in vier Stufen unterteilen:

1. Auf der ersten Stufe kennt die Interaktion der gewissenhaften Bewusstseine nur die Form der (abstrakten) Bestätigung.
2. Daraus ergibt sich auf der zweiten Stufe der Rückzug des gewissenhaften Bewusstseins in die Innerlichkeit, was zu der berühmten Figur der »schönen Seele« führt.
3. Da aber der Rückzug in die Innerlichkeit letztlich die Aufgabe der Konzeption von Gewissenhaftigkeit zur Folge hat, kommt es auf der dritten Stufe zu einer Interaktion in Bezug auf die Frage, worin Gewissenhaftigkeit besteht.
4. Der paradigmatische Konflikt, den Hegel hier zeichnet, löst sich auf der vierten Stufe auf, wenn im Konflikt miteinander stehende gewissenhafte Bewusstseine realisieren, dass sie in ihrem Konflikt über die Bestimmung von Gewissenhaftigkeit miteinander verbunden sind.

Mit dieser Art und Weise, die Dialektik des gewissenhaften Bewusstseins zu entfalten, ist zugleich auch ein Vorschlag verbunden, die Figuren des Kapitels zu verstehen: Sie manifestieren in besonderer Weise die einzelnen Stufen der Dialektik. Als solche werden sie uns in den folgenden Erläuterungen begegnen:

Ad 1: Die erste Stufe bildet gewissermaßen die Gestalt der Gewissenhaftigkeit in Reinform. Wie bereits angesprochen, will Hegel zeigen, dass Gewissenhaftigkeit grundsätzlich einen Bezug auf andere impliziert. Dieser liegt darin begründet, dass das gewissenhafte Bewusstsein aus sich heraus (wie Hegel sagt: »um seiner Sichselbstgleichheit willen« [491/469]) sein Handeln nach den besten ihm zur Verfügung stehenden Gründen bestimmen will. Kurz gesagt: Es will in seinem Handeln als gewissenhaft gelten. Mit diesem Geltungsanspruch tritt es anderen gegenüber auf und ist auf deren Bestätigung angewiesen. Hegel spricht davon, dass das Gewissen ein »*Sein für anderes*« (491/469) ist. Seine genauere Erläuterung bringt wieder den Begriff der Anerkennung ins Spiel:

> Dies *Sein für anderes* ist also die *ansich*seiende vom Selbst unterschiedene Substanz. Das Gewissen hat die reine Pflicht oder das *abstrakte Ansich* nicht aufgegeben, sondern sie ist das wesentliche Moment, als *Allgemeinheit* sich zu anderen zu verhalten. Es ist das gemeinschaftliche Element der Selbstbewusstsein[e], und dieses die Substanz, worin die Tat *Bestehen* und *Wirklichkeit* hat; das Moment des *Anerkanntwerdens* von den anderen. (491 f./469 f.)

Das gewissenhafte Bewusstsein verfolgt einen Anspruch auf Allgemeinheit, allerdings nicht im Sinne einer allgemeinen Gesetzgebung, sondern im Sinne einer Bestätigung, nach bestem Wissen und Gewissen gehandelt zu haben (wie wir im Deutschen sagen). Aus diesem Grund ist Gewissenhaftigkeit nur dann verwirklicht, wenn ein entsprechendes Handeln von anderen anerkannt wird. Eine solche Anerkennung setzt eine sprachliche Praxis voraus, im Rahmen derer die Gründe der gewissenhaften Handlung artikuliert und bestätigt werden können. Für ein gewissenhaftes Handeln ist es also entscheidend, dass die Handelnden anderen gegenüber ihre Gründe angeben und sich so in ihren jeweiligen Abwägungen anderen gegenüber darstellen. Auf dieser Basis können die anderen bestätigen, dass tatsächlich die besten verfügbaren Gründe handlungsleitend waren.

Eine entsprechende Struktur wechselseitiger Anerkennung ist nun im Rahmen der ersten Stufe, die Hegel analysiert, einfach als solche realisiert. Da jeder seine eigenen Gründe verfolgt, wird unterstellt, dass den anderen jeweils nur die Bestätigung bleibt. Hegel spricht davon, dass die an der Praxis Beteiligten sich wechselseitig »moralische Genialität« (503/481) zuschreiben. Diese Konzeption von Gewissenhaftigkeit aber ist insofern widersprüchlich, als sie eine Bestätigung vorsieht, die konstitutiv nicht ausbleiben kann. Wenn die moralischen Genies sich wechselseitig darlegen, dass sie immer nur dem folgen, was sie als beste Gründe einsehen, bleibt den anderen nur übrig, dies zu bestätigen. Eine Bestätigung aber, die nicht ausbleiben kann, ist leer. In Begriffen der Anerkennung ausgedrückt: Die gewährte Anerkennung steht unter einer ganz allgemeinen Bedingung und ist so letztlich unbedingt. Sie resultiert nicht aus einer Beurteilung der bestimmten Gründe, die angeführt werden, sondern wird nur auf die Versicherung hin gegeben, dass der jeweils Handelnden keine besseren Gründe für ihr Handeln verfügbar sind.[4]

4 Die Relevanz des Gewissenskapitels in der *PhG* wird immer wieder verkannt, weil der Eindruck entsteht, Hegel verstehe Gewissen bloß als moralische Genialität. Vgl. z. B. die Interpretationen von Stephen

Ad 2: Der Widerspruch des gewissenhaften Bewusstseins, auf die Anerkennung anderer aus zu sein, zugleich jedoch in dieser Anerkennung nicht in bestimmter Weise bestätigt zu werden, führt zu einer ersten Konsequenz, falls das Bewusstsein aus der Erfahrung des Widerspruchs den Schluss zieht, dass es von anderen in seinem Anspruch, gewissenhaft zu sein, nicht bestätigt werden kann und sich deshalb am besten jeglicher Handlung enthält. Diese Figur ist als *»schöne Seele«* (506/484) prominent geworden. Sie geht davon aus, dass die Anerkennung, die durch andere gewährt wird, der eigenen gewissenhaften Exzellenz konstitutiv nicht gerecht werden kann. Die Welt der Anerkennung wird so als eine verstanden, die die echte Gewissenhaftigkeit korrumpiert und so gemieden werden muss. Aus diesem Grund hört die schöne Seele auf, anderen gegenüber in Erscheinung zu treten: Sie realisiert das eigene Gewissen in reiner Innerlichkeit und sucht so gewissermaßen eine Anerkennung, die nicht von dieser Welt ist (entsprechend verweist Hegel an diesem Punkt auch auf das unglückliche Bewusstsein). Dies aber ist eine Anerkennung, die konstitutiv keine Realität gewinnen kann. So erreicht die schöne Seele genau das Gegenteil dessen, was sie zu erreichen suchte: Anstatt echte Gewissenhaftigkeit zu verwirklichen, schreibt sie die Leerheit fest, um deren Vermeidung willen sie sich in die Innerlichkeit zurückgezogen hat. Hegel spricht hier pointiert von einem »gestaltlose[n] Dunst, der sich in Luft auflöst« (506/484). Da die schöne Seele sich aller Anerkennung von Seiten anderer entzieht, kann sie sich nicht in bestimmter Weise verwirklichen. Die Bewusstseinsgestalt des Gewissens aber zielt auf eine solche Verwirklichung, so dass die schöne Seele sich als eine Sackgasse erweist.

Houlgate, *Hegel's Phenomenology of Spirit*, New York 2012, S. 168–173, oder Stern 2002, S. 201–205.

Ad 3: Aus Hegels Sicht ist es also erforderlich, aus dem grundlegenden Widerspruch, von dem das gewissenhafte Bewusstsein in seinem Wissensanspruch geprägt ist, andere Konsequenzen zu ziehen. Den Widerspruch hatte ich bislang folgendermaßen gefasst: Das gewissenhafte Bewusstsein bestimmt aus sich heraus die Gründe seines Handelns und will zugleich darin von anderen bestätigt werden. Dabei wird den anderen nur zugestanden, die Gewissenhaftigkeit zu bestätigen, ohne zu den Gründen Stellung zu nehmen. Der Widerspruch besteht darin, dass die Selbstbeurteilung des handelnden Bewusstseins, gewissenhaft zu sein, und sein Ziel, von anderen in seiner Gewissenhaftigkeit anerkannt zu werden, nicht miteinander in Einklang gebracht werden, da den anderen keine Beurteilung dessen, was gewissenhaft ist, zugestanden wird.

Hegel erläutert entsprechend, dass das Scheitern der schönen Seele nahelegt, die Frage der Gewissenhaftigkeit nicht weiter von der Selbstbeurteilung des Bewusstseins her zu verfolgen, sondern von der wirklichen Handlung her. Gewissenhaftigkeit für seine Handlung zu beanspruchen heißt, wie Hegel darlegt, die bloße Selbstbeurteilung all derjenigen, die für sich Gewissenhaftigkeit beanspruchen, als »*Heuchelei*« (508/485) anzusehen. In dieser Weise eröffnet das Insistieren auf der wirklichen Handlung einen Widerstreit zwischen zwei Typen des gewissenhaften Bewusstseins, nämlich zwischen dem handelnden und dem urteilenden Bewusstsein. Dieser Widerstreit macht die dritte Stufe der Entwicklung der Bewusstseinsgestalt aus. Das handelnde Bewusstsein folgt dabei gewissermaßen dem biblischen Diktum »An ihren Früchten sollt ihr sie erkennen« (*Mt.* 7,20). Das urteilende Bewusstsein macht demgegenüber geltend, dass nicht die Tat, sondern die wirkliche Prüfung dessen, was das Rechte ist, Gewissenhaftigkeit realisiert.

Der Konflikt zwischen dem handelnden und dem urteilenden Bewusstsein, den Hegel im Zentrum des Gewissensabschnitts verfolgt, muss als ein Konflikt über die Bestimmung des Gewissenhaften begriffen werden.[5] Dabei sind letztlich beide Bewusstseine als handelnde Bewusstseine zu verstehen: Auch diejenige, die urteilt, handelt, da sie mit den eigenen Urteilen die Welt verändert. Entsprechend betont Hegel, dass das urteilende Bewusstsein »das Urteilen für *wirkliche* Tat genommen wissen will, und statt durch Handlung durch das Aussprechen vortrefflicher Gesinnungen die Rechtschaffenheit beweist« (510/487). Die beiden streitenden Parteien betrachten sich wechselseitig als »böse« beziehungsweise – wie Hegel unter Rekurs auf den im zweiten Teil des Geistkapitels eingeführten Begriff sagt – als »niederträchtig«. Beide sprechen sich damit wechselseitig ab, gewissenhaft zu sein.

Es ist aufschlussreich, den Konflikt über die Bestimmung des Gewissenhaften in Begriffen der Anerkennung zu artikulieren: Beide streitenden Bewusstseine machen sich wechselseitig streitig, Anerkennung zu verdienen, reklamieren aber Anerkennung für sich. Sie halten damit an einer Konzeption des Gewissens fest, die dieses als ein »Sein für Anderes« bestimmt. Allerdings geht es ihnen nicht mehr darum, einfach bestätigt zu werden. Bestätigung wollen die streitenden Bewusstseine vielmehr für genau die Kriterien, die sie für eine Bestätigung von gewissenhaften Handlungen geltend machen. Der Streit stellt, anders gesagt, einen Konflikt in Bezug auf das dar, was Anerkennung verdient: Es handelt sich um einen An-

5 Wiederum gilt, dass dieser Konflikt – wie bereits derjenige zwischen Herr und Knecht im Selbstbewusstseinskapitel – auch intrasubjektiv interpretiert werden kann. Das bedeutet, dass vor dem Hintergrund der realen Interaktionen in einer Gemeinschaft Einzelne auch in sich Konflikte in Bezug auf die Anerkennenswerte austragen können. Anders gesagt: Die Realisierung von Gewissenhaftigkeit im Konflikt kann die monologische Konzeption von Selbstkritik aufheben.

erkennungskonflikt. Die beiden streitenden Konfliktparteien reflektieren Anerkennungsbeziehungen. Diese Reflexion ist allerdings im ersten Moment nicht sonderlich produktiv, da die beiden Bewusstseine jeweils für sich reklamieren, zu wissen, was gewissenhaft ist, und dem anderen ein solches Wissen absprechen. Auf diese Weise lässt sich jedoch der auf beiden Seiten verfolgte Anspruch, vom anderen anerkannt zu werden, nicht einlösen. Der bloße rechthaberische Streit zwischen zwei Parteien führt nicht weiter.

Ad 4: Dennoch birgt die Reflexion von Anerkennungsbeziehungen im Streit ein weiterführendes Potential. Dieses liegt darin, dass die beiden Bewusstseine sich strukturell nicht voneinander unterscheiden. Beide reklamieren für sich, zu wissen, was Anerkennung verdient (da sie gewissenhaft sind), und sprechen dem jeweils anderen ein solches Wissen ab. Zwar sieht es zuerst so aus, als sei das urteilende Bewusstsein mit einem umfassenderen Anspruch unterwegs. Hegel macht jedoch unmissverständlich klar, dass es sich dabei nur um einen Anschein handelt:

> Dies beurteilende Bewusstsein ist hiemit selbst *niederträchtig*, weil es die Handlung teilt, und ihre Ungleichheit mir ihr selbst hervorbringt und festhält. (512/489)

Die strukturelle Gleichheit beider Bewusstseine begreift Hegel als Basis für die Aufhebung des Widerspruchs zwischen ihnen. Da die Bewusstseine die Anerkennungsbeziehungen, in denen sie zu stehen beanspruchen, reflektieren, geht diese Aufhebung von ihnen selbst aus. Das handelnde Bewusstsein kann, wie Hegel in narrativer Weise entfaltet, erkennen, dass das urteilende Bewusstsein auch keinen allgemeineren Standpunkt einnimmt als es selbst. Diese Erkenntnis lässt sich mit dem Begriff der Partikularität artikulieren: Das handelnde Bewusstsein kann zu der Einsicht kommen, dass es selbst genauso wie das urteilende Bewusstsein nur einen partikularen Standpunkt vertritt. Entscheidend ist nun, dass diese Erkenntnis ausgesprochen wird. So heißt es bei Hegel:

> Diese Gleichheit anschauend und sie *aussprechend*, *gesteht* es sich ihm ein und erwartet ebenso, dass das Andre, wie es sich in der Tat ihm gleich gestellt hat, so auch seine *Rede* erwidern, in ihr seine Gleichheit aussprechen und das anerkennende Dasein eintreten werde. (512/489 f.)

Das »Eingeständnis« (513/490) des handelnden Bewusstseins realisiert Anerkennung: Anerkannt wird der Standpunkt des urteilenden Bewusstseins als ein Standpunkt, den der Anerkennende strukturell teilt. Beide vertreten partikulare Standpunkte. Und mehr noch: Beide reflektieren mit ihren Bestimmungen des Gewissenhaften die Bedingungen der Anerkennung, so dass – und dies ist entscheidend – das urteilende Bewusstsein auch darin anerkannt wird, die strukturelle Gleichheit der Standpunkte reflektieren zu können.

Das handelnde Bewusstsein geht in seinem Eingeständnis auf die Kritik ein, die das urteilende Bewusstsein aus seiner partikularen Position heraus hervorbringt, und nimmt sie als für sich hilfreich und produktiv an. In diesem Sinn fordert es mit seinem Eingeständnis nun auch das urteilende Bewusstsein auf, »seine Gleichheit aus[zu]sprechen«. Die Aufforderung allerdings wird nicht unbedingt erwidert. Sie kann auch ohne Reaktion bleiben (Hegel spricht hier von dem »harten Herz«). In diesem Fall weist das urteilende Bewusstsein die Anerkennung seines partikularen Standpunkts, die ihm von Seiten des handelnden Bewusstseins zuteilwird, zurück. Hegel liefert eine klare Diagnose:

> Es ist hier die höchste Empörung des seiner selbst gewissen Geistes gesetzt; denn er schaut sich als dieses *einfache Wissen des Selbsts* im Anderen an […]. (513/490)

Das harte Herz evoziert deshalb die höchste Empörung, da es eine Anerkennung, die ihm gerecht wird, ausschlägt. Es wird als Mitglied einer Gemeinschaft von denjenigen anerkannt, die Anerkennung zu reflektieren vermögen. Eine solche Anerkennung eröffnet dem urteilenden Bewusstsein allen Spielraum dafür, seine Position zur Geltung zu bringen. Dass es diesen Spielraum zurückweist, zerstört die Gemeinschaft, die hier sonst realisiert wäre. Aus diesem Grund spricht Hegel von der höchsten Empörung.

Dies aber ist nicht die einzige mögliche Reaktion auf die Aufforderung. Letztere kann auch zur Folge haben, dass das urteilende Bewusstsein seine Anerkennung seinerseits anerkennt, also auf das Eingeständnis eingeht. Hegel bezeichnet die Erwiderung von Seiten des urteilenden Bewusstseins mit dem Begriff der Verzeihung. Er erläutert sie folgendermaßen:

> Die Verzeihung, die es dem ersten widerfahren lässt, ist die Verzichtleistung auf sich, auf sein *unwirkliches* Wesen, dem es jenes andere, das *wirkliches* Handeln war […] als gut anerkennt oder vielmehr diesen Unterschied des bestimmten Gedankens und sein fürsichseiendes bestimmendes Urteil fahren lässt, wie das Andere das fürsichseiende Bestimmen der Handlung. (515 f./492)

Die Verzeihung ist, wie Hegel deutlich sagt, strukturell analog zu dem Eingeständnis. Jeweils wird eine bestimmte Art und Weise des Fürsichseins aufgegeben. Wir haben gesehen, worin dieses Fürsichsein besteht: Es handelt sich um eine Bestimmung von Gewissenhaftigkeit, also um eine Bestimmung dessen, was Anerkennung verdient. Sofern dieses Fürsichsein aufgegeben wird, so bedeutet dies: Die beiden Konfliktpartner hören damit auf, von sich aus Gewissenhaftigkeit bestimmen zu wollen. Indem sie sich in ihrer Partikularität wechselseitig anerkennen und damit auch anerkennen, dass sie das zu bestimmen vermögen, was Anerkennung verdient, beginnen sie bezüglich dessen, was Anerkennung verdient, zusammenzuwirken. Das erste, was sie als anerkennenswert bestimmen, ist die Partikularität ihrer eigenen Perspektiven. Auch wenn sie sich in der Sache nicht einig sind, können sie Einigkeit dahingehend herstellen, dass sie sich wechselseitig mit partikularen Perspektiven konfrontieren, über die sie sich gemeinsam auseinandersetzen können. Nun sollte die Einschätzung Hegels verständlich geworden sein, die ich bereits einige Seiten zuvor zitiert habe:

> Das Wort der Versöhnung ist der *daseiende* Geist, der das reine Wissen seiner selbst als *allgemeinen* Wesens in seinem Gegenteile, in dem reinen Wissen seiner als der absolut in sich seienden *Einzelnheit* anschaut – ein gegenseitiges Anerkennen, welches der *absolute Geist* ist. (516/493)

An diesem Punkt ist es hilfreich, sich der Ankündigung zu erinnern, die Hegel im Selbstbewusstseinskapitel mit Blick auf die Realisierung von Anerkennung gegeben hat (vgl. hier S. 104): Dort hatte Hegel die These vertreten, dass diese Realisierung vier Momente umfasst:

1. erstens das Aufgehen in einer Gemeinschaft, in der sich das Bewusstsein verliert;
2. zweitens das Aufheben der anderen, die mit ihm in Gemeinschaft stehen (die Entfremdung);
3. drittens das Aufheben seines eigenen Andersseins (das Pro-

duktivmachen der Entfremdung), wodurch das Bewusstsein zu sich zurückkehrt und damit auch den anderen frei lässt;

4. und schließlich viertens die Wechselseitigkeit, aus der heraus alle, die miteinander interagieren, sich im Sinne des dritten Moments frei lassen.

Wir haben gesehen, dass genau diese vier Momente in den Teilen des Geistkapitels vollzogen werden. Die Realisierung des dritten und vierten Moments im Gewissensabschnitt müssen wir entsprechend der Ankündigung Hegels in Begriffen der Freiheit begreifen. Entsprechend ist die Anerkennung zu verstehen, die die konfligierenden Bewusstseine sich wechselseitig schenken. Ich habe betont, dass sie sich nicht allein als solche anerkennen, die sich in ihren partikularen Standpunkten strukturell gleichen. Sie erkennen sich insbesondere auch als solche an, die Anerkennung zu reflektieren vermögen. Genau hierin liegt die Realisierung von Freiheit, auf die es Hegel ankommt: Wer in seinem Vermögen, Anerkennung zu reflektieren, anerkannt wird, gewinnt dadurch einen Spielraum, seine eigene Perspektive in Anerkennungskonflikten geltend zu machen.

Dies lässt sich auch in Begriffen von bedingter und unbedingter Anerkennung fassen, mit denen ich auf diese Weise einen roten Faden durch das Geistkapitel ziehen kann. Die konfligierenden Bewusstseine begegnen sich in der Interaktion von Eingeständnis und Verzeihung als solche, die sich in dem, was sie jeweils geltend machen, anerkennen. Ihre Anerkennung hat eine Dimension von Bedingtheit. Zugleich aber räumen sie sich auch wechselseitig den Spielraum ein, ihre eigene Perspektive im Konflikt zur Geltung zu bringen. Ihre Anerkennung hat damit eine Dimension von Unbedingtheit, die sich praktisch darin realisiert, dass der eine grundsätzlich bereit ist, auf das einzugehen, was der andere vorbringt – egal, was es ist.

Damit analysiert Hegel die Realisierung von Anerkennung so, dass in ihr eine Dimension von Bedingtheit und eine Dimension von Unbedingtheit zusammenspielen. Systematisch gesagt: Anerkennung ist dann verwirklicht, wenn Individuen miteinander so interagieren, dass sie sich einerseits in ihren bestimmten Äußerungen anerkennen (was impliziert, dass sie in vielem einig sein müssen) und andererseits die Freiheit zugestehen, jeweils das zu äußern, was aus ihrer Perspektive richtig ist.

Das Ergebnis lässt sich auch noch einmal strukturell umreißen: Anerkennung ist ein wechselseitiges Geschehen, das nur dadurch zustande kommt, dass diejenigen, die sich anerkennen, sich in ihrer Anerkennung reflektieren. Mit der abstrakten Formulierung, die Hegel schon im Selbstbewusstseinskapitel gebraucht hat, kann man die erzielte Versöhnung also folgendermaßen resümieren: »Sie *anerkennen* sich als *gegenseitig sich anerkennend*.« (154/147)

Der systematische Ertrag

Der dritte Teil des Geistkapitels widmet sich weiterhin der Frage, in welcher Weise Individuen Distanz von den normativen Ordnungen, in denen sie stehen, realisieren können. Im zweiten Teil des Kapitels hat Hegel gezeigt, dass die Bindung an eine andere normative Ordnung eine solche Distanz nicht zu gewährleisten vermag, da es dadurch nur zu einer Relativierung von Ordnungen kommt, so dass ein Zustand umfassender Haltlosigkeit resultiert.

Aus dieser Diagnose zieht Hegel in den Überlegungen des abschließenden Teils die Konsequenz, dass die Distanz nicht auf Basis einer normativen Ordnung (und in diesem Sinn aufgrund bestimmter Normen), sondern aus der Form von Praktiken heraus zu begreifen ist. Diese Einsicht entwickelt Hegel in drei Thesen:

(a) Die erste These betrifft die Form der Praxis, die Distanz im Sinne von Selbstkritik realisiert. Sie besagt, dass Konflikte konstitutiv sind für die Realisierung von Selbstkritik. Hegel spielt dabei zwei Modelle der Realisierung durch, um diese These zu etablieren.

Das erste Modell habe ich als monologisch bezeichnet: Es geht davon aus, dass die Distanz von der normativen Praxis durch eine Reflexion des normativ Richtigen zustande gebracht wird, die das Individuum von sich aus zustande bringt. Mit einer Reflexion dieser Art wird die Entfremdung allerdings nicht produktiv. Das zeigt sich für Hegel daran, dass das normativ Richtige in dieser Konzeption konstitutiv nicht mit der Wirklichkeit in Einklang zu bringen ist. Unterschiedliche Widersprüche zwischen Wirklichkeit und reflektiertem Ideal werden vielmehr festgeschrieben.

Das zweite Modell entwickelt aus diesem Grund einen Vorschlag, die Widersprüche produktiv werden zu lassen. Dies werden sie, so Hegel, dadurch, dass sie in Interaktionen von unterschiedlichen Individuen ausgetragen werden. Es handelt sich um Interaktionen, in denen sich Individuen um die Bestimmung des Richtigen streiten. Damit werden die Widersprüche auch tatsächlich vollzogen, nämlich als Akte, sich wechselseitig zu widersprechen. Wenn entsprechende Konflikte gelingen, dann stellt sich durch sie eine Distanz zur normativen Wirklichkeit her. Konflikte werden dadurch realisiert, dass Individuen sich in ihren partikularen Perspektiven anerkennen und sich wechselseitig den Spielraum einräumen, diese Perspektiven zur Geltung zu bringen. Der Eintritt in einen Konflikt setzt somit voraus, dass die Konfliktpartner sich wechselseitig anerkennen. Selbstkritik basiert, so gesehen, nicht auf einer idealen Orientierung, auf die ein Individuum sich bezieht, sondern auf den Perspektiven, mit denen unterschiedliche Individuen sich in der gemeinsamen Reflexion ihrer Praktiken konfrontieren. Sofern Selbstkritik zustande kommt, ist sie das Resultat einer reflexiven konfliktiven Interaktion unterschiedlicher Individuen in einer Gemeinschaft.

(b) Mit dieser Einsicht in die Realisierung von Selbstkritik ist eine wichtige Lektion in Bezug auf die Realisierung von Anerkennung verbunden: Anerkennung kommt nur dort zustande, wo sie auch reflektiert zu werden vermag. Anerkennung ist eine Bestätigung des anderen, die aus freien Stücken geschieht. Aus diesem Grund muss sie verweigert, bestritten oder eingefordert werden können. Sie ist insofern mit ihrer Reflexion verbunden.

Diese Reflexion aber erfordert spezifische Praktiken, die Individuen miteinander ausführen. Hegel nennt hier exemplarisch »Einverständnis« und »Verzeihung«, also sprachliche Praktiken, die es erlauben, die eigene Partikularität und diejenige des Standpunkts des anderen gleichermaßen zu reflektieren. Mit Blick auf die Frage, die Hegel im Geistkapitel verfolgt – die Frage nach der Entwicklung von Typen und Formen von Praktiken, die erforderlich dafür sind, dass Anerkennung und damit auch ein selbstbewusstes Wissen zustande kommt –, bedeutet dies: Die Realisierung von Anerkennung setzt voraus, dass Praktiken entwickelt werden, die eine Reflexion von Anerkennung ermöglichen. Dies erklärt, warum Hegel insgesamt im Geistkapitel (und auch gerade im Gewissensabschnitt) der Sprache eine so große Bedeutung beimisst.

Nun sind Eingeständnis und Verzeihung als solche allerdings keine sehr reichhaltigen reflexiven Praktiken. Auch wenn sie es den Streitenden erlauben, im Streit eine Gemeinschaft zu bilden, ist diese Gemeinschaft nicht sonderlich bestimmt. Hegel muss also danach fragen, welche Konkretisierungen und Entwicklungen von Reflexionspraktiken für die Konstitution von Anerkennung Bedeutung haben. Seine Antwort auf diese Frage setzt mit einer Thematisierung von Religion an. In dieser Weise lässt sich der Übergang verstehen, den die *PhG* nun vollzieht: Das Geistkapitel fordert am Ende den Übergang ins Religionskapitel, in dem unterschiedliche Typen reflexiver Praktiken betrachtet werden. In Hegels Worten nimmt sich der Übergang folgendermaßen aus:

> Das versöhnende *Ja*, worin beide Ich von ihrem entgegengesetzten *Dasein* ablassen, ist das *Dasein* des zur Zweiheit ausgedehnten *Ichs*, das darin sich gleich bleibt, und in seiner vollkommnen Entäußerung und Gegenteile die Gewissheit seiner selbst hat; – es ist der erscheinende Gott mitten unter ihnen, die sich als das reine Wissen wissen. (517/494)

(c) Wie aber ist das zur »Zweiheit ausgedehnte *Ich*« genau zu verstehen? Worin besteht die Versöhnung, die Hegel hier gegeben sieht? Die Versöhnung basiert auf der gemeinsamen Reflexion von Partikularität, und zwar auf der jeweils bestimmten Partikularität von Einzelnen. Diese bestimmte Partikularität besteht darin, dass andere auf sie eingehen beziehungsweise dass sie von anderen anerkannt wird.

Dies geschieht in konfliktiven Interaktionen, wobei Konflikte sehr vielfältig ausfallen können: Sie müssen nicht unbedingt so unversöhnlich entwickelt sein wie der Konflikt zwischen dem urteilenden und dem handelnden Bewusstsein. Auch eine freundlich gemeinte kritische Nachfrage ist eine Form des Konflikts. Sie eröffnet dem anderen den Spielraum, von sich aus zu antworten und damit seine partikulare Perspektive zur Geltung zu bringen. So kommt im Konflikt eine Gemeinschaft derjenigen zustande, die sich in ihren partikularen Perspektiven wechselseitig dadurch anerkennen, dass sie diese Perspektiven reflektieren. Der Konflikt ist deshalb – das ist Hegels entscheidende Pointe – nicht als ein Gegeneinander, sondern als ein Miteinander zu begreifen. Der Konflikt ist die Versöhnung, um die es Hegel geht.

VIII. Religion

Überblick

Das Religionskapitel überrascht gleich zu Beginn damit, dass Hegel die Entwicklung, der er im Geistkapitel gefolgt ist, unterbricht. Diese Unterbrechung hat den Sinn, eine Wiederholung derjenigen Entwicklung zu eröffnen, die das Geistkapitel durchlaufen hat. Hegel beansprucht also nicht, mit dem Religionskapitel an die Entwicklung des Geistkapitels anzuknüpfen, sondern vielmehr die Entwicklung des Geistkapitels noch einmal auf eine andere Art und Weise nachzuvollziehen.

Dies ist methodisch konsequent, zieht man das Ende des Geistkapitels in Betracht. Hegel ist dort auf die Relevanz von Reflexionspraktiken für die Konstitution von Anerkennung gestoßen. Reflexionspraktiken haben aber nicht nur diese systematische Relevanz mit Blick auf die Konstitution einer plausiblen Wissenskonzeption. Ihre Relevanz ist für Hegel auch methodischer Natur: Reflexionspraktiken erlauben es den in der *PhG* verfolgten Bewusstseinsgestalten, sich in ihren Wissensansprüchen zu artikulieren.

Nun gilt nicht für all diese Bewusstseinsgestalten, dass sie auch auf Praktiken der Artikulation gegründet sind. Die »Gestalten einer Welt« (340/326) jedoch, die Hegel im Geistkapitel diskutiert, sind als Wissenskonzeptionen zu begreifen, die in einer gewissen Hinsicht auch mit Praktiken der Artikulation verbunden sind (wie unter anderem ab dem Großabschnitt zur Bildung die Überlegungen zur Bedeutung von Sprache gezeigt haben, vgl. hier S. 200 f.). Aus diesem Grunde gilt für sie, dass man sie nur einseitig betrachtet, wenn man nicht auch die Reflexionspraktiken in Betracht zieht, mit denen sie verbunden sind. So geht es Hegel nun darum, eine Abstraktion des Geistkapitels zu überwinden und die mit den unterschiedlichen gemeinschaftlichen normativen Praktiken verbundenen Reflexionspraktiken systematisch aufzuklären. Aus diesem Grund muss er die Entwicklung des Geistkapitels noch einmal durchlaufen.

Das Religionskapitel diskutiert dabei ein weites Spektrum von Reflexionspraktiken. Es beginnt mit animistischen und naturreligiösen Praktiken, kommt dann auf Kunstpraktiken der Antike zu sprechen und widmet sich schließlich den monotheistischen Religionen und hier besonders dem Christentum. Hegel richtet sein Augenmerk allerdings nicht auf Religionen als solche und auf Unterschiede zwischen ihnen. Vielmehr interessiert er sich für die unterschiedlichen Typen von Reflexionspraktiken, die in Religionen realisiert sind.

Dies ist auch der Grund dafür, dass Hegel unter dem Titel der Religion auf Kunst zu sprechen kommt. Seine These ist nicht, dass Kunst eine Religion ist, sondern dass es Religionen gibt, die ihre Reflexionsleistung durch künstlerische Praktiken erbringen. Reflexion kann von Gegenständen der Natur, von Gegenständen der Kunst und von Vorstellungsgegenständen ausgehen. Die Unterschiede für die Struktur religiöser Reflexion, die sich daraus ergeben, stehen im Zentrum seines Interesses. Dieses ist also auch an diesem Punkt des Textes nicht kulturgeschichtlicher Natur (im Sinne einer Kulturgeschichte von Religionen), sondern historisch-systematisch.[1]

Hegel will im Religionskapitel klären, welche unterschiedlichen Ausprägungen Reflexionspraktiken haben können und was entsprechende Unterschiede für die jeweils realisierte Re-

1 Terry Pinkard, der klar den Charakter von Religionen als Reflexionspraktiken fasst, klärt gleichzeitig das systematische Interesse Hegels an Typen von Reflexionspraktiken nicht in ausreichender Weise; vgl. Pinkard 2008, S. 220–260.

flexion im Rahmen einer gemeinschaftlichen Praxis bedeuten. Dabei knüpft Hegel an den zu Ende des Geistkapitels gefassten Gedanken an, dass eine so geartete Reflexion immer in Gemeinschaften zustande kommt. Der Grundbegriff für eine Gemeinschaft, die Reflexionspraktiken ausführt, ist dabei der des »erscheinende[n] Gott[es] mitten unter ihnen, die sich als das reine Wissen wissen« (517/494), mit dem das Geistkapitel schließt; oder kurz gesagt: der Begriff der Gemeinde (im Sinne von *Mt.* 18,20). Im Rahmen einer Gemeinde stützt sich die Verwirklichung von Anerkennung zwischen unterschiedlichen Individuen auf die Partizipation an Reflexionspraktiken, mittels deren die Mitglieder der Gemeinde ihre Selbstverständnisse artikulieren.

Die Darlegungen des Religionskapitels sind davon geprägt, dass Hegel unterschiedliche Einseitigkeiten religiöser Reflexionspraktiken herausarbeitet. Diese Einseitigkeiten treiben die Entwicklungen von Religionen voran und schließlich über sich hinaus. Insofern ist das Religionskapitel von Anfang an darauf angelegt, in das nächste und letzte Kapitel des Buches überzugehen: also in jenes Kapitel, das dem absoluten Wissen gewidmet ist. Auch das Religionskapitel ist so als ein – letztes – Kapitel des Übergangs zu begreifen.

Probleme der Interpretation

Das Religionskapitel wirft besonders vier Fragen für die Interpretation auf:

(a) Das Kapitel ist eine von vielen Thematisierungen religiöser Bewusstseinsgestalten im Rahmen der *PhG*. Seit dem unglücklichen Bewusstsein sind in ihr immer wieder religiöse Zusammenhänge thematisiert worden. Aus diesem

Grund ist erst einmal zu klären, was die Thematisierung von Religion im Religionskapitel auszeichnet. Inwiefern kommt Hegel nun in einer neuen Weise auf Religion zu sprechen?

(b) Mit dieser ersten Frage hängt die zweite zusammen, was Hegel unter Religion genau versteht. Was heißt es, Religionen im Sinne Hegels als unterschiedliche Typen von Reflexionspraktiken zu analysieren?

(c) Im Rahmen des Kapitels fallen zwei Gestalten besonders auf: Dies sind die Kunst und das Christentum. Worin besteht die Relevanz dieser beiden Gestalten? Die Kunstreligion der klassischen griechischen Antike hat Hegel – einen Klassizisten – durchweg fasziniert: Was aber macht diese Kunstreligion für ihn systematisch so bedeutsam? Eine analoge Frage stellt sich mit Blick auf das Christentum, das Hegel immer als eine besonders geistige Religion geschätzt hat. Was macht das Christentum aus seiner Sicht systematisch bemerkenswert?

(d) Zuletzt ist die Frage wichtig, warum Religion aus Hegels Sicht mit Widersprüchen verbunden ist, die sich in ihrem Rahmen nicht aufheben lassen. In welcher Hinsicht ist Religion einseitig, und was lässt sich aus dieser Einseitigkeit mit Blick auf die noch anstehende Entwicklung von Reflexionspraktiken lernen?

Detaillierter Kommentar

Hegel beginnt das Religionskapitel mit einer Rekapitulation unterschiedlicher Bewusstseinsgestalten, in denen Religion bereits aufgetreten ist. So erwähnt er unter anderem die religiöse Orientierung des unglücklichen Bewusstseins, die religiöse Verehrung der Ahnen im Rahmen der normativen Ordnung, die er als *»göttliches Gesetz«* (342/330) bezeichnet, und den Kampf der Aufklärung gegen den Glauben. Hegel betont damit, dass im Religionskapitel nicht ein neuer Inhalt ins Spiel kommt, sondern eine neue Form der Inhalte, die in bislang diskutierten Bewusstseinsgestalten bereits im Spiel waren. Er charakterisiert diese neue Form dadurch, dass er von einer »Vollendung des Geistes« spricht:

> Wenn daher die Religion die Vollendung des Geistes ist, worin die einzelnen Momente desselben, Bewusstsein, Selbstbewusstsein, Vernunft und Geist, als in ihren *Grund zurückgehen* und *zurückgegangen* sind, so machen sie zusammen die *daseiende Wirklichkeit* des ganzen Geistes aus, welcher nur *ist* als die unterscheidende und in sich zurückgehende Bewegung dieser seiner Seiten. (522/499)

Hegel macht mit dieser Erläuterung deutlich, dass er von einer Vollendung nicht im Sinne einer Überwindung von mangelhaften Realisierungen, sondern im Sinne einer Zusammenfassung von Momenten spricht, die für sich alleine keinen Bestand haben. Insofern geht die Vollendung auch nicht aus einer Entwicklung, sondern aus einem Zurückgehen hervor (hier gilt es noch einmal zu betonen, dass Reflexionspraktiken die im Geistkapitel dargestellten Entwicklungen nach Hegels Verständnis von Anfang an begleiten). Einseitige Momente einer gesamten Praxis sind damit in das Ganze der Praxis zurückgegangen. Oder in Begriffen von Wissenskonzeptionen gefasst: Wissenskonzeptionen, die ihre Ansprüche in einseitiger Weise begründen, haben nun zu einer Wissenskonzeption geführt, die überhaupt verständlich macht, wie Ansprüche auf Wissen erhoben werden können.

Als eine solche Wissenskonzeption ist Religion nicht mit dem Anspruch auf ein Wissen über einen bestimmten Gegenstand (zum Beispiel über Gott oder das Göttliche) verbunden, sondern mit dem Anspruch, etwas über das Ganze der Praxis zu wissen, innerhalb deren Wissensansprüche zustande kommen. Die Vollendung in der Religion ist so als eine strukturelle Vollendung zu begreifen: Jetzt erst wird die Struktur verständlich, innerhalb deren die einzelnen Bewusstseinsgestalten stehen, die unter den Titeln des Bewusstseins, Selbstbewusstseins, der Vernunft und des Geistes von Hegel diskutiert worden sind: Die Bewusstseinsgestalten bestehen nicht für sich und entwickeln sich eine aus der anderen. Die Bewusstseinsgestalten sind vielmehr Momente eines Zusammenhangs, der als ganzer erfasst werden muss, wenn sie als solche Momente verständlich werden sollen. Religion ist in diesem Sinn als der Grund zu begreifen, auf dem alle bislang thematisierten Bewusstseinsgestalten aufruhen.

Was bedeutet dies für Hegels Verständnis von Religion? Er versteht Religion als ein Verständnis des Zusammenhangs der zuvor isoliert behandelten Momente. Das lässt sich konkretisieren, indem man sagt: Religion stellt mit ihren Verständnissen einen Zusammenhang zwischen all den Momenten her, die eine bestimmte historisch-kulturelle Praxis ausmachen. Ohne diesen Zusammenhang haben die Momente keinen Bestand. Insofern ist der Zusammenhang ihre Vollendung. Erst jetzt wird einsichtig, wie die Momente konstituiert sind, nämlich im Rahmen einer gemeinschaftlichen Praxis, in der geteilte Selbstverständnisse die unterschiedlichen Momente dieser Praxis verbinden. Religion ist so für Hegel der Überbegriff für unterschiedliche Arten und Weisen des Zustandekommens von geteilten Selbstverständnissen, durch die die unterschiedlichen Elemente einer Praxis zusammengehalten werden. Sie ist insofern grundsätzlich an eine Gemeinde gebunden, innerhalb deren sie geteilte Selbstverständnisse stiftet. Die in dieser Weise verstandene Religion umfasst so die *»daseiende Wirk-*

lichkeit des ganzen Geistes«. Darin unterscheidet sie sich von all den religiösen Inhalten, die im Zuge unterschiedlicher Bewusstseinsgestalten bereits gestreift worden sind. Diese religiösen Inhalte sind immer als Bezugspunkte einer Bewusstseinsgestalt verstanden worden, so zum Beispiel in der Andacht des unglücklichen Bewusstseins, das sich auf die absolute Selbstständigkeit eines jenseitigen Wesens hin entwirft, oder in der Ahnenverehrung der klassischen Sittlichkeit, in der der Ahne in unbedingter Weise anerkannt wird. Diese partikularen Bewusstseinsinhalte machen jedoch aus Hegels Sicht Religion nicht aus. Religion ist als ein Wissen vom Absoluten ein umfassendes Bewusstsein. Als solches wird sie nur verstanden, wenn sie als eine Bewusstseinsform aufgefasst wird, die andere Bewusstseinsgestalten zusammenhält, nämlich als eine Reflexionspraxis. Seine Angabe ist also präzise: Religion ist der Zusammenhang der unterschiedlichen Bewusstseinsgestalten, die er bislang analysiert hat.

Die Form von Praxis, die mit der Religion erreicht wird, ist also die einer Selbstverständnisse artikulierenden gemeinschaftlichen Praxis. Hegel charakterisiert diese Bewusstseinsgestalt (als eine Form von Praxis) auch, indem er vom »seiner selbst gewissen Geist« (523/500) spricht, sowie mit einem Begriff, der erst in der späteren Philosophie Hegels prominent geworden ist, nämlich mit dem Begriff des »absoluten Geistes« (529/505). Damit ist die Gegenstandsauffassung der Religion charakterisiert. Der Gegenstand des religiösen Selbstverständnisses ist die gemeinschaftliche Praxis, der dieses Selbstverständnis angehört. Insofern unterscheiden sich Gegenstandsauffassung und Wissensanspruch nicht mehr in einer Weise, wie sie sich bei den anderen Bewusstseinsgestalten (bis zur Moralität) unterschieden haben. In einer gewissen Hinsicht bleibt nun die Gegenstandsauffassung in den unterschiedlichen Gestalten der Religion und der Gestalt des absoluten

Wissens sogar gleich: Ihr Gegenstand ist jeweils die historisch-kulturelle Praxis, deren Selbstverständnis qua Religion oder absolutem Wissen artikuliert wird. Dass der Geist seiner selbst gewiss ist, bedeutet also, dass Wissensansprüche nicht mehr zu Gegenstandsauffassungen im Widerspruch stehen.

Damit ändert sich, und dies ist entscheidend, die Rolle von Widersprüchen im Übergang zwischen unterschiedlichen Gestalten von Religionen: Widersprüche werden jetzt innerhalb der Selbstverständnisse selbst ausgetragen. Sie werden mit den Veränderungen von Selbstverständnissen hervorgebracht (vgl. hierzu auch noch einmal meinen Kommentar zum systematischen Ertrag des Gewissenskapitels, hier S. 248 ff.). Die Änderung in der Form der Bewegung zwischen unterschiedlichen Gestalten, die so an diesem Punkt in der *PhG* eintritt, kann man mit einem zentralen Begriff Hegels, und zwar mit dem Begriff der »Selbstbewegung« (49/49 u. ö.), charakterisieren. In der Form von Reflexionspraktiken bewegt der Geist sich aus sich heraus. Er wird nicht mehr von Widersprüchen getrieben, sondern entwickelt sie selbst. Dadurch, dass eine Religion zu einer anderen in Widerspruch tritt, entwickeln sich historisch-kulturelle Praktiken insgesamt weiter. Im Rahmen all der vielen Abhängigkeiten, die für eine historisch-kulturelle Praxis und für die in ihr stehenden Individuen konstitutiv sind, ergibt sich somit ein Moment von Selbstständigkeit und von Selbstbestimmung.

Die produktive Entwicklung historisch-kultureller Selbstverständnisse geschieht dabei im Rahmen einer Praxis, die ihr eigenes Wissen als Wissen weiß. Der »seiner selbst gewisse Geist« stellt so eine Praxis dar, in der Wissen für sich selbst begreiflich wird. Wir sind damit im Rahmen von Hegels Projekt an einem entscheidenden Punkt angekommen: Hatte er in der Einleitung gesagt, es gehe ihm darum, das erscheinende Wissen zu verfolgen, so hat er in gewisser Weise jetzt Wissenschaft als ein Wissen vom Wissen erreicht: Die Verständnisse der eigenen Praxis, die mit den religiösen Reflexionspraktiken ins Spiel kommen, erlauben es den Individuen im Rahmen einer solchen Praxis, Wissensansprüche zu erheben und anderen gegenüber zu verteidigen. Die religiösen Selbstverständnisse – wie zum Beispiel das christliche Konzept der Nächstenliebe – stellen Kriterien für das Einlösen von Wissensansprüchen bereit. Sie können sich auf diese Kriterien berufen, um zum Beispiel eine bestimmte Einschätzung zu rechtfertigen oder um bestimmte Handlungen zu kritisieren. Damit tragen sie jeweils zur Weiterentwicklung dieser Kriterien und damit insgesamt zur Selbstbewegung des Geistes bei.

Hegel charakterisiert diese Selbstbewegung im Unterschied zu den bislang in der *PhG* verfolgten Bewegungen in einer abstrakten Art und Weise, wenn er sagt,

> dass diese Unterschiede [der unterschiedlichen Gestalten der Religion] wesentlich nur als Momente des Werdens, nicht als Teile zu fassen sind; an dem wirklichen Geiste sind sie Attribute seiner Substanz; an der Religion aber vielmehr nur Prädikate des Subjekts. (524/501)

Diese Erläuterung greift unter anderem auf die Terminologie Spinozas zurück, in dessen Substanzmonismus die Attribute nur als ein unterschiedlicher Ausdruck ein und derselben Substanz gelten. Charakterisiert Hegel die Unterschiede der Religion in dieser Weise, so bedeutet das erstens, dass ihre Gestalten alle strukturell ein und denselben Gegenstand ausdrücken, und zwar die historisch-kulturelle Wirklichkeit. Zweitens ist damit gesagt, dass Religionen aus einer historisch-kulturellen Praxis hervorgehen. Sie sind Resultat eines Ausdrucksgeschehens einer solchen Praxis im Sinne der Substanz.

Wir haben schon zu Anfang des Geistkapitels gesehen, dass

Hegel mit dem Substanzbegriff eine gemeinschaftliche normative Praxis bezeichnet, da diese ihm zufolge als das Grundlegende von Praktiken des Wissens im Besonderen und menschlichen Praktiken im Allgemeinen zu begreifen ist. Nun wird deutlich, dass zu einer solchen Substanz wesentlich ein Ausdrucksgeschehen gehört, das wiederum unterschiedlich ausfallen kann. Dabei ist die Entwicklung von Ausdrucksweisen eine Selbstentwicklung, innerhalb deren Formen zustande kommen, die Selbstverständnisse in jeweils anderen Weisen zu artikulieren erlauben. Die Zusammenhänge im Rahmen einer solchen Entwicklung und die Unterschiede der dabei entwickelten Formen will Hegel im Fortgang des Kapitels erkunden.

Dabei unterscheidet er grob drei Ausdrucksweisen, die die Abschnitte des Kapitels benennen, und zwar erstens die natürliche Religion, zweitens die Kunstreligion und drittens die offenbare Religion. Im ersten Fall werden die Selbstverständnisse unter Rekurs auf Naturgegenstände artikuliert; im zweiten Fall durch Kunstgegenstände, also durch Gegenstände, die von Menschen hergestellt werden; im dritten Fall schließlich durch religiöse Vorstellungen, also durch Vorstellungen wie diejenigen der Erbsünde oder der Erlösung durch den Tod des Gottessohnes.

Wie bereits gesagt, kann dabei der Eindruck entstehen, Hegel verfolge kulturgeschichtliche Entwicklungen von Religionen. Dies aber ist nicht sein Anliegen.[2] Er verfolgt die Entwicklung von Formen von Reflexionspraktiken im Rahmen einer

2 Charles Taylor bemerkt, dass Hegel unter anderem das Judentum im Religionskapitel kaum anspricht (vgl. Charles Taylor, *Hegel*, Frankfurt a. M. 1983, S. 277). Ginge es Hegel um kulturgeschichtliche Entwicklungen von Religionen, hätte er das Judentum zweifelsohne ausführlicher gewürdigt.

gemeinschaftlichen Praxis, oder mit Hegels Spinoza gesagt: Er verfolgt den Zusammenhang von Attributen der Substanz als eine Verwirklichung des seiner selbst gewissen Geistes.

A. *Die natürliche Religion*

Die erste Form der Selbstverständigung, die Hegel unter dem Titel der Religion diskutiert, stützt sich auf Naturgegenstände. Naturgegenstände werden dabei im Rahmen einer historisch-kulturellen Praxis als solche behandelt, die diese Praxis in ihren grundlegenden Orientierungen reflektieren. Hegel charakterisiert diese erste Form des seiner selbst gewissen Geistes folgendermaßen:

> In der unmittelbaren ersten Entzweiung des sich wissenden absoluten Geistes hat seine Gestalt diejenige Bestimmung, welche dem *unmittelbaren Bewusstsein* oder der *sinnlichen* Gewissheit zukommt. (529/505)

Diese Charakterisierung erlaubt es uns, zwei Aspekte zu fassen, die die erste Form der Selbstverständigung ausmachen:

Erstens handelt es sich um eine Vergegenständlichung eigener Verständnisse. Dies wird von Hegel mit dem Begriff der Entzweiung artikuliert, mit dem er zugleich deutlich macht, dass er auf Überlegungen des Geistkapitels zurückkommt. Im Anschluss an die Tragödie im Sittlichen hat Hegel dort die These entwickelt, dass Entzweiung eine notwendige Bedingung für eine Selbstbeziehung ist. Genau eine solche Selbstbeziehung wird jetzt im Rahmen einer historisch-kulturellen Praxis verständlich gemacht: Sie wird dadurch konstituiert, dass eine historisch-kulturelle Praxis sich durch einen Bezug auf spezifische Naturgegenstände in ihren grundlegenden Orientierungen versteht.

Zweitens bestimmt Hegel die Struktur der Selbstbeziehung als eine solche des *»unmittelbaren Bewusstseins«* und verweist dabei auf die sinnliche Gewissheit. Die sinnliche Gewissheit hatte Hegel als eine Wissenskonzeption erläutert, die durch einen direkten Kontakt mit dem Gegenstand zu Wissen zu kommen sucht. Von einer solchen Konzeption ist im Religionskapitel selbstverständlich nicht mehr die Rede. Dennoch wiederholt die erste Form der Selbstverständigung strukturell Aspekte des direkten Bezugs auf einen Gegenstand. Dieser direkte Bezug hat aber hier den Charakter eines Selbstbezugs. Nicht Wissen über die Welt soll durch einen direkten Kontakt zustande kommen, sondern Wissen über die Praxis einer Gemeinschaft, innerhalb deren unterschiedliche Individuen interagieren. Insofern hat der unmittelbare Kontakt einen anderen Sinn: Eine Gemeinschaft artikuliert durch den direkten Kontakt mit Naturgegenständen Verständnisse ihrer eigenen Praxis.

Hegel unterscheidet in dem Abschnitt drei Gestalten voneinander, die das unmittelbare Sich-im-Gegenstand-Wissen annehmen kann und die ich im Folgenden knapp kommentieren werde: Es geht ihm dabei darum, Realisierungen des unmittelbaren Selbstbezugs in ihrer Form zu unterscheiden und diese Formen an Modellen aus der Geschichte der Menschheit zu exemplifizieren. Zugleich will er nachvollziehen, wie sich Praktiken des Selbstbezugs und mit ihnen gesellschaftliche Strukturen entwickelt haben.

1. In der ersten Gestalt, die Hegel analysiert, artikuliert die historisch-kulturelle Praxis sich durch den Bezug auf das Licht als eine kreative, geistige Kraft. Das Licht wird als Kraft aufgefasst, die die geistigen Kräfte der betreffenden Praxis spiegelt. Als Gegenstand ist es allerdings sehr unbestimmt, so dass auch die Reflexion noch sehr unbestimmt bleibt und

es aus diesem Grund nicht vermag, bestimmte gesellschaftliche Verständnisse und Strukturen als solche zu spiegeln.

2. Dies ist bei der zweiten Gestalt anders. Hier werden Pflanzen und Tiere als Spiegelungen menschlicher Praxis herangezogen. Ihre religiöse Erhöhung hat dabei nicht den Charakter einer bloßen Vergeistigung der Natur. Hegel begreift sie vielmehr als eine Form der Selbstbewusstwerdung menschlicher Praxis. Entsprechend kommt es hier dazu, dass der Antagonismus menschlicher Praxis zum Beispiel als Antagonismus unterschiedlicher Tiere eine Reflexion von Fehden und kämpferischen Auseinandersetzungen zwischen unterschiedlichen Stämmen leistet. Die verschiedenen Tiere werden zu Identifikationsgegenständen.
   Nun sind menschliche Selbstverständnisse nicht einfach so in der Natur vorhanden. Sie werden vielmehr von Menschen selbst hervorgebracht, indem Menschen bestimmte Gegenstände als solche behandeln, in denen sie sich ihrer Identität versichert sehen. Dies ist aus Hegels Sicht der Grund dafür, dass die natürliche Religion als Reflexionspraxis sich zwangsläufig überschreitet. Es kommt den auf sich reflektierenden menschlichen Gemeinschaften gewissermaßen zu Bewusstsein, dass sie es sind, die durch ihre Behandlung bestimmter Gegenstände die Reflexion der eigenen Praxis generieren. Sie machen Gegenstände zu solchen, durch die sie gespiegelt werden. Hegel fasst dies recht abstrakt, wenn er schreibt: »Das *aufgehobne Für-sich-sein* ist die *Form* des *Gegenstandes* […]« (531/508). Reflexion ist ein aufgehobenes Fürsichsein, eine Entzweiung, in der ein Gegenstand eine gemeinschaftliche Praxis spiegelt. Hegel formuliert hier deutlich doppeldeutig, indem er sagt, dass Reflexion die »Form des Gegenstandes« ist. Das bedeutet einerseits, dass Reflexion durch die Formen eines Gegenstands geleistet wird. Sofern Licht als kreative, geistige Kraft

der Gegenstand ist, durch den eine Gemeinschaft sich selbst versteht, ist die Reflexion unbestimmter, als dies der Fall ist, wenn ein Löwe zum Beispiel als Gegenstand die Reflexion leistet – und dies wiederum auch im Unterschied dazu, dass ein Adler herangezogen wird. Jeweils ist die Form des Gegenstandes bestimmend für die reflexiven Artikulationen. Andererseits erhält der Gegenstand gerade durch den Gebrauch im Rahmen solcher Artikulationen eine spezifische Form: Er gilt nicht für sich, sondern als eine Manifestation des Fürsichseins einer gemeinschaftlichen Praxis. Sehr abstrakt gesagt: Der Gegenstand wird zum Reflexionsgegenstand.

3. Aus diesen beiden Momenten einer Reflexionspraxis, die sich an Naturgegenstände hält, folgt für Hegel eine Überschreitung dieser Praxis dahingehend, dass die Form des Gegenstands in ihrer reflexiven Stellung dezidiert als solche behandelt wird. Er kommentiert das Resultat dieser Überschreitung unter dem Titel »Der Werkmeister« als eine dritte Gestalt der natürlichen Religion. Hegel spricht auch von dem »Werkmeister der strengen Form« (532/509). In dieser Gestalt der Entwicklung religiöser Selbstverständigungspraktiken werden Gegenstände hervorgebracht, deren Formen sich an Naturgegenständen orientieren. Dabei werden Letztere in stilisierter Gestalt nachgeahmt, so dass insgesamt ornamentale Strukturen vorherrschen. Es handelt sich noch um eine Gestalt der natürlichen Religion, da Formen der Natur nachempfunden sind. Noch deutlicher als die zuvor kommentierten Gestalten begreift Hegel diese Form von Selbstverständigungspraxis als eine Gestalt des Übergangs.[3] Auch wenn Selbstverständigungen nun als solche

3 Charles Taylor stellt eine Parallele zwischen dem arbeitenden Knecht und dem Werkmeister her: Der Werkmeister objektiviert seine Ver-

praktiziert werden, die hervorgebracht werden, sind sie doch noch an die Form äußerer Gegenstände gebunden. Die Zweideutigkeit dieser Reflexionspraxis sieht Hegel in »zweideutigen sich selbst rätselhaften Wesen« (535/511) wie der Sphinx und anderen Tiermenschgestalten in besonderer Weise manifestiert. Die Aufhebung dieser Zweideutigkeit setzt voraus, dass die Form des Gegenstands ihrerseits die Form der durch den Gegenstand reflektierten Praxis annimmt. Damit treten die menschliche Gestalt und die Sprache ins Zentrum von Reflexionspraktiken.

B. Die Kunstreligion

Hegel kommentiert die entsprechende Weiterentwicklung der Formen von Reflexionspraktiken unter dem Titel der »Kunstreligion«. Kunst wird dabei als eine Praxis begriffen, in der Menschen eigene Gestalten hervorbringen, um sich über sich selbst zu verständigen und in diesem Sinne gemeinschaftliche Praktiken auszubilden, die eine bestimmte Identität aufweisen. Die Funktion von Kunst besteht entsprechend darin, Artikulationen der Grundorientierungen menschlicher Praktiken bereitzustellen. Charakteristisch für Kunst ist dabei, dass Menschen dezidiert Formen schaffen, um sich in einer gegenständlichen Entzweiung zu verstehen: Das, was in ihrer Praxis als wesentlich gilt, tritt ihnen gegenständlich entgegen.

Anders als in der natürlichen Religion sind also die Gegenstände der Kunstreligion, die Reflexion leisten, in ihrer Form durch und durch von ihrer reflexiven Funktion bestimmt. Die

ständnisse dadurch, dass er Gegenstände bearbeitet. Mit dem Werkmeister aber hat sich die Wahrheit des Knechts deutlich weiterentwickelt: Er bearbeitet Gegenstände vor allem, um seine Selbstverständnisse zu gestalten. Vgl. Taylor 1983, S. 267.

Form wird auf eine solche Weise hervorgebracht, dass sie geeignet ist, Selbstverständnisse zu manifestieren. Aus diesem Grund orientiert sich Kunst für Hegel an dem »reinen Selbst des Individuums« (539/515). Sowohl in der Skulptur als auch in der Tragödie werden Individuen dargeboten, die exemplarisch eine Realisierung des Menschen aus Sicht einer spezifischen historisch-kulturellen Praxis verkörpern.

Hegel spricht hier von der »absolute[n] Kunst« (538/514), um zu artikulieren, dass Kunst nicht in Verbindung mit anderen Praktiken, sondern für sich Selbstverständigung leistet. Die Skulpturen und Tragödien vermitteln aus sich heraus die Selbstverständnisse der jeweiligen Praxis. Eine in diesem Sinn absolute Kunst ist zu unterscheiden von Kunst, wie wir sie kennen. Für uns ist Kunst verbunden mit theoretischen Thematisierungen und kritischen Bewertungen, die wir in Kunstkritik, in unterschiedlichen Künstewissenschaften und in vielen Gesprächen nach dem Film oder während der Lektüre eines Romans vornehmen. Für uns spricht Kunst so nicht direkt, sondern immer in Verbindung mit Interpretation und Kritik als einer Reflexion ihres Sprechens. Mit dem Begriff der »absoluten Kunst« betont Hegel, dass in dem von ihm als »Kunstreligion« bezeichneten Typ der Reflexionspraxis die Gegenstände direkt Selbstverständnisse vermitteln und in diesem Sinn anders funktionieren als Kunst in der Moderne. Den Funktionswandel von Kunst, der damit implizit behauptet ist, hat Hegel später in seinen Ästhetik-Vorlesungen mit dem berühmt-berüchtigten Theorem artikuliert, das man als Satz vom Ende der Kunst bezeichnet.[4]

4 Gleich in der Einleitung der Ästhetik-Vorlesungen heißt es entsprechend, dass »die Kunst nach der Seite ihrer höchsten Bestimmung für uns ein Vergangenes [bleibt]« (Hegel, *Vorlesungen über die Ästhetik I*, in *TWA*, Bd. 13, S. 25).

Hegel artikuliert damit in der *PhG* in Grundzügen einen Begriff der Kunst, an dem er auch in seinen späteren Arbeiten durchweg festgehalten hat. Kunst ist demnach keine beliebige Praxis unter anderen Praktiken, die Menschen hervorbringen. Sie hat vielmehr den besonderen Status einer Praxis, die Selbstverständigung leistet. Insofern ist sie (als eine besondere Form von Reflexionspraxis) für die Konstitution von Gemeinschaften als einem »Fürsichsein« entscheidend. Kunst arbeitet Orientierungen heraus, die eine Gemeinschaft als eigene Orientierungen versteht, und ist damit ein wesentliches Element der Konstitution der jeweiligen Gemeinschaft.

Das Herausarbeiten von Orientierungen geschieht dadurch, dass Gegenstände hergestellt werden, die in ihrer Gestalt die betreffenden Orientierungen artikulieren. Dies ist besonders offensichtlich dort, wo zum Beispiel im Epos eine Geschichte entwickelt wird, die prototypisch den unsteten Charakter des menschlichen Lebens fasst, oder dort, wo eine Skulptur in ihrer Gestalt ein Verständnis körperlicher Selbstbestimmtheit präsentiert. Jeweils werden damit Grundverständnisse einer gemeinschaftlichen Praxis in gegenständlicher Form herausgearbeitet.

Der Abschnitt über die Kunstreligion ist wiederum in drei Gestalten gegliedert, die den Begriff der Kunst so ausdifferenzieren, dass unterschiedliche in ihm angelegte Typen von Reflexionspraktiken verständlich werden: Die erste dieser Gestalten firmiert als »das abstrakte Kunstwerk«, die zweite als »das lebendige Kunstwerk« und die dritte als »das geistige Kunstwerk«. Damit ist unter anderem eine Bewegung zur Sprache bezeichnet, von der Hegel Kunst grundsätzlich geprägt sieht. Kunst strebt demnach aus sich heraus immer mehr zu einer sprachlichen Artikulation der Verständnisse hin, die eine Gemeinschaft ausmachen. Sie beginnt insofern abstrakt, als diese Verständnisse zuerst nicht klar artikuliert sind. Die ersten

Skulpturen sind nicht konkret geformt, sondern präsentieren unartikulierte Gestalten. Genauso sind zum Beispiel die Sinnsprüche eines »*Orakel[s]*« (543/519) in einer verrätselten Sprache verfasst, so dass die dargebotenen Orientierungen sich nicht einfach erschließen lassen.

Dies ändert sich mit dem lebendigen Kunstwerk, in dem Gestalten entwickelt werden, deren Äußeres direkt die zum Ausdruck gebrachten Orientierungen erkennen lässt. Das Modell für solche Kunstwerke sind die Skulpturen der klassischen Antike, die wie der berühmte Diskuswerfer von Myron (5. Jh. v. Chr.) einen durch und durch beseelten Körper zeigen. Lebendig sind solche Gestalten deshalb, weil das Innere des Dargestellten nach außen gekehrt ist und sich unmittelbar in der Gestalt manifestiert. Hegel erläutert eine solche Vermittlung, »worin die Innerlichkeit ebenso äußerlich als die Äußerlichkeit innerlich ist« (553/528 f.), als eine solche, die die Einseitigkeit der Lebendigkeit abschüttelt, wie sie in Festen wie den Dionysien realisiert wurde. Auch solche Feste manifestieren Selbstverständnisse in einer lebendigen Gestalt, allerdings in einer Weise, dass diese Gestalt nichts Bleibendes hat. Erst mit dem Bleibenden allerdings gelinge die Herausarbeitung der gemeinschaftlichen Orientierungen zu einem Gegenstand. Insofern spricht Hegel von dem »unbefestigte[n] Taumel des Gottes«, der sich »zum *Gegenstande* beruhigen« (552/528) müsse.

Das Ideal einer nach außen tretenden Innerlichkeit aber sieht Hegel in der Sprache gegeben. Aus diesem Grund wird Kunst in ihrer dritten Gestalt als sprachliche Kunst realisiert, und zwar zuerst in Form des Epos und dann in Form der Tragödie. Wiederum geht es Hegel darum, Formunterschiede unterschiedlicher Selbstverständigungspraktiken aufzuklären. Dabei besteht erst einmal eine grundlegende Gemeinsamkeit: Sprache wird im geistigen Kunstwerk als die Form der Selbstverständigung begriffen. Das bedeutet, dass eine gegenständliche Gestalt realisiert wird, die durch und durch von Verständnissen durchdrungen ist. Sprache ist eine von Innerlichkeit geprägte Äußerlichkeit. Als eine solche stellt sie im Epos die Gestalt bereit, in der durch Mythen Selbstverständnisse artikuliert werden. Dennoch bleibt Sprache dabei insofern ein äußerliches Medium, als sie nicht so gebraucht wird, wie dies in einer lebendigen Interaktion zwischen Menschen der Fall ist. Man kann den Unterschied, um den es Hegel hier geht, zu fassen versuchen, indem man sagt: Sprache ist hier nur Medium, aber nicht Gegenstand der Selbstverständigung.

Das ändert sich mit der Tragödie. Hegel spricht davon, dass hier die Sprache »in den Inhalt hereintritt« (559/534). Er erläutert weiter:

> Diese höhere Sprache, die *Tragödie*, fasst also die Zerstreuung der Momente der wesentlichen und der handelnden Welt näher zusammen; die *Substanz* des Göttlichen tritt *nach der Natur des Begriffes* in ihre Gestalten auseinander, und ihre *Bewegung* ist gleichfalls ihm gemäß. (559/534)

Diese überaus abstrakte Kennzeichnung der Tragödie als einer Form der Selbstverständigung einer Gemeinschaft ist zugleich sehr präzise: Hegel spricht von einer höheren Sprache, da Sprache als Element des theatralen Mediums die Struktur zeigt, die für Sprache nach seinem Verständnis wesentlich ist. Diese Struktur hat sich unter anderem im Gewissensabschnitt (zu Ende des Geistkapitels) deutlich gezeigt. Dort hatten die beiden gewissenhaften Bewusstseine sich darüber gestritten, was eine gewissenhafte Handlung ausmacht. In diesem Streit werden in den Begriff der gewissenhaften Handlung Widersprüche eingetragen. Genau dies ist Hegels Verständnis zufolge die Natur des Begriffs. Der Begriff ist ein Zusammenhang widersprüchlicher Bestimmungen. Dem Begriff angemessen ist aus diesem Grund eine Darstellungsform, die die widersprüchlichen Bestimmungen in einer Bewegung entfaltet.

Die Tragödie ist für Hegel eine solche Darstellungsform. In der Tragödie interagieren unterschiedliche Figuren miteinander (wie zum Beispiel in der bereits ausführlicher erwähnten *Antigone*-Tragödie des Sophokles die Figuren von Antigone und Kreon, vgl. hier S. 177 f.). Diese Interaktionen finden wesentlich in Sprache statt. Dabei hat Sprache immer wieder die Form, dass die Figuren einander widersprechen. So zeigt die Tragödie die Natur des Begriffs, nämlich den Zusammenhang widersprüchlicher Bestimmungen.

Dies geschieht zugleich in einer besonders konzentrierten Art und Weise: Die Tragödie präsentiert einen paradigmatischen Konflikt (wie den Konflikt um den Vorrang der Familie oder der Polis zwischen Antigone und Kreon). Aus diesem Grund führt Hegel aus, dass hier »die Zerstreuung der Momente der wesentlichen und der handelnden Welt näher« zusammengefasst wird. Die auf der Bühne dargebotene Handlung ist eine Handlung, die direkt die Strukturen grundlegender begrifflicher Zusammenhänge zeigt. Die wesentliche Welt ist zum Beispiel der widersprüchliche Zusammenhang von Familie und staatlichem Gemeinwesen. Die *Antigone*-Tragödie bietet eine Handlung, die direkt diesen widersprüchlichen Zusammenhang zeigt. Aus diesem Grund gilt Hegel in der *PhG* die Tragödie als höchste Kunstgattung.[5]

Wie auch in späteren Schriften wird hingegen die Komödie von ihm, zumindest dem ersten Augenschein nach,[6] nicht be-

5 Vgl. hierzu auch Christoph Menke, *Die Tragödie im Sittlichen*, Frankfurt a. M. 1996.

6 Vgl. zu einer differenzierteren Einschätzung z. B. Andrew Huddleston, »Hegel on Comedy: Theodicy, Social Criticism, and the Supreme Task of Art«, in: *British Journal of Aesthetics* 54 (2014), S. 227–240.

sonders geschätzt. Er hält sie für eine theatrale Form, in der das Individuum sich gegenüber den Zusammenhängen in einer Gemeinschaft als unabhängig zu zeigen sucht, so dass sich Kunst als Form der gegenständlichen Präsentation wesentlicher Orientierungen einer Gemeinschaft mit der Komödie auflöst.

C. Die offenbare Religion

Der letzte Großabschnitt des Religionskapitels verfolgt eine aus Hegels Sicht wichtige Weiterentwicklung der Formen von Reflexionspraktiken. Mit dieser Weiterentwicklung wird ein Moment überwunden, das bislang durchweg bei allen betrachteten Ausdrucksformen im Spiel war: Es geht um die manifeste Gegenständlichkeit. Auch wenn das Christentum an die Menschwerdung Gottes glaubt, so ist dies, wie Hegel betont, wesentlich ein Glaube von Subjekten, denen die Welt als eine gilt, in der das Göttliche zugegen ist. Es gibt auf diese Weise ein religiöses Wissen, das alle menschliche Praxis begleitet. Dieses Wissen ist nicht an bestimmte gegenständliche Manifestationen gebunden, sondern ist im Rahmen der entsprechenden (christlichen) Praxis für alle Mitglieder der Gemeinschaft offenbar.

Hegel bezeichnet die Gestalt der Selbstverständigung aus diesem Grund als »offenbare Religion«. Der Gegenstand, auf den die gemeinschaftliche Praxis sich bezieht, um zu Selbstverständnissen zu gelangen, ist damit selbst als ein geistiger Gegenstand zu verstehen. Er spricht in diesem Sinn davon, dass hier Religion im Medium der »Vorstellung« (586/558 u. ö.) zustande komme (also nicht im Medium der Natur und nicht im Medium der Kunst), und erläutert die Struktur einer entsprechend über Vorstellungen zustande kommenden Selbstverständigung folgendermaßen:

Hier also ist in der Tat das Bewusstsein oder die Weise, wie das Wesen für es selbst ist, seine Gestalt, seinem Selbstbewusstsein gleich; diese Gestalt ist selbst ein Selbstbewusstsein; sie ist damit zugleich *seiender* Gegenstand, und dieses *Sein* hat ebenso unmittelbar die Bedeutung des *reinen Denkens*, des absoluten Wesens. (579/553)

Der Reflexionsgegenstand ist in der offenbaren Religion strukturell so verfasst wie das, was er reflektiert. Die Praxis einer Gemeinschaft hält sich an Orientierungen und ist darin selbstbewusst. Sie folgt Normen, die innerhalb ihrer selbst etabliert sind. Diese Struktur findet sich nun auch auf der Seite des Reflexionsgegenstands. Hegel charakterisiert seine Struktur als »reines Denken«. Dieses reine Denken spiegelt die Normen, die in der Gemeinschaft etabliert sind. Die vorgestellte Ordnung (zum Beispiel die Lehren von Jesus von Nazareth) ist nichts anderes als die in der Gemeinschaft verwirklichte Ordnung selbst.

Dass die Selbstverständigung über ein »reines Denken« zustande kommt, bedeutet damit, dass die geistige Struktur einer gemeinschaftlichen Praxis als diese geistige Struktur vorgestellt wird. Genau aus diesem Grund spielen manifeste Gegenstände keine zentrale Rolle mehr. Entsprechend ist auch Hegels These zu verstehen, dass jetzt die Art und Weise, wie die gemeinschaftliche Praxis für sich selbst ist, also Selbstverständnisse realisiert, ihrem Selbstbewusstsein gleich ist. Das Selbstbewusstsein ist die Ordnung, die in der Gemeinschaft etabliert ist als eine geistige Struktur, innerhalb deren das Handeln der Einzelnen in der Gemeinschaft Bedeutung gewinnt. Genau dieses Selbstbewusstsein wird nun in der Reflexionspraxis als solches zum Bezugspunkt, da das Vorgestellte die geistige Struktur artikuliert, an die die Praxis sich hält.

Wie Hegel zu Anfang seiner Erläuterung der neuen Gestalt

einer Reflexionspraxis darlegt, begreift er diese Gestalt als eine Konsequenz der zuvor entwickelten Formen von Reflexionspraxis.

Betrachten wir noch einmal die Kunstreligion (für die auf den ersten Seiten des neuen Abschnitts exemplarisch von der »Bildsäule« [570/545] die Rede ist): Hier werden Orientierungen einer gemeinschaftlichen Praxis in Skulpturen anschaulich gemacht, beziehungsweise in Tragödien das Handeln der Figuren und die Widersprüche der sie orientierenden Begriffe in ihrer Struktur offengelegt. Jeweils beziehen sich Gemeinschaften dabei durch eine gegenständliche Präsentation auf die geistigen Strukturen, die sie in ihrer Praxis leiten. Man kann es auch so ausdrücken: Sie beziehen sich auf diese Strukturen, allerdings nicht in einer direkten Art und Weise, sondern mittels eines Umwegs über eine gegenständliche Manifestation. Insofern ist es für Hegel nur zwangsläufig, dass sich Reflexionspraktiken entwickelt haben, die diesen Umweg überwinden und sich direkt auf die geistigen Strukturen beziehen. Dies geschieht im Medium von Vorstellungen, die diese Strukturen als solche artikulieren.

Bislang habe ich die Reflexionspraxis der offenbaren Religion nur in ihrer Form charakterisiert. Es ist aber wichtig nachzuvollziehen, inwiefern Hegel die christliche Religion als eine besondere Realisierung dieser Struktur begreift.[7] Dies liegt

7 Die These von der strukturellen Überlegenheit des Christentums ist nicht zu verwechseln mit der These von der religiösen Überlegenheit des Christentums. Hegel artikuliert mit seinen Überlegungen eine deutliche Wertschätzung von Religionen insgesamt und zeichnet das Christentum für dessen Selbstverständnis als Religion aus. Eine religiöse Überlegenheit des Christentums über andere Religionen behauptet er jedoch nicht. Vgl. hierzu Francesca Menegoni, »Die offenbare Religion«, in: Klaus Vieweg / Wolfgang Welsch (Hrsg.), *Hegels Phänomenologie des Geistes*, Frankfurt a. M. 2008, S. 562–577.

primär darin begründet, dass das Christentum nicht nur bestimmte Vorstellungen von Nächstenliebe, Friedfertigkeit und damit entsprechende Orientierungen gemeinschaftlicher Praxis artikuliert, sondern auch zugleich in seinen Artikulationen die Struktur der Reflexionspraxis selbst spiegelt. Die Geschichte von der Menschwerdung Gottes fasst die Art und Weise, in der Menschen sich in ihren geistigen Orientierungen selbst gegenübertreten.

Hegels Verständnis von Religion als einer Reflexionspraxis ist, wie ich betont habe, insgesamt damit verbunden, dass sie als ein Wissen vom Wissen konstitutiv ist für den Zusammenhang von Praktiken in einer Gemeinschaft. Dabei hat das Wissen vom Wissen einen herausgehobenen Status, insofern es die jeweiligen Praktiken strukturell übersteigt. Genau in dieser Weise ist für Hegel das Göttliche zu begreifen. Es ist das, was Menschen im Rahmen einer menschlichen Praxis konstitutiv überragt, was aber dieser Praxis wesentlich angehört.

Das, was Menschen im Rahmen einer gemeinschaftlichen Praxis übersteigt, lässt sich auch noch einmal ganz anders charakterisieren: Es ist die eine Sprache, die alle Individuen in ihrer Unterschiedlichkeit verbindet. Insofern ist die Pfingstgeschichte aus Hegels Sicht eine weitere wichtige Reflexion religiöser Praxis. Sie artikuliert das Göttliche als etwas, das Menschen hervorbringen, das also menschliche Gestalt hat, und dennoch Menschen als Einzelne transzendiert.[8]

Die Besonderheit des Christentums erschöpft sich aber nicht in der Reflexion auf den Zusammenhang des Göttlichen und des Menschlichen im Sinne einer Menschwerdung Gottes. Entscheidend für die christliche Lehre ist zugleich der *»Tod*

8 Hegel hat die christliche Trinitätslehre geschätzt und auch als ein Vorbild seiner Dialektik verstanden. Vgl. Hegel, *Vorlesungen über die Philosophie der Religion II*, in: *TWA*, Bd. 17, S. 213–218.

des göttlichen Menschen« (597/570). Dieser Tod ist als die Selbstaufhebung der Religion innerhalb ihrer selbst und damit als die Überschreitung in Richtung einer Reflexionspraxis zu begreifen, die nicht mehr an religiöse Vorstellungen gebunden ist. Mit der Lehre vom Tod Christi ist artikuliert, dass es in den religiösen Vorstellungen um die eigene Praxis und nicht um eine transzendente Ordnung geht. Es geht Hegel damit nicht, wie zum Beispiel Nietzsche, um den Tod Gottes im Sinne eines Verlusts an metaphysischen Sinnversprechen,[9] sondern ganz im Gegenteil darum, dass die metaphysischen Sinnversprechen falsch verstanden sind, wenn man sie einem dem Menschlichen prinzipiell fremden Wesen zuschreibt.

Deshalb führt die Reflexion der Religion zu ihrer Selbstauflösung (wie sie im Sinne Hegels als Konsequenz eines aufgeklärten Protestantismus begriffen werden kann). Die Selbstauflösung liegt in der Einsicht, dass Religion zwar sich selbst zu erfassen vermag, aber nicht die Bewegungen, innerhalb deren Religionen auseinander entstehen. Dass Religionen trotz ihrer Unterschiedlichkeit strukturell miteinander verwandt sind, kann in Form der Religion nicht gedacht werden. Die Zusammenhänge in der Entwicklung vollziehen sich in einer begrifflichen Struktur und sind aus diesem Grund nur im Medium des Begriffs zu fassen. Der Übergang zur Philosophie ist dabei nicht die Widerlegung der Religion, sondern eine Aufhebung, die zugleich eine Bewahrung darstellt: Auch der Philosophie geht es um eine Gemeinde, allerdings um eine solche, in der unterschiedliche Positionen konstitutiv miteinander verbunden sind.

9 Vgl. den berühmten Aphorismus 125 in Friedrich Nietzsche, *Die fröhliche Wissenschaft*, in: F. N., *Kritische Studienausgabe*, München / Berlin / New York 1988, Bd. 3, S. 480–482.

Der systematische Ertrag

Das Religionskapitel antwortet auf ein Desiderat, das sich zu Ende des Geistkapitels ergeben hat: Dort hatte Hegel die These verteidigt, dass Anerkennung erst durch ihre Reflexion verwirklicht wird, also dadurch, dass eine Artikulation der Gemeinsamkeiten von unterschiedlichen Perspektiven, die Individuen voreinander vertreten, entwickelt ist. Eine solche Artikulation von Gemeinsamkeiten wird durch Reflexionspraktiken geleistet. Unterschiedliche Formen solcher Reflexionspraktiken versammelt Hegel unter dem Begriff der Religion. Für Religion in diesem Sinn ist es wesentlich, dass grundlegende Orientierungen einer gemeinschaftlichen Praxis in gegenständlicher Form thematisiert werden.

Hegels Darlegungen zu Reflexionspraktiken dieser Art lassen sich in drei Thesen resümieren:

(a) Eine Typologie von Reflexionspraktiken lässt sich entwickeln, wenn man verschiedene Arten von Gegenständen, die Reflexion leisten, voneinander unterscheidet. Hegel unterscheidet dabei grob drei Arten von Gegenständen, nämlich erstens Naturgegenstände, zweitens von Menschen hergestellte Gegenstände und drittens in Vorstellungen entwickelte Selbstverständnisse. Mit jeder dieser Arten von Gegenständen bekommt Reflexion eine andere Gestalt: Auf Basis von Naturgegenständen bleibt sie unbestimmt und fasst die jeweiligen Orientierungen nur indirekt. Die von Menschen hergestellten Gegenstände (Kunstwerke) hingegen machen die von ihnen reflektierten Orientierungen direkt als solche anschaulich. Sie fassen aber den geistigen Charakter dieser Orientierungen damit noch nicht als solchen, da sie auf die Äußerlichkeit einer sinnlich-materialen Präsentation angewiesen sind.

Dies ändert sich mit Gegenständen, die in Vorstellungen entwickelt sind: Hier wird auch der geistige Charakter der Orientierungen als solcher in der Reflexion thematisch.

(b) Zwischen den Formen von Reflexionspraktiken kommt es zu einer Entwicklung, die als eine zunehmende Auflösung der Gegenständlichkeit und damit als eine Vergeistigung der Reflexion selbst zu begreifen ist. Am Anfang der Entwicklung von Reflexionspraktiken stehen demnach Gegenstände, die gewissermaßen vorgefunden sind, die also aufgrund einer gegebenen Gestalt Reflexion leisten. Der manifeste Charakter solcher Gegenständlichkeit wird bereits in der Kunst abgeschwächt, da hier die Gegenstände das Ergebnis menschlicher Formung sind. Entsprechend ist die Gestalt des Gegenstands nicht gegeben, sondern wird gegen die Natur des Gegenstands entwickelt, wie zum Beispiel in jenem Fall, in dem in einen Marmorblock eine menschliche Gestalt eingebildet wird. Mit den sprachlichen Künsten schreitet diese Entwicklung noch einmal dahingehend fort, dass hier der Gegenstand von sich aus schon eine geistige Form hat. Dennoch gibt es auch hier noch ein Moment an sinnlich-materialer Realisierung, das erst in der offenbaren Religion überwunden wird. Diese Entwicklung von Reflexionspraktiken hat auch den Charakter, dass immer mehr die menschliche Praxis als Gegenstand der Reflexion zutage tritt. Paradigmatisch ist in dieser Hinsicht für Hegel die Tragödie, die das interaktive Moment menschlicher Praxis als solches in der Form der Reflexion zum Tragen bringt.

(c) Die Entwicklung, die zwischen unterschiedlichen Formen von Reflexionspraktiken stattfindet, ist nicht als eine Erfahrung von Widersprüchen, sondern als ihre Produktion zu verstehen. Auf diese Weise tritt die Kunstreligion in Widerspruch zur natürlichen Religion und die offenbare

Religion wiederum in Widerspruch zur Kunstreligion. Ich habe im Zuge meines Kommentars zu diesem Kapitel betont, dass das Auftreten von Widersprüchen sich mit der Religion in einer Art und Weise ändert, die man am besten mit dem Begriff der Selbstbewegung fassen kann. Die Entwicklung wird nun nicht mehr von Widersprüchen angetrieben, sondern resultiert daraus, dass Widersprüche hervorgebracht werden. Die Widersprüche, die die betrachteten Reflexionspraktiken ausmachen, sind dabei gruppiert um das Verhältnis von Innerlichkeit und Äußerlichkeit, von äußerlicher Gestalt und den durch diese Gestalt herausgearbeiteten Verständnissen. Sie werden durch die Produktion von Artikulationsformen und ihre Entwicklung selbst hervorgebracht.

Dennoch wird innerhalb der Formen von Reflexionspraktiken, die Hegel als Religion begreift, ein Moment nicht thematisiert, nämlich die Struktur des Widerspruchs selbst. Widersprüche werden hervorgebracht, aber nicht so, dass die unterschiedlichen Momente, die den Widerspruch ausmachen, als solche in ihren Zusammenhängen reflektiert werden. Die Grenze der Religion besteht darin, dass sie die Verbindung von Religionen untereinander nicht als wesentliches Moment der Religion zu fassen vermag. Dazu genau müsste sie die Struktur der Widersprüche von Religionen untereinander begreifen können.

Nun könnte man denken, dass diese These der oben gegebenen Erläuterung zu Hegels Verständnis der Tragödie widerspricht. Dies ist aber nicht der Fall: Tragödien führen, so habe ich im Sinne Hegels behauptet, Widersprüche und damit die Struktur des Begrifflichen vor. Damit wird aber diese Struktur nicht als solche entfaltet, sondern eben nur vorgeführt. Mit dem tragischen Zusammenbruch, der am Ende einer solchen Vorführung steht, gehen die Widersprüche gewissermaßen verloren. Auf diese Weise haben die religiösen Reflexionspraktiken ein Desiderat: Sie weisen auf eine Praxis voraus, die die Widersprüche festhält und sie in einer Weise durchdringt, dass sie ihre Struktur im Prozess zu gestalten vermag, also auf jene Reflexionspraxis, die Hegel als absolutes Wissen bezeichnet.

IX. Das absolute Wissen

Überblick

Das abschließende Kapitel der *PhG* hat einen eigentümlichen Ruf. Es gilt als markantes Beispiel von Hegels Selbstüberschätzung. Er habe, so hört man immer wieder, seine Philosophie als Vollendung der Philosophie des Abendlands begriffen. In diesem Sinne reklamiert er für sich absolutes Wissen – ein Wissen, das sich von allen historisch-kontingenten Bedingungen gelöst hat. Geht man mit entsprechenden Vorurteilen an eine Lektüre des Kapitels zum absoluten Wissen, wird man erst einmal überrascht sein davon, dass der Ton des Kapitels überhaupt nicht nach einer triumphalen Selbstinthronisierung klingt. Man gewinnt vielmehr den Eindruck, dass hier bloß eine Zusammenfassung der Überlegungen des gesamten Buches geliefert wird, wobei diese Zusammenfassung in einer systematischen Perspektive gehalten ist. Entsprechend ist nicht noch einmal von den einzelnen Bewusstseinsgestalten und den jeweiligen Erläuterungen, die Hegel ihnen gegeben hat, sondern von systematischen Unterschieden von Gegenstandsauffassungen die Rede, die in dem Buch aufgeklärt worden sind.

Die systematische Perspektive ist besonders der Tatsache geschuldet, dass Hegel seine Überlegungen zu Formen von Reflexionspraktiken fortsetzt. Das Kapitel hat damit ein doppeltes Thema:

Erstens klärt es eine besondere Reflexionspraxis, die entsprechende systematische Unterschiede von Gegenstandsauffassungen als solche zu artikulieren erlaubt. Dies ist eine Reflexionspraxis, die im Medium des Begriffs vonstattengeht. Wenn der Begriff »sich als Begriff weiß« (612/584), dann wird die Struktur der Zusammenhänge von Bewusstseinsgestalten als solche artikulierbar. Insofern leistet das Kapitel eine Explikation des Standpunkts, von dem aus die *PhG* geschrieben ist. Hegel beansprucht damit die Reflexionspraxis für sich, mit deren Erläuterung er das Buch beendet, so dass dieses insgesamt das Zustandekommen der Praxis rekonstruiert, die von seinen Erläuterungen verwirklicht wird.

Zweitens handelt das Kapitel von der Struktur, die die Abfolge von Bewusstseinsgestalten ergeben hat. Dabei entwickelt Hegel skizzenhaft eine Darstellung, die nicht einfach die Abfolge der Bewusstseinsgestalten wiederholt, sondern eine Grundstruktur dieser Abfolge zutage fördert. Diese Grundstruktur beruht auf Unterschieden von Gegenstandsauffassungen, wie Hegel nun erklärt. Damit löst er sich von der Perspektive der in der *PhG* jeweils kommentierten Bewusstseinsgestalten und beginnt, eine allgemeine Struktur zu beleuchten, die alle Bewusstseinsgestalten prägt, kurz die Gegenstandsauffassung (diese allgemeine Struktur habe ich in diesem Kommentar bereits seit der Einleitung verfolgt). Das Kapitel zum absoluten Wissen gibt in diesem Sinn eine Zusammenfassung des zurückgelegten Weges aus einer veränderten Perspektive.[1]

Das Kapitel über das absolute Wissen ist mit einer besonderen interpretatorischen Kontroverse verbunden, die den Anspruch betrifft, mit dem Hegel hier auftritt: Auf der einen Seite wird geltend gemacht, dass das Erreichen des absoluten Wissens als ein Endpunkt des dialektischen Weges zu begrei-

1 Meine Interpretation schließt damit aus, dass es im absoluten Wissen noch Dialektiken geben kann wie in anderen Bewusstseinsgestalten und richtet sich damit zum Beispiel gegen die Deutung von Hans Friedrich Fulda, »Das erscheinende absolute Wissen«, in: Klaus Vieweg / Wolfgang Welsch (Hrsg.), *Hegels Phänomenologie des Geistes*, Frankfurt a. M. 2008, S. 601–624.

fen ist und insofern einen substantiellen Abschluss bietet.[2] Ein solcher substantieller Abschluss ist immer wieder mit dem von Hegel später artikulierten Gedanken eines Endes der Geschichte verknüpft worden.[3] Auf der anderen Seite wird das absolute Wissen als ein Punkt verstanden, der durchaus weitere Entwicklungen zulässt.[4] Nach der zweiten Lesart ist der Endpunkt der Entwicklung also zugleich als ein offenes Ende zu verstehen, mit dem die Geschichte nicht beendet ist. Jede Interpretation des Kapitels wird – sei es direkt oder indirekt – zu dieser Kontroverse Stellung beziehen.

Probleme der Interpretation

Das abschließende Kapitel der *PhG* wirft eine Vielzahl von Problemen für die Interpretation auf. Ich beschränke mich hier auf drei dieser Probleme:

(a) Das erste Problem besteht darin, den Anschluss an das Religionskapitel zu klären. Hegel formuliert bereits in der *PhG* die auch in späteren Schriften immer wieder vertretene These, der zufolge Religion und Philosophie als Gestalten des absoluten Geistes (s. o.) zu verstehen sind. Daraus

2 Vgl. hierzu unter anderem die Position, die Stephen Houlgate in Bezug auf das Kapitel zum absoluten Wissen vertritt: Stephen Houlgate, »Absolute Knowing Revisited«, in: *The Owl of Minerva* Vol. 30/1 (1998), S. 51–67.

3 Vgl. Hegel, *Vorlesungen über die Philosophie der Geschichte*, in: *TWA*, Bd. 12, S. 134.

4 Vgl. hierzu unter anderem die Position, die Simon Lumsden gegen Houlgate vertritt: Simon Lumsden, »Absolute Knowing«, in: *The Owl of Minerva* Vol. 30/1 (1998), S. 3–32. Vgl. zur These vom offenen Ende der Geschichte auch Pinkard 2008, S. 331–343.

ergeben sich aber für den Übergang zu dem Abschlusskapitel der *PhG* drei Teilfragen: Inwiefern ist erstens das absolute Wissen als ein philosophisches Wissen zu verstehen? Wie ist im Lichte der Antwort auf diese erste Frage zweitens das Verhältnis von Religion und Philosophie beschaffen, und wie funktioniert drittens der Übergang zwischen ihnen?

(b) Das zweite Problem ist mit dem in dem Kapitel besonders prominenten Begriff des Gegenstands verbunden: Welcher Gegenstandsbezug wird durch das absolute Wissen realisiert? Hegel wird gerne als Idealist verstanden, dem alle Gegenstände als vom Geist durchdrungen gelten. Ist das absolute Wissen aber tatsächlich eine Gestalt, die einen entsprechenden Idealismus vertritt, oder ist der Gegenstandsbezug anders zu verstehen?

(c) Das dritte Problem habe ich am Ende des Überblicks schon angesprochen: Es besteht darin zu klären, wie das absolute Wissen als Endpunkt des Weges, den die *PhG* zurücklegt, zu begreifen ist. Dieses Problem lässt sich auch konkret mit Blick auf den Abschluss des Textes formulieren: Was besagt der Abschluss des Buches mit dem Schiller-Zitat? Von welcher »Unendlichkeit« ist hier die Rede?

Detaillierter Kommentar

Das Kapitel zum absoluten Wissen beginnt mit einem direkten Bezug auf die Gestalt der offenbaren Religion. Hegel stellt überraschenderweise fest, dass in der offenbaren Religion das »wirkliche Selbstbewusstsein« noch »nicht der Gegenstand seines Bewusstseins« sei (602/575). Überraschend ist diese Aussage deshalb, weil Hegel ja im Religionskapitel durchaus die

These vertritt, dass in der Religion das Selbstbewusstsein gerade Gegenstand des Bewusstseins ist.

Hegel erläutert den Unterschied, um den es ihm geht, indem er auf die »Form der Gegenständlichkeit« (602/575) zu sprechen kommt, die in der Religion durchweg im Spiel sei. Ich habe die unterschiedlichen Gestalten der Religion mit dem Begriff der Reflexionspraktiken erläutert (vgl. hier S. 278 ff.). Diesen Reflexionspraktiken ist gemeinsam, dass sie Reflexion durch eine Vergegenständlichung realisieren. Der Bezug auf Naturgegenstände ist genauso mit einer Vergegenständlichung gemeinschaftlicher Orientierungen verbunden wie der Bezug auf Kunstwerke oder auf religiöse Vorstellungen. Auch die geistigen Strukturen, die im Rahmen der offenbaren Religion vorgestellt werden, reflektieren eine gemeinschaftliche Praxis dadurch, dass sich das Bewusstsein auf sie als Vorstellungsgegenstände bezieht. Hegels These lautet nun, dass diese Struktur von Reflexion sich mit dem absoluten Wissen ändert. Damit kommt es zu einer »Überwindung des Gegenstandes des Bewusstseins« (602/575), also zu einer Überwindung, die nicht einfach für das Bewusstsein als solches gilt (diesbezüglich kam eine entsprechende Überwindung letztlich bereits im Vernunftkapitel zum Tragen), sondern für das Bewusstsein als eines, das auf sich selbst reflektiert: Es reflektiert sich jetzt nicht mehr dadurch, dass es Reflexionsgegenstände hervorbringt.

Hegel eröffnet somit die Erläuterung der Gestalt des absoluten Wissens, indem er einen Formunterschied von Reflexionspraktiken beleuchtet. Das absolute Wissen funktioniert als Reflexionspraxis anders als die gegenstandsorientierten Reflexionspraktiken, die das Religionskapitel thematisiert. Die Veränderung liegt darin, dass die Form der Gegenständlichkeit aufgehoben wird. Die negative Charakterisierung des absoluten Wissens besagt damit: Reflexion kommt hier nicht durch eine Vergegenständlichung wesentlicher Orientierungen einer gemeinschaftlichen Praxis zustande.

Worin aber liegt die positive Bestimmung, die dieser negativen Charakterisierung korrespondiert? Hegel nähert sich ihr in dem Kapitel langsam an. Zu der Annäherung gehört unter anderem, dass er von einer »Begriffsgestalt« spricht. Die Reflexion wird, so die These, hier durch die Form des Begriffs (im Unterschied zur Form der Gegenständlichkeit) realisiert. Die Form des Begriffs charakterisiert Hegel gleich im zweiten Absatz als »die Bewegung des Allgemeinen durch die Bestimmung zur Einzelnheit« (603/576). Der Begriff ist die Verbindung der Allgemeinheit einer begrifflichen Bestimmung mit den Einzelheiten der Gegenstände, die unter die besagte begriffliche Bestimmung fallen, und ist insofern die Verbindung unterschiedlicher Momente. Diese unterschiedlichen Momente sind aber nach Hegels Verständnis nicht einfach in friedlicher Koexistenz miteinander verbunden, sondern schließen Widersprüche ein. Insofern ist die Verbindung von Allgemeinheit und Einzelheit im Begriff aus Hegels Sicht als von Widersprüchen geprägt zu begreifen. Für das absolute Wissen als Reflexionspraxis bedeutet dies: Es handelt sich um eine Reflexionspraxis, die die widersprüchlichen Momente von Verständnissen als solche artikuliert.[5]

Hegels dynamisches Verständnis von Begriffen lässt sich gut

5 Darin liegt auch das spezifisch Moderne der begrifflichen Reflexionspraxis, um die es Hegel geht. Terry Pinkard hingegen ist der Meinung, aus Hegels Sicht gehe es in der modernen, säkularen Reflexion um die »praktische Versöhnung« von Theorie und Praxis im Medium der Sprache (vgl. Pinkard 2008, S. 264). Dieses Verständnis von Moderne scheint mir aber eher Habermas (vgl. Jürgen Habermas, »Die Einheit der Vernunft in der Vielfalt ihrer Stimmen«, in: J. H., *Nachmetaphyisches Denken*, Frankfurt a. M. 1992, S. 179–186) als Hegel zu treffen.

an dem Beispiel des Begriffs des Menschen illustrieren. Der Begriff des Menschen umfasst unterschiedliche menschliche Seinsweisen wie die des Kindes, des Jugendlichen, des Erwachsenen, des Alten, aber auch des Sportlichen, des Unsportlichen, des geistig Begabten sowie des Dementen. All diese Einzelheiten gehören zu Ausprägungen, die das Menschliche aufweist. Unterschiedliche dieser Momente aber befinden sich im Widerspruch zueinander: So ist ein Kind nicht erwachsen, hat also seine geistigen Kräfte noch nicht voll ausgebildet. Und jemand, der dement wird, verliert die geistigen Kräfte, die er ehedem besaß. Dennoch gehören alle diese Einzelheiten zum Begriff des Menschen dazu. So ist der Begriff nicht einfach eine bloße Allgemeinbestimmung, sondern erfasst als Allgemeinbestimmung widersprüchliche Momente in ihrem Zusammenhang. Dabei bestehen die Widersprüche, von denen hier die Rede ist, Hegels Verständnis zufolge nicht einfach im Denken: Sie sind vielmehr Momente der Realität, so dass der Begriff Denken und Sein verbindet. Der Begriff entwickelt sich aufgrund der widersprüchlichen Momente, mit denen die Wirklichkeit immer wieder seine Allgemeinbestimmung konfrontiert. Begriffe sind entsprechend aus Hegels Sicht nicht als stabile Größen, sondern als aus sich heraus beweglich und instabil zu verstehen.

Hegel erläutert den besonderen Charakter von Begriffen als Allgemeinbestimmungen immer wieder, indem er sagt, dass der Begriff eine konkrete Allgemeinheit ist, im Unterschied zu abstrakten Allgemeinheiten, die die unter sie fallenden widersprüchlichen Momente nicht als solche fassen. Abstrakte Allgemeinheiten greifen widersprüchliche Momente der Wirklichkeit nicht einfach als solche auf, die die Allgemeinbestimmung in Bewegung setzt, sondern gehen fälschlicherweise davon aus, dass solche Momente einfach als Einzelheiten unter sie fallen. Entsprechend abstrakte Allgemeinbestimmungen haben wir im Bewusstseinskapitel kennengelernt (vgl. hier S. 70 ff.). Hegel hat eine bestimmte Art und Weise der Abstraktheit dort unter anderem mit dem Begriff der »*sinnliche[n] Allgemeinheit*« (108/105) charakterisiert.

Nun lässt sich besser verstehen, was es heißt, eine solche eingeschränkte Form der Allgemeinheit zu überwinden: Allgemeinheit muss dadurch konkret werden, dass sie unterschiedliche Momente, die unter eine Allgemeinheit fallen, so fasst, dass der Zusammenhang ihrer widersprüchlichen Aspekte als Bewegung verständlich wird. Hegel hat für dieses Verständnis von Begriffen als konkreten Allgemeinbestimmungen eine markante Formel entwickelt. Demnach ist der Begriff die »Identität der Identität und der Nichtidentität«:[6] Begriffe fassen den Zusammenhang zwischen der Einheit einer Allgemeinbestimmung und den widersprüchlichen Besonderheiten, durch die die Allgemeinbestimmung sich entwickelt.

Widersprüchliche Momente lassen sich aber nicht nur an Verständnissen wie dem Begriff des Menschen, sondern auch an Selbstverständnissen und ihrer Form aufweisen. So hebt eine Reflexionspraxis in der Form des Begriffs auch Widersprüche auf, wie sie sich in der offenbaren Religion gezeigt haben. Dort werden, so haben wir gesehen, die geistigen Strukturen einer gemeinschaftlichen Praxis in Vorstellungen vergegenständlicht. Diese Form der Reflexion ist aber in sich selbst widersprüchlich. Die geistigen Strukturen gehören den Praktiken an, die in der jeweiligen Gemeinschaft ausgeführt werden. Wenn sie vergegenständlicht werden, werden sie von genau

6 Diese Formel gebraucht Hegel erstmals in der Differenz-Schrift zur Charakterisierung des Absoluten; vgl. Hegel, *Die Differenz des Fichteschen und Schellingschen Systems der Philosophie*, in: *TWA*, Bd. 2, S. 96.

diesen Praktiken gelöst. Das Reflektierende ist also in diesem Fall – und das ist trivial – nicht mit dem Reflektierten identisch. Die Vergegenständlichung führt dazu, dass die Reflexion das Reflektierte nicht als solches trifft. Die geistigen Strukturen werden so von der Reflexionspraxis der Religion in gewisser Weise verfehlt. Damit enthält sie einen Widerspruch, den sie selbst nicht zu reflektieren erlaubt, und fordert insofern eine Reflexionspraxis, die Widersprüche als solche zu reflektieren vermag.

Der Widerspruch in der Struktur der Selbstreflexion kann auch noch einmal anders gefasst werden, indem man sagt, dass die Selbstreflexion sowohl ein Sich-Verändern, eine Transformation beziehungsweise Nichtidentität, als auch ein Bei-sich-Bleiben, eine Identität, umfasst. Eine Selbstreflexion, die sich selbst zu reflektieren vermag, muss genau diese Struktur thematisieren können. Dies macht eine Reflexionspraxis aus, in der der Begriff »sich als Begriff weiß« (612/584), das heißt eine begriffliche Reflexionspraxis.

Mit der begrifflichen Reflexionspraxis wird der Widerspruch der offenbaren Religion in einer gewissen Hinsicht aufgehoben, da die geistigen Strukturen einer Praxis nun nicht mehr objektiviert, sondern als solche entwickelt werden. Wer sich in der Form des Begriffs selbst thematisiert, der entwickelt in dieser Reflexion die geistigen Strukturen der eigenen Praxis als solche weiter. Dies kann zum Beispiel – rufen wir uns noch einmal das Gewissenskapitel in Erinnerung, vgl. hier S. 241 ff. – dadurch geschehen, dass danach gefragt wird, was eine gewissenhafte Handlung ausmacht. Im Rahmen einer begrifflichen Reflexionspraxis lässt sich eine solche Frage so angehen, dass Kriterien für Gewissenhaftigkeit thematisiert werden. Denjenigen, die sich über eine solche Frage streiten, steht mehr zur Verfügung, als nur zu sagen *»Ich bin's«* (513/490). Sie können artikulieren, in welchem Verhältnis für sie Urteile und Handlungen zueinander stehen, welche Rolle der Zustimmung anderer bei der Realisierung von Gewissenhaftigkeit zukommt, und so fort. Sie entwickeln durch eine solche begriffliche Interaktion das jeweilige Verständnis von Gewissenhaftigkeit und in diesem Sinn die geistigen Strukturen ihrer Praxis weiter.

Begriffe sind in dieser Weise als jene Form zu verstehen, in der sich Wirklichkeit und menschliche Praktiken ausbilden. Jeweils kommt eine Entwicklung dadurch zustande, dass unterschiedliche Momente sich einander entgegensetzen und sich aus solchen Entgegensetzungen Zusammenhänge ergeben. Im Rahmen von Reflexionspraktiken kann es nun dazu kommen, dass diese Struktur innerhalb der Entwicklung selbst bedacht wird. Und genau dies ist in einer begrifflichen Reflexionspraxis der Fall. Eine solche Reflexionspraxis ist Philosophie in einem sehr weiten Sinn: eine begriffliche Thematisierung der begrifflichen Zusammenhänge, die in der eigenen Praxis realisiert sind.[7]

Nachdem wir so weit in einem ersten Schritt die abschließende Form von Reflexionspraktiken charakterisiert haben, die Hegel als absolutes Wissen bezeichnet, können wir in einem zweiten Schritt darangehen, mehr zu dem Status zu sagen, den Gegenständlichkeit im Rahmen dieser Reflexionspraktiken erhält. Ich habe bereits eine sehr pauschale Charakterisierung dieses neuen Status gegeben: Die Form der Gegenständlichkeit ist in der begrifflichen Reflexionspraxis aufgehoben. Damit ist erst einmal nur gesagt, dass Reflexion hier nicht

7 Insofern kann man die Aufhebung der Gegenständlichkeit in der begrifflichen Reflexionspraxis auch so fassen, dass hier Reflexion einen ganz und gar dynamischen Gegenstand hat. In diesem Sinne versteht Jean Hyppolite die Entwicklung der *PhG* insgesamt als eine solche, in der die Gegenstände immer dynamischer werden. Vgl. Hyppolite 1979, S. 580.

mehr durch Vergegenständlichung (in welcher Form auch immer) funktioniert. Das aber ist noch nicht alles: Mit einer begrifflichen Reflexionspraxis verändert sich der Gegenstandsbezug des Bewusstseins insgesamt. Um diese Veränderung zu verstehen, ist es hilfreich, erst einmal bei der Rekapitulation der Entwicklung der *PhG* in Begriffen einer Gegenstandsauffassung anzusetzen, mit der der zweite Absatz des Abschlusskapitels beginnt:

> Der Gegenstand ist also teils *unmittelbares* Sein, oder ein Ding überhaupt, was dem unmittelbaren Bewusstsein entspricht; teils ein Anderswerden seiner, sein Verhältnis, oder *Sein für Anderes* und *Für-sich-sein*, die Bestimmtheit, was der *Wahrnehmung*; teils *Wesen* oder als Allgemeines, was dem Verstande entspricht. (603/576)

Im Begriff des Gegenstands haben sich untilgbare Widersprüche gezeigt, die sich unter anderem aus den Momenten der Unmittelbarkeit und Vermittlung, der Einzelheit und Allgemeinheit, des Fürsichseins und Seins-für-Anderes ergeben. Den Begriff des Gegenstands zu reflektieren bedeutet also, die Widersprüche zu artikulieren, die ihn ausmachen. Das »Wissen des Dinges« (605/578) ist ein Wissen von diesen Widersprüchen. Mit ihm kommt die geistige Struktur einer gemeinschaftlichen normativen Praxis zu sich selbst, und zwar in einem primär formalen Sinn: Es geht nicht um eine Selbstbewusstwerdung in Bezug auf bestimmte Verständnisse von Gegenständen, sondern um eine Selbstbewusstwerdung in Bezug auf den Gegenstandsbezug selbst. Dabei wird die Form der Gegenständlichkeit als solche durchdrungen und in diesem Sinne aufgehoben.

Was dies genauer heißt, lässt sich wie folgt erläutern: Der Begriff, der sich als Begriff weiß, weiß den Gegenstand als das, was ihm entgegengesetzt ist, und zugleich auch als dasjenige, was ihn selbst ausmacht: Begriffe sind nichts anderes als artikulierte Gegenstände. Zugleich sind sie in sich durch und durch Vermittlung und insofern dem In-sich-Bestehen von Gegenständen entgegengesetzt. Genau solche Widersprüche machen den Zusammenhang von Begriff und Gegenstand aus. Das Sich-Wissen des Begriffs erlaubt es, die widersprüchliche Struktur des Zusammenhangs von Begriff und Gegenstand zu artikulieren. Der entscheidende Aspekt dieser Artikulation liegt nun darin, dass man mit ihr überhaupt erst in einem vollen Sinn zwischen Begriff und Gegenstand unterscheiden kann. Erst dort, wo die Form des Begriffs reflektiert wird, ist es möglich, sich auf einen Gegenstand als solchen zu beziehen.

Dieser Gedanke ist so entscheidend, dass es lohnt, ein wenig bei ihm zu verweilen: Für die Bewusstseinsgestalten (und Weltgestalten), von denen die *PhG* bislang gehandelt hat, war es jeweils charakteristisch, dass sie sich in einer bestimmten Weise auf Gegenstände beziehen. Der Inhalt der jeweiligen Bewusstseinsgestalt (mit der Einleitung gesprochen: ihr Wissen) war durch einen bestimmten Gegenstand geprägt. Im Bewusstseinskapitel ging es dabei primär um unmittelbare Gegenstände, im Selbstbewusstseinskapitel um andere Selbstbewusstseine, im Vernunftkapitel um eigene Denkbestimmungen und so fort. Dabei war jeweils entscheidend, dass ein Bewusstsein seine spezifische Gestalt durch ein bestimmtes Verständnis von Gegenständlichkeit erhält.

Mit der begrifflichen Reflexionspraxis ändert sich diese Struktur des Bewusstseins. Das Bewusstsein bezieht sich jetzt auf Begriffe und insofern auf geistige Strukturen, so dass es nicht direkt von einem bestimmten Gegenstandsbezug geprägt ist. Das aber führt dazu, dass es jetzt auf Gegenstände als dasjenige, was Begriffe in Bewegung bringt, zu reflektieren vermag. So kann zum Beispiel im Rahmen einer begrifflichen

Reflexionspraxis gefragt werden, ob eine spezifische Handlung, die als gewissenhaft begriffen wird, nicht den Begriff der gewissenhaften Handlung herausfordert. Oder es kann gefragt werden, ob nicht mit einer Argumentation, die uns intuitiv als schlüssig erscheint, ein bestimmtes formales Schema für schlüssiges Argumentieren verletzt wird, so dass dieses Schema aufgegeben werden muss. In solchen Fragen gewinnt der Gegenstand eine gewisse Unabhängigkeit von der begrifflichen Tätigkeit des Bewusstseins.

Man muss hier von einer »gewissen Unabhängigkeit« sprechen, da ja die genannten Fragen nur dann Sinn machen, wenn das Bewusstsein in seiner begrifflichen Reflexion von einem Zusammenhang zwischen Begriff und Gegenstand ausgeht. Gegenstände werden gerade aus dem Grund als unabhängig behandelt, weil sie eine Einspruchsinstanz gegen begriffliche Strukturen darstellen, also nichts anderes sind als das, was von Begriffen artikuliert wird. Man kann eine solche Veränderung des Gegenstandsbezugs pointieren, indem man sagt, dass es dem Bewusstsein nun möglich ist, sich in freier Weise auf Gegenstände zu beziehen und sich aus einer gewissen Unabhängigkeit heraus mit ihnen auseinanderzusetzen. Dies war weder im Rahmen der bislang diskutierten normativen Praktiken noch im Rahmen der bislang diskutierten Reflexionspraktiken möglich.

Die Freisetzung des Gegenstands, die damit im absoluten Wissen realisiert wird, darf aber nicht so verstanden werden, dass durch sie die Einheit von Denken und Sein zerbricht. Das Gegenteil ist der Fall: Erst durch diese Freisetzung stellt sich diese Einheit in vollem Sinn her. Hegel denkt die Einheit von Denken und Sein nämlich nicht als eine bloße Identität, sondern als eine Identität in Differenz. Seit Beginn des Geistkapitels hat er gemeinschaftliche Praktiken als Einheit von Denken und Sein diskutiert: Die Wirklichkeit gemeinschaftlicher Praktiken ist demnach durch und durch von Normen geprägt. Dabei realisieren die Normen letztlich eine begriffliche Struktur: Sie entwickeln sich aus den von ihnen gefassten Momenten der Wirklichkeit, und sie entwickeln die Wirklichkeit dadurch, dass sie in ihr realisiert werden.

In vielen Gestalten von Praktiken, die Hegel im Laufe des Geistkapitels betrachtet, bleibt diese Entwicklung aber einseitig. So sind die Normen zum Beispiel in der sittlichen Substanz erstarrt oder gewinnen – wie in der Bildung – ihre Bewegung nur gegen die Wirklichkeit. Im vollen Sinn ist die Einheit von Denken und Sein für Hegel also erst dann realisiert, wenn die Entwicklung der begrifflichen Struktur der Wirklichkeit sich in vollem Maße entfaltet. Dies aber setzt voraus, dass Gegenstände von begrifflichen Strukturen unterschieden werden und so ungebremst zur Entwicklung dieser Struktur beizutragen vermögen. Die Einheit von Denken und Sein stellt sich dort her, wo beide aus ihrem Zusammenhang heraus voneinander unterschieden werden.

Die Freisetzung des Gegenstands ist zugleich als ein Moment des Freiheitsgewinns in der begrifflichen Tätigkeit zu verstehen, und zwar genau so, wie Kant Freiheit in der begrifflichen Tätigkeit gefasst hat, also als Selbstbegrenzung (vgl. hierzu auch die Darstellungen im dritten Abschnitt der Einführung dieses Buches, hier S. 19 ff.). Die Selbstbegrenzung ist dabei aber nicht als Eingrenzung von Erkenntnismöglichkeiten überhaupt zu denken, sondern als eine Befragung einzelner begrifflicher Strukturen durch einen Bezug auf einzelne oder mehrere Gegenstände. Sie fällt also konkret aus und muss in unterschiedlichen Zusammenhängen immer wieder neu vorgenommen werden. Hegel erläutert die Möglichkeit der Selbstbegrenzung in dem veränderten Gegenstandsbezug prägnant:

> Das Wissen kennt nicht nur sich, sondern auch das Negative seiner selbst oder seine Grenze. Seine Grenze wissen heißt sich aufzuopfern wissen. (618/590)

Versteht man die Idee der Selbstbegrenzung im Sinne dieser These von dem freien Bezug auf Gegenständliches her, kann man sie folgendermaßen erläutern: Das Bewusstsein weiß, dass es im Gegenständlichen einen nicht zu überwindenden Widerstand hat, der zugleich zu ihm gehört – als das Negative seiner selbst. In begrifflichen Reflexionen opfert sich das Bewusstsein immer wieder in dem Sinne auf, dass es an keiner bestimmten begrifflichen Struktur festhält, sondern bereit ist, Strukturen aufgrund der von Gegenständen ausgehenden Impulse zu revidieren.

Mit dieser Selbstbegrenzung des absoluten Wissens wird verständlich, inwiefern Erfahrung ein negatives Moment hat: Die Reflexion in Form des Begriffs ermöglicht es, den Widerstand von Gegenständen als negativen Impuls zu erfahren. Gadamer hat Hegel auf Basis der Einleitung der *PhG* die Einsicht zugeschrieben, dass Erfahrung generell ein negatives Moment habe.[8] Das ist richtig, fasst aber nicht das Erfordernis, Erfahrung zu entwickeln. Erst dort, wo die Negativität als solche produktiv gemacht wird, kommt es aus Hegels Sicht zu Erfahrungen im vollen Sinn. Dies geschieht in einer begrifflichen Reflexionspraxis, die dezidiert nach Widerständen der Gegenstände gegen etablierte begriffliche Strukturen fragt.[9]

In meinem Kommentar zur Einleitung habe ich den dort von Hegel vertretenen Erfahrungsbegriff erläutert, indem ich von einer Veränderung von Gegenstandsauffassungen gespro-

8 Vgl. Gadamer 1990, S. 359f.

9 Insofern wird gerade im absoluten Wissen die Offenheit realisiert, die Gadamer in ihm vermisst. Vgl. ebd., S. 361.

chen habe: Eine Erfahrung ist demnach nur dann gegeben, wenn es zu einer neuen Gegenstandsauffassung kommt. Ich habe diesen Interpretationsvorschlag dadurch motiviert, dass Hegel nicht plausiblerweise der Gedanke zugeschrieben werden kann, in einer einfachen Erfahrung wie einer Rotwahrnehmung komme es zu einer Veränderung des Gegenstands. Es zeigt sich nun nochmals, dass diese Einschätzung zwar richtig ist, aber doch differenziert werden muss: Im Rahmen einer begrifflichen Reflexionspraxis kommt es mit der Bewegung der Begriffe immer auch zu Veränderungen der Gegenstände. Am Beispiel des Begriffs des Menschen gesagt: Wenn wir etwas Neues über Menschen erfahren, verändert sich das, was Menschen als Gegenstände für uns sind. Mit jeder Veränderung des Begriffs kommt es, von einer anderen Seite aus betrachtet, immer auch zu einer Veränderung der Gegenstandsauffassung. In einer etwas Hegelianischen Sprechweise kann ich es so ausdrücken: Die in der *PhG* diskutierten Erfahrungen, die zu einer Veränderung von Gegenstandsauffassungen und so zu je neuen Wissenskonzeptionen führen, werden an diesem Punkt aufgehoben. Wir haben jetzt eine Wissenskonzeption erreicht, die als solche mit einer steten Veränderung von Gegenstandsauffassungen verbunden ist.

Der veränderte Gegenstandsbezug dieser Wissenskonzeption als einer Praxis der Selbstbegrenzung wird von Hegel in zwei weiteren Hinsichten kommentiert:

(a) Auf der einen Seite gilt er ihm als Realisierung eines grundlegenden Zusammenhangs zwischen Geist und Natur, zwischen gemeinschaftlicher, normativer Praxis und der dieser Praxis zugrundeliegenden Natur (vgl. hierzu den Fortgang des Abschnitts im Anschluss an das letzte Zitat).
(b) Auf der anderen Seite stellt sich hier aus seiner Perspektive

ein ebenso grundlegender Zusammenhang von Subjekt und Gegenstand, von Ich und Ding her.

Hegel kommentiert diesen Zusammenhang pointiert mit der Aussage, »dass das *Sein des Ich ein Ding ist*« (604/577). Er bezeichnet diese Aussage als ein »unendliche[s] Urteil« (604/577) und damit als eine Instanz eines Typs von Urteilen, die er in der Vorrede als spekulative Urteile diskutiert und die entsprechend seinem Selbstverständnis zentral für seine Philosophie sind (vgl. hierzu den Kommentar zur Vorrede, hier S. 327 ff.). Die Aussage ist entsprechend nicht zu verstehen wie die Aussage ganz ähnlicher Art, der wir bereits im Vernunftkapitel begegnet sind. Die dort im Zusammenhang mit der Schädellehre herausgearbeitete Idee, dass das Ich mit dem Schädelding zu identifizieren sei (vgl. 271/260), findet Hegel absurd.

Er meint mit der jetzt getroffenen Aussage etwas anderes, das wir gut im Kontext der Überlegungen zur Selbstbegrenzung in begrifflichen Reflexionen verstehen können: In solchen Reflexionen setzt, so haben wir den Gedanken der Selbstbegrenzung verstanden, das Ich sich den Impulsen aus, die von Gegenständen ausgehen. Insofern ist das Ich in seinen Reflexionen erst dadurch in begrifflicher Weise selbstbewusst, dass es die Gegenstände von den begrifflichen Strukturen, an die es sich hält, als Einspruchsinstanzen in Bezug auf diese Strukturen und genau als solche zu diesen Strukturen gehörend unterscheidet. In diesem Sinn liegt die Wahrheit seines begrifflichen Tuns in den Gegenständen, dies jedoch nicht so, dass es nichts anderes wäre als die gegenständliche Wirklichkeit, sondern so, dass es sich in seinem freien begrifflichen Reflektieren an die Gegenstände bindet. Ich und Ding sind nicht ein und dasselbe, sondern hängen in ihrer Unterschiedlichkeit miteinander zusammen. Genau dieser Zusammenhang im Unterschied wird mit dem absoluten Wissen begreiflich.

So erweist sich das absolute Wissen nicht als eine Gestalt eines einseitigen Idealismus, sondern als dessen Gegenteil. Hegels These, dass erst mit einem Wissen von der Form des Begriffs die Form der Gegenständlichkeit insgesamt durchdrungen und damit aufgehoben ist, weist diese überraschende Seite auf: Mit der Reflexion der Struktur des Begrifflichen werden Gegenstände freigesetzt. Gegenstände erreichen eine gewisse Unabhängigkeit von dem Zugriff des Bewusstseins. Insofern ist das Zu-sich-Kommen der geistigen Strukturen einer gemeinschaftlichen Praxis mit einem Realitätsgewinn verbunden – nämlich mit einer Auseinandersetzung mit Gegenständen, die in einer gewissen Hinsicht unabhängig sind.

Was dies bedeutet, lässt sich noch einmal an wissenschaftlichen Praktiken erklären: Wer sich über seine eigenen Begriffe und begrifflichen Interessen Rechenschaft ablegt, kann sich besonders auf Gegenstände als solche beziehen, die nicht einfach den Begriffen beziehungsweise begrifflichen Interessen korrespondieren. Er kann sich sensibilisieren für Aspekte von Gegenständen, die unverstanden sind und damit eine Weiterentwicklung der verfügbaren Verständnisse fordern. Der Standpunkt einer begrifflichen Reflexionspraxis erweist sich damit als ein schlechthin realistischer Standpunkt. Dies wird umso klarer, wenn man bedenkt, dass zur begrifflichen Selbstbegrenzung auch Interaktionen zwischen unterschiedlichen Begriffsbenutzerinnen und Begriffsbenutzern gehören. Charakteristisch für diese Interaktionen ist, dass diejenigen, die miteinander interagieren, in Bezug auf die Bedeutung der gebrauchten Begriffe nicht einig sein müssen, sondern sich gerade auch dann anerkennen, wenn sie einander widersprechen und sich wechselseitig kritisieren. Die Reflexion in der Form des Begriffs erlaubt es den Beteiligten, sich wechselseitig immer wieder auf die Realität zu verpflichten und sich mit ihren begrifflichen Strukturen den Gegenständen auszusetzen.

Insofern ist es also ein grobes Missverständnis, das absolute Wissen als eine Gestalt bloßer Selbstbespiegelung zu verstehen. Dieses Missverständnis wird ohne Zweifel von einigen der Formulierungen Hegels nahegelegt. So schreibt er zum Beispiel:

> Diese letzte Gestalt des Geistes, der Geist, der seinem vollständigen und wahren Inhalte zugleich die Form des Selbsts gibt und dadurch seinen Begriff ebenso realisiert, als er in dieser Realisierung in seinem Begriffe bleibt, ist das absolute Wissen; es ist der sich in Geistsgestalt wissende Geist oder das *begreifende Wissen*. (610/582)

Das klingt erst einmal so, als gehe es allein darum, dass der Geist seinen (eigenen) Begriff realisiert. In der Tat kann man Hegels Rede von einem »sich in Geistsgestalt wissende[n] Geist« in dieser Weise verstehen wollen. Aber ein solches Verständnis ist nicht gerechtfertigt. Hegel geht es nicht um den Gedanken, dass der Geist hier nur noch sich selbst zum Gegenstand hat, sondern allein um die Form der Reflexionspraxis, die im absoluten Wissen zustande kommt. Die Form der Reflexionspraxis ist, wie herausgearbeitet wurde, das Sich-Wissen des Begriffs und damit der geistigen Struktur einer gemeinschaftlichen Praxis. Das »*begreifende Wissen*« ist so als eine spezifische Reflexionspraxis zu verstehen. Entsprechend gilt es, wenn Hegel von dem »sich in Geistsgestalt wissende[n] Geist« spricht, zu betonen, dass hier eine spezifische Gestalt gewusst wird, nämlich die begriffliche Gestalt der besagten geistigen Struktur.

Hegels These, dass der Geist sich selbst erreicht hat, markiert insofern keinen substantialistischen Endpunkt, sondern vielmehr den Anfang einer neuen Entwicklung. Damit, dass der Geist sich erreicht hat, kommt die Selbstbewegung, von der ich bereits in meinem Kommentar zum Religionskapitel gesprochen habe, in vollem Maße zustande, nämlich als eine Selbstbewegung, die die begriffliche Struktur aus ihrer Selbstunterscheidung im Rahmen der Einheit von Denken und Sein vollzieht.

An diesem Punkt der Aufklärung des veränderten Gegenstandsbezugs lässt sich damit nun die dritte Frage angehen, die oben gestellt wurde: die Frage danach, wie der mit dem absoluten Wissen erreichte Endpunkt zu verstehen ist. Hegel nimmt selbst Stellung zu dem Abschluss, den er mit dem absoluten Wissen erreicht hat, wenn er schreibt:

> In dem Wissen hat also der Geist die Bewegung seines Gestaltens beschlossen, insofern dasselbe mit dem unüberwundenen Unterschiede des Bewusstseins behaftet ist. (616/588)

Was beschlossen wird, ist nicht alle Bewegung überhaupt, sondern die »Bewegung [des] Gestaltens«, die der Geist durchlaufen hat. Es ist in diesem Zusammenhang wichtig, noch einmal daran zu erinnern, inwiefern hier von einem Gestalten des Geistes die Rede ist. Geist ist für Hegel der Zusammenhang, der sich durch eine normativ strukturierte gemeinschaftliche Praxis und die konstitutiven Verbindungen von Subjekten mittels der Anerkennung ihrer normativen Bindungen ergibt. Dieser Zusammenhang ist, wie dargelegt, für Hegel wesentlich mit Reflexionspraktiken verbunden. Letztere haben dabei nicht primär die Aufgabe, einen bestimmten Stand von Praxis abzubilden, sondern sind wesentlich produktiv: Mit dem Zusichkommen des Geistes, seiner Selbstbewusstwerdung bildet sich der Geist in unterschiedlichen Typen und Formen von Praktiken aus.

Insofern ist der Abschluss im absoluten Wissen konsequent

gelesen als ein Anfang zu verstehen: als der Anfang geistiger Praxis überhaupt. Hegel verfolgt in der *PhG* die Frage, wie ein Wissen sich als Wissen verstehen und in diesem Sinne überhaupt Wissen sein kann. Wir sehen nun, dass diese Frage für ihn eine gewisse Transformation durchlaufen hat (die im Wechsel des Buchtitels, den Hegel vollzieht, manifest wird): Es geht darum, wie Geist überhaupt als solcher zustande kommt. Die begriffliche Reflexionspraxis ist dabei nicht der Endpunkt eines Weges, der zu einer uneingeschränkten Selbstgewissheit des Geistes führen würde, sondern der Endpunkt eines Weges, auf dem das Verständnis, was Geist ausmacht, zunehmend von Einseitigkeiten befreit und in diesem Sinn vollständiger geworden ist. Das Zusichkommen des Geistes ist ein wesentliches Moment seiner eigenen Konstitution. Die »Phänomenologie des Geistes« ist also nicht eine Explikation seines unvermeidlichen Endes. Sie klärt vielmehr auf, wie Geist sich in seinen unterschiedlichen Erscheinungsweisen zeigt.

Zu den Erscheinungsweisen des Geistes gehört demnach, dass er dadurch die Bedeutung von Gegenständen (und auch der Natur) realisiert, dass er sich von ihnen in einer gewissen Weise löst. Durch diese Lösung erst konstituiert der Geist sich als selbstbestimmte Praxis – als eine immer wieder durch begriffliche Reflexion ausgelöste Bewegung, die in vielen Abhängigkeiten steht, so dass Selbstbestimmung als eine spezifische Form des Umgangs mit diesen Abhängigkeiten zu verstehen ist. Wer den Endpunkt der *PhG* substantialistisch versteht, muss den konstitutiven Charakter des absoluten Wissens übergehen, will er nicht Hegel (gegen alle textliche Evidenz) zuschreiben, Geist als entwicklungslos zu verstehen. Liest man den Endpunkt hingegen, wie hier erläutert, als einen Endpunkt in der Entwicklung von für den Geist konstitutiven Typen und Formen von Praktiken, so fordert dies geradezu den Gedanken, dass mit diesem Endpunkt eine Entwicklung erst einsetzt.

Nun könnte man aber einwenden, dass Hegel doch deutlich über das Tilgen der Zeit im absoluten Wissen spricht. So schreibt er:

> Die *Zeit* ist der *Begriff* selbst, der *da ist* und als leere Anschauung sich dem Bewusstsein vorstellt; deswegen erscheint der Geist notwendig in der Zeit, und er erscheint so lange in der Zeit, als er nicht seinen reinen Begriff *erfasst*, das heißt, nicht die Zeit tilgt. (612/584)

Wie sind die Aussagen, der Geist erscheine in der Zeit und der Geist tilge mit dem Erfassen seines reinen Begriffs die Zeit, zu verstehen? Sofern der Geist in der Zeit erscheint, gilt, dass die Zeit ihm äußerlich ist und dass die zeitliche Struktur ihm nicht angehört. Das »in« impliziert also, dass die Zeit hier etwas anderes ist als der Geist. Tilgt der Geist hingegen die Zeit, verliert sie diese Fremdheit für ihn. Sie wird nun ein Moment seiner eigenen Struktur. Das heißt mit Blick auf eine begriffliche Reflexionspraxis, dass diese mit ihrer Reflexion begrifflicher Strukturen die Zeit selbst entwickelt. Sie führt dazu, dass neue Momente in Begriffe eingetragen werden, es also zu einer Bewegung der Begriffe und damit einer Entwicklung der ihnen inhärenten Zeitlichkeit kommt. Kurz gesagt: Die begriffliche Reflexionspraxis realisiert – wie oben bereits gesagt – Selbstbewegung in vollem Sinn.

Das reflexionslose Denken ist ein Denken, das Begriffe als bestimmte feststehende Größen auffasst. Damit wird aber das wesentlich zeitliche Moment von Begriffen gerade nicht gefasst und lässt sich nur als äußerer Einfluss verstehen, der den Begriff (oder wie Hegel in der Einleitung sagt: den Gegenstand) verändert. Mit der Selbstbewegung begrifflicher Strukturen in der begrifflichen Reflexion wird hingegen die Zeit als inhärentes Moment von Begriffen verständlich. Wird also in diesem Sinn die Zeit getilgt, bedeutet dies nicht, dass damit die zeitliche Entwicklung beendet wäre, sondern, dass zeitliche Entwicklung jetzt nicht mehr als äußerer Ablauf, sondern als innere Entwicklung verstanden wird.

Ich schlage entsprechend vor, das absolute Wissen als eine fortwährende Bewegung zu begreifen. Es handelt sich um eine Reflexionspraxis der geistigen Strukturen einer gemeinschaftlichen, normativen Praxis, in der Letztere durch entsprechende Reflexionen immer weiterentwickelt wird. Die Bewegung geht unter anderem aus der Differenzierung von begrifflichen Strukturen und Gegenständen, die von diesen Strukturen artikuliert werden, hervor. Ein anderer ihrer Motoren stellt die Spannung zwischen der Innerlichkeit des Selbstbewusstseins und der Äußerlichkeit gemeinschaftlicher Praxis dar.

Der formale Begriff, den Hegel für diese mit dem absoluten Wissen einsetzende unentwegte Bewegung prägt, ist der der »Unendlichkeit«. Er schließt das Buch mit zwei Versen aus Schillers Gedicht »Die Freundschaft«, die er frei, also mit deutlichen Abweichungen von Schillers Original, zitiert: »aus dem Kelche dieses Geisterreiches / schäumt ihm seine Unendlichkeit« (619/591; im Original »Aus dem Kelch des ganzen Seelenreiches / Schäumt ihm – die Unendlichkeit«). Ich verstehe den Begriff der Unendlichkeit als den formalen Begriff für die Selbstbewegung des Geistes, die in der begrifflichen Reflexionspraxis im vollen Sinn anfängt.

Was bedeutet es, zu sagen, dass die Selbstbewegung nun in vollem Sinn anfängt? Ich kann das gut erläutern, indem ich Hegels positiven Begriff der Unendlichkeit des absoluten Wissens mit dem von Hegel kritisch gebrauchten Begriff der schlechten Unendlichkeit kontrastiere:[10] Eine Bewegung ist

10 Vgl. zum Begriff der schlechten Unendlichkeit Hegel, *Enzyklopädie der philosophischen Wissenschaften*, in: *TWA*, Bd. 8, § 94.

demnach dann im schlechten Sinn unendlich, wenn sie immer nur Veränderungen hervorbringt, ohne dass etwas bestehen bleibt. Eine im positiven Sinn unendliche Bewegung hingegen hat ein grundsätzlich bleibendes Moment. Die begriffliche Reflexionspraxis des absoluten Wissens bleibt in aller Selbstbewegung bei sich. Sie weiß alle Veränderungen begrifflicher Strukturen, die sie vollzieht, als solche, die ihr selbst angehören, und realisiert so ihre Identität dadurch, dass sie sich selbst verändert. Die begriffliche Reflexionspraxis ist in der steten Weiterentwicklung und Entfaltung von Begriffen befasst (wie Hegel sie zum Beispiel in seiner *Wissenschaft der Logik* auf Basis der *PhG* ausgeführt hat).

Charakteristisch für die Selbstbewegung des Geistes in Form des absoluten Wissens ist allerdings, dass in ihr die Entwicklung von Typen und Formen von Praktiken aufgehoben ist. Die Reflexionspraxis hat insofern einen Endpunkt erreicht, als sie durchweg eine Reflexion in begrifflicher Form realisiert, also in einer Form, die in sich Widersprüche und Einseitigkeiten anderer Typen und Formen von Praktiken austrägt und in diesem Sinn Identität gewinnt. Man kann so sagen, dass das absolute Wissen eine Form gefunden hat, die es erlaubt, Erfahrungen zu machen, ohne dass damit auch eine neue Gegenstandsauffassung zustande käme.

Insofern verstärkt sich mit dem absoluten Wissen die Stabilisierung der Praxis, die bereits mit den Reflexionspraktiken der Religion zustande gekommen ist. Mit diesen hatte bereits insofern eine Identität in die Struktur menschlicher Praxis Einzug gehalten, als die Gegenstandsauffassung sich von Religion zu Religion nicht mehr ändert: Immer geht es Religionen um die wesentlichen Orientierungen der Praxis, die sie reflektieren. Trotz dieser Stabilisierung verändert sich von Religion zu Religion die Form der Reflexion und werden in diesem Sinn Widersprüche produziert, mit denen sich in der Weiterentwicklung von Praktiken Unterschiede ergeben. Die Weiterentwicklung geschieht damit, wie man im Sinne des oben Zitierten sagen könnte, »in der Zeit«. Mit dem absoluten Wissen kommt allerdings diese Weiterentwicklung, in der eine geistige Praxis um ihre Formen ringt, zu einem Abschluss und begründet damit einen neuen Anfang. Es wird eine Identität der Praxis erreicht, die gerade in unbegrenzten Weiterentwicklungen besteht.

Die Identität der Praxis ist damit nicht so zu begreifen, dass sie ein für alle Mal garantiert und insofern mit dem Erreichen des absoluten Wissens die fröhliche begriffliche Selbstkorrektur gesichert wäre. Hegel sagt sehr deutlich, dass er ein solchermaßen übertrieben optimistisches Bild für falsch hält (vgl. 618/590 f.). Immer wieder kann es dazu kommen, dass Wissen fehlverstanden, dass zum Beispiel wieder eine Explikation des Wissens unter Rekurs auf sinnliche Unmittelbarkeit oder im Sinne des geistigen Tierreichs versucht wird. Rückfälle und Neuansätze bezüglich des Wissens vom Wissen sind immer möglich. Hegel macht geltend, dass uns die Praxis der kritischen Selbstbefragung immer wieder verlorengehen kann. Dann hilft aus seiner Sicht nur noch eine *»Er-Innerung«* (619/591), die dazu führt, dass die in der *PhG* entwickelten Korrekturen einseitiger Wissenskonzeptionen wieder nachvollzogen werden, so dass der Standpunkt der konsequenten Selbstkritik in der begrifflichen Reflexionspraxis wieder einsichtig wird. Erinnert werden müssen dann die Typen und Formen von Praktiken, die ein Selbstverständnis erlauben, das Wissensansprüche in ihrer Verfasstheit einsichtig werden lässt.

In meinem Kommentar zur Einleitung der *PhG* habe ich dargelegt, dass eine zentrale methodische Selbstangabe Hegels in der Formulierung versteckt ist, es gehe ihm um einen »sich vollbringende[n] Skeptizismus« (75/72). Mit dem absoluten Wissen wird genau dies realisiert: Es handelt sich um die – immer wieder prekäre – Reflexion einer gemeinschaftlichen normativen Praxis in der Form des Begriffs. Diese Reflexionspraxis erlaubt es, grundsätzlich jede begriffliche Struktur einer Revision zu unterziehen. Das absolute Wissen ermöglicht es in diesem Sinn, durchweg skeptisch zu sein, ohne dass daraus substantielle skeptische Konsequenzen zu ziehen wären. Ein sich vollbringender Skeptizismus erweist sich damit als genau das, was ich angekündigt habe: Es handelt sich nicht um eine Theorie von der Unmöglichkeit des Wissens, sondern um ein produktives Element in seiner Konstitution.

Zur Konstitution von Wissen gehört es, Wissen vom eigenen Wissen zu haben, also das, was nur scheinbar Wissen ist, vom echten Wissen unterscheiden zu können. Genau dies erlaubt eine unbegrenzte begriffliche Reflexionspraxis: Immer aufs Neue können hier begriffliche Strukturen befragt und als solche der Konfrontation mit Gegenständen ausgesetzt werden. So eröffnet gerade das Zusichkommen einer gemeinschaftlichen normativen Praxis den Spielraum für eine grundsätzlich nicht endende Selbstbefragung. Um es noch einmal mit dem Dichter zu sagen, mit dem auch Hegel schließt: »aus dem Kelche dieses Geisterreiches / schäumt ihm seine Unendlichkeit.« (619/591)

Der systematische Ertrag

Das absolute Wissen präsentiert mit der begrifflichen Reflexionspraxis die letzte Stufe in der Entwicklung von Typen und Formen von Reflexionspraktiken. Um die letzte Stufe handelt es sich aus dem Grund, weil in der Form der Reflexion nun eine bleibende Identität gewonnen ist. Die Reflexion geht in denselben geistigen Strukturen vonstatten, die auch Gegenstand der Reflexion sind, das heißt in begrifflichen Strukturen.

Insofern hebt die begriffliche Reflexionspraxis die Widersprüche auf, die mit den Reflexionspraktiken einhergehen, die unter dem Titel der Religion versammelt sind.

Die formale Änderung, die mit dem absoluten Wissen in der Reflexion gegeben ist, hat nun Hegel zufolge weitreichende Konsequenzen. Drei dieser Konsequenzen sind in besonderer Weise als Ergebnisse der Kommentierung festzuhalten:

(a) Eine gemeinschaftliche normative Praxis gewinnt durch Reflexionspraktiken, die eine begriffliche Form aufweisen, in grundlegender Weise Stabilität. Sie formiert sich als eine Praxis, die in unterschiedlichsten Veränderungen Bestand hat.
Damit klärt Hegel die Substanz, von der er seit dem Anfang des Geistkapitels (oder genauer: seit Mitte des Vernunftkapitels) gesprochen hat, weiter auf: Substanz ist eine gemeinschaftliche normative Praxis dadurch, dass sie in begrifflichen Reflexionspraktiken eine Identität ausbildet, die in allen Veränderungen von Welt-, Fremd- und Selbstverständnissen bestehen bleibt und insofern die Identität bildet, von der aus überhaupt erst diese Veränderungen als bestimmte Veränderungen begreiflich werden. Der Begriff der Substanz, der uns auch in der Vorrede wieder begegnen wird, ist genau in diesem Sinne zu verstehen: als eine gemeinschaftliche normative Praxis, die gerade in aller Veränderung und in allen Widersprüchen, die sie ausmachen, eine bleibende Identität realisiert.

(b) Reflexionspraktiken im Medium des Begriffs erlauben es, Gegenständen in einer gewissen Unabhängigkeit zu begegnen, da im Begriff die Widersprüche, die ihn ausmachen, artikuliert werden können. Hegels Idealismus ist nicht mit einer Einverleibung der Gegenstände in die geistigen Strukturen begrifflicher Reflexionspraxis verbunden, sondern genau mit dem Gegenteil: Durch eine begriffliche Reflexionspraxis wird es möglich, Gegenständen in einer gewissen Freiheit zu begegnen und ihnen somit gleichermaßen ein Stück weit Eigenständigkeit zu eröffnen. Hegels Idealismus erweist sich damit als durch und durch realistisch. Nun könnte man einwenden, dass dies kein Realismus in vollem Sinn ist, da Hegel offensichtlich Gegenstände mit der Einschränkung als unabhängig versteht, dass sie aus einer begrifflichen Perspektive unabhängig sind. Der Einwand ist aber nur in dem Maße stichhaltig, wie wir aus einer absoluten Unabhängigkeit von Gegenständen Sinn machen können. Das aber ist uns unmöglich. Eine Unabhängigkeit der Gegenstände können wir nur in dem Maße denken, wie diese Unabhängigkeit tatsächlich Relevanz für uns zu haben vermag (zum Beispiel dadurch, dass wir uns für Gegenstände interessieren, die vor allen menschlichen Kulturen existiert haben).

(c) Mit dem absoluten Wissen ist eine spezifische Entwicklung des Wissens vom Wissen beendet, nämlich die Entwicklung, die dieses Wissen in seiner Konstitution entfaltet. Mit diesem Endpunkt setzt aber aus Hegels Sicht genau jene Entwicklung ein, die aus diesem Wissen vom Wissen selbst hervorgeht. Dieser These widmete sich mein Kommentar schon ausführlich. Ich habe aber bisher nicht betont, dass genau in ihrem Licht Hegel noch einmal als ein Denker der Moderne verständlich wird. Die Moderne kann aus Hegels Perspektive genau in dieser Weise verstanden werden, nämlich als die Formation gemeinschaftlicher normativer Praktiken, in der sich in unbegrenzter Weise Entwicklungen zu vollziehen vermögen, ohne dass dabei die entwickelte Gestalt der Praxis selbst überschritten würde. Insofern ist es auch irreführend, Hegel die These zuzuschreiben, das absolute Wissen sei mit seiner Philosophie begründet worden. Das absolute Wissen ist aus Hegels Sicht mindestens so alt wie die Philosophie selbst. In einem strukturellen, also nicht historischen Sinn ist bereits Platons Denken modern und auch dasjenige von Thomas von Aquin. Was bedeutet das? Es bedeutet, dass Platon eine begriffliche Reflexion praktiziert, die erstens eine immer neue Selbstbefragung erlaubt und die zweitens dieselbe bleibt, wenn sie nicht von Platon, sondern von uns praktiziert wird. Das begriffliche Denken Platons ist seiner Form nach modern, da es bis in unsere Tage hinein unbegrenzte Fortsetzungen zu finden vermag, ohne dass damit immer wieder neue Formen von Praxis begründet würden. Charakteristisch für diese Praxis ist, dass wir zur Gänze Antiplatoniker sein und doch mit Platon wesentlich an einem gemeinsamen diskursiven Projekt arbeiten können. Das ist bei Religionen anders: Auf ihrem Boden sind jeweils nur begrenzte Entwicklungen möglich. Wer sich weiterentwickeln möchte, muss eine neue Religion gründen. Insofern zeigt sich die begriffliche Reflexionspraxis nicht als das Ende, sondern in einer gewissen Hinsicht tatsächlich als der Anfang einer Entwicklung, die in Hegels Sinn als spezifisch modern zu begreifen ist.

X. Vorrede

Überblick

Der Textteil, mit dem Hegels Buch beginnt, ist als letzter entstanden. Aus diesem Grund schließe ich meinen Kommentar mit ihm ab. Hegel reagiert mit ihm unter anderem auf die Veränderungen, die das Projekt seit der Einleitung, die sich eine »Wissenschaft der Erfahrung des Bewusstseins« und noch keine »Phänomenologie des Geistes« zum Ziel setzt, durchlaufen hat. Zugleich artikuliert Hegel grundlegende Elemente seines Philosophierens und damit seines Verständnisses von Philosophie. Insofern kann die Vorrede als eine Verlängerung seiner sehr knappen Darlegungen zum absoluten Wissen gelesen werden. Sie fasst dessen Standpunkt nicht aus der Perspektive des Ganges der *PhG*, sondern in eigenständiger Weise und erläutert damit ein Wissen vom Wissen, das sich in einer begrifflichen Struktur und damit konstitutiv von Widersprüchen geprägt vollzieht.

Die Vorrede weist damit über die *PhG* im engeren Sinn hinaus. Hegels Absicht besteht darin, mit ihr das gesamte System der Philosophie einzuleiten, wie es ihm zur Zeit der Fertigstellung der *PhG* vorschwebte. Entsprechend war zumindest in einigen der Exemplare der Erstauflage nach der Vorrede ein gesondertes Titelblatt eingefügt, das die *PhG* als ersten Teil des Systems auswies. So ist die Vorrede ein Grundsatztext, der auch Hegels Logik, seine Naturphilosophie und seine Philosophie des Geistes vorbereitet: Sie führt nicht – wie die *PhG* von der Einleitung an – zu einem philosophischen Standpunkt hin, sondern führt ihn aus.

Das mag einer der Gründe dafür sein, dass die Vorrede alles andere als einfach zu lesen ist. Ein anderer Grund liegt darin, dass es sich um einen langen und unübersichtlichen Textteil handelt, der keine zielstrebige gedankliche Entwicklung bietet, sondern in loser Folge unterschiedliche Aspekte von Hegels Philosophieverständnis zusammenstellt (dies zeigt sich etwa schon daran, dass er im Text, anders als sonst im ganzen Buch, zuweilen Leerzeilen einstreut). Die Vorrede versammelt unterschiedliche gedankliche Zusammenhänge, die Hegels Verständnis der Philosophie vom Ende der *PhG* her umreißen.

So verwundert es nicht, dass der Anspruch der Ausführungen der Vorrede mit dem Abschluss des Buches im absoluten Wissen locker mithalten kann: Hegel spricht aus einer sehr abstrakten Perspektive und kommt zu Thesen, die nur aus dieser abstrakten Perspektive einsichtig zu machen sind. Die Vorrede ist berühmt für diese Thesen, die sich als Highlights des von Hegel groß Gesagten rasch in Erinnerung rufen lassen: »Das Wahre ist das Ganze.« (23/24) Und: Es gelte, »das Wahre nicht als *Substanz*, sondern ebensosehr als *Subjekt* aufzufassen und auszudrücken« (21/23).

Solche Formeln oder Schlüsselworte sind immer wieder zum Anlass genommen worden, Hegel Maßlosigkeit und eine übertriebene Selbsteinschätzung vorzuwerfen. Sie gelten auch als Ausweis für den überholten metaphysischen Anspruch seiner Philosophie. Das nachmetaphysische Denken, so hört man allenthalben, hat unhaltbare metaphysische Ansprüche überwunden und sich so von zutiefst problematischen, da unwissenschaftlichen Voraussetzungen befreit.

Solche Einschätzungen aber gehen an der Vorrede (und, wie wir gesehen haben, überhaupt an der *PhG*) weit vorbei. Hegel verteidigt Metaphysik in einer Weise, die kein noch so fröhlicher Positivismus überwinden kann, nämlich als den Zusammenhang grundlegender Prinzipien unseres Erkennens. Ohne solche grundlegenden Prinzipien ist Erkennen schlicht nicht möglich. Also gilt es, Hegels metaphysische Thesen so zu verstehen, dass sie als ein Vorschlag zur Erläuterung solcher grundlegenden Prinzipien verständlich werden.

Mit diesen Vorklärungen ist auch ein Leitfaden für die Lektüre der Vorrede gegeben: Sie handelt von grundlegenden Prinzipien menschlichen Erkennens. Wie die Substanz zu denken ist, auf deren Basis Erkennen sich verwirklichen lässt, inwiefern Erkenntnis auf Wahrheit ausgerichtet ist und welche Rolle Negation spielt: All diese Fragen werden angesprochen. Dabei geht es Hegel nicht – wie später in der *Wissenschaft der Logik* – darum, ein komplettes kategoriales System für die Reflexion menschlicher Wissensansprüche auszuarbeiten. Vielmehr will er die Prinzipien verständlich machen, nach denen ein solches kategoriales System aus seiner Sicht aufzustellen wäre. Die Vorrede wartet also mit einer Metaperspektive auf (auch das trägt dazu bei, dass es sich um einen Text handelt, der alles andere als einfach zu verstehen ist). Es gibt also einige gute Gründe dafür, in der Interpretation der *PhG* nicht allzu viel an ein Verständnis der Vorrede zu hängen und ein solches Verständnis auf jeden Fall erst nach dem Durchgang durch den sonstigen Text und nicht vor einem solchen Durchgang zu suchen.

Probleme der Interpretation

Aufgrund des abstrakten Charakters der Vorrede und aufgrund ihrer mäandernden Textgestalt ist es keine leichte Sache, einzelne Probleme auszumachen, die eine Interpretation vorrangig klären sollte. Ich halte mich aus diesem Grund bei der Formulierung von Problemen an drei große Themen der Vorrede: erstens an Hegels Diskussion des Wahrheitsbegriffs, zweitens an die Betonung des Subjektcharakters der Substanz und drittens an die Theorie philosophischer Aussagen. Entsprechend lauten drei wichtige Fragen, die eine Interpretation klären sollte:

(a) Wie sind Hegels durchaus seltsam anmutende Thesen in der Bestimmung von Wahrheit zu verstehen? Offensichtlich vollzieht er einen ähnlichen Schritt wie nach ihm Heidegger, der sich explizit gegen den Begriff der Wahrheit als metasprachliches Prädikat für die Beurteilung von Aussagen richtet.[1] Hegel bleibt aber dem ersten Augenschein nach recht undeutlich darin, wie er dem Wahrheitsbegriff eine andere, grundlegende Bestimmung geben will. Diese Neubestimmung gilt es aufzuklären.

(b) Die zweite Frage richtet sich auf einen der Leitbegriffe, die Hegels philosophische Arbeit orientieren, nämlich auf den Begriff der Vernunft: Wie ist Hegels Anspruch zu verstehen, eine Perspektive der Vernunft im Gegensatz zu einer Perspektive des Verstandes zu etablieren? Inwiefern liegt in dieser Unterscheidung ein Schlüssel zu Hegels merkwürdiger These, es gelte, die Substanz als Subjekt zu denken? Warum ist es unmöglich, aus einer Perspektive des Verstandes zu einem angemessenen Verständnis der Substanz zu gelangen?

(c) Hegel formuliert im Zuge der Vorrede mit der Theorie des spekulativen Satzes ein Verständnis seiner eigenen Sprache in der *PhG*. Es gilt hier erst einmal zu verstehen, worin sich ein spekulativer Satz von einem gewöhnlichen Aussagesatz unterscheidet. Zugleich aber muss die Relevanz spekulativer Sätze für Hegels Philosophie beleuchtet werden: Was besagt die Theorie spekulativer Sätze darüber, wie Hegel zu lesen ist?

1 Vgl. Martin Heidegger, *Sein und Zeit*, Tübingen [17]1990, § 44.

Detaillierter Kommentar

Wegen der herausgestellten Eigentümlichkeit der Vorrede ist mein Kommentar anders angelegt als bei den anderen Kapiteln. Es soll hier bewusst nicht darum gehen, alle wichtigen Aspekte des Textes zu erfassen, sondern vielmehr um die Beantwortung der genannten drei Probleme der Interpretation. Weder folge ich dem Text chronologisch, noch beleuchte ich die vielen Positionierungen, mit denen Hegel sich von seinen Zeitgenossen (vielfach recht polemisch) abgrenzt. Stattdessen wird ein systematischer Zusammenhang zwischen den genannten Fragen hergestellt, um zentrale Aussagen Hegels verständlich zu machen.

Ich beginne mit der womöglich markantesten These, die Hegel in der Vorrede präsentiert: »Das Wahre ist das Ganze.« (23/24) Diese Aussage Hegels hat nicht zuletzt Adornos Widerspruch hervorgerufen, der in seinen »Minima Moralia« entgegenhält, das Ganze sei das Unwahre.[2] Unklar ist aber, ob diese Kritik (sofern Adorno so zu verstehen ist) gerechtfertigt ist.

Betrachten wir genauer, was Hegels These besagt: Er gebraucht in den Ausführungen der Vorrede immer wieder den Begriff des Ganzen und vertritt damit eine Position, die sich als Begriffsholismus charakterisieren lässt (auf diese Position sind wir bereits im Bewusstseinskapitel gestoßen): Eine Begriffsholistin vertritt die These, dass der Gehalt eines Begriffs nur im Zusammenhang mit den Gehalten eines Ganzen an Begriffen konstituiert ist. Diese These können wir auch anders artikulieren, indem wir sagen, dass jeder begriffliche Gehalt ein Ganzes anderer begrifflicher Gehalte reflektiert.

2 Vgl. Theodor W. Adorno, *Minima Moralia*, in: T. W. A., *Gesammelte Schriften*, Frankfurt a. M. 2003, Bd. 4, S. 55.

Der von Hegel vertretene Begriffsholismus betrifft dabei insbesondere auch die Begriffe für die Artikulation der Ansprüche des Wissens, also Begriffe wie Konkretheit, Allgemeinheit, Selbstständigkeit und Vernunft. All die Begriffe, die mit den in der *PhG* diskutierten Wissenskonzeptionen ins Spiel kommen, sind im Zusammenhang konstituiert. Aus diesem Grund hat Hegel auch durchweg argumentiert, dass sie dann nur einseitig gefasst sind, wenn sie aus den Zusammenhängen herausgelöst werden, in denen sie ihren Gehalt gewinnen. Die *PhG* ist also so zu verstehen, dass sie dic konstitutiven Zusammenhänge eines Ganzen von Begriffen analysiert. Dabei handelt es sich (anders als bei der *Wissenschaft der Logik*) nicht um den Versuch, die Prinzipien des Erkennens insgesamt zu erkunden, sondern die Grundbegriffe einer solchen Erkundung aufzuklären.

Will man ein solches Ganzes von Begriffen verstehen, muss man die Beziehungen aufklären, die Elemente innerhalb dieses Ganzen verbinden. Der Gehalt jedes der Begriffe, die innerhalb des Ganzen stehen, wird durch Beziehungen konstituiert, in denen er zu anderen Begriffen steht. Mit Blick auf die in Frage stehenden Beziehungen kommt ein weiterer zentraler Begriff von Hegels Philosophie ins Spiel: Gemeint ist hier der Begriff der Negation beziehungsweise der Negativität. Hegel fasst die Dynamik innerhalb des Ganzen von Begriffen, indem er von der »Arbeit des Negativen« (22 .f/24) spricht. Negationen sind im Gang der *PhG* immer wieder in Form von Widersprüchen innerhalb von Bewusstseinsgestalten zutage getreten, die von neuen Bewusstseinsgestalten aufgehoben werden. Bewusstseinsgestalten negieren so einander, und damit negieren auch die für die Formulierung ihrer Wissensansprüche zentralen Begriffe einander.

Die Negation ist dabei nicht einfach als eine Ausschlussbeziehung zu verstehen. Ein Begriff ist nicht einfach in dem Sinne eine Negation der anderen Begriffe, mit denen er in Beziehung steht, dass die Gegenstände, die unter ihn fallen, nicht unter die anderen Begriffe fallen. Die Negation, von der Hegel spricht, ist vielmehr so verfasst, dass der jeweilige Ausschluss anderer Begriffe bestimmter Natur ist. Die anderen Begriffe machen als solche, die der jeweilige Begriff negiert, seinen Gehalt mit aus. Die Negationen sind, mit Hegels Vokabular gesagt, bestimmte Negationen: Sofern ein Begriff in bestimmten Negationen zu anderen Begriffen steht, bewahrt er diese negierten Begriffe in dem Sinne, dass sie als negierte seinen Gehalt mit ausmachen. Die Beziehungen, die Hegel zufolge für die Begriffe gehaltverleihend sind, stehen also nicht nur zwischen den Begriffen, sondern sind den einzelnen Begriffen inhärent. (Insofern lassen sich Negationen, die Hegel als abstrakte Negationen von bestimmten Negationen unterscheidet, als solche verstehen, die dem, was sie negieren, nur äußerlich sind.) Die Arbeit des Negativen ist dabei, wie wir gesehen haben, von Grund auf mit Widersprüchen verbunden. Die Dynamik von Widersprüchen ist die Basis für das Ganze der Begriffe. Dieses ist also nicht als statisch, sondern als prozessual konstituiert zu begreifen.

Die Analyse eines solchen Ganzen kann aus diesem Grund das Ganze nicht allein als Ergebnis fassen, das sich von den einzelnen Schritten der Analyse lösen lässt. Hegel sagt dies sehr deutlich gleich zu Anfang der Vorrede:

> Denn die Sache ist nicht in ihrem *Zwecke* erschöpft, sondern in ihrer *Ausführung*, noch ist das *Resultat* das *wirkliche* Ganze, sondern es zusammen mit seinem Werden [...]. (11/13)

Der begriffsholistische Standpunkt begründet also ein bestimmtes Vorgehen, das Hegel mit dem Begriff der Ausführung kennzeichnet. Das Ganze, von dem Hegel spricht, kann nicht bloß als ein Endpunkt gefasst werden, sondern nur als die zu einem Endpunkt führende Entwicklung, in der alle Zusammenhänge der Begriffe erfasst werden, die in einem holistischen Zusammenhang stehen. Hegel wiederholt letztlich diesen Gedanken, wenn er sagt: »Sowenig ein Gebäude fertig ist, wenn sein Grund gelegt worden, sowenig ist der erreichte Begriff des Ganzen das Ganze selbst.« (17/19) Seine These, das Wahre sei das Ganze, können wir damit folgendermaßen erläutern:

1. Sie besagt erstens, dass die Beziehungen, die einem Begriff Gehalt verleihen, erst in einem Ganzen von Begriffen erfasst werden können. Die Unterscheidung, welche Beziehungen dabei tatsächlich relevant sind und welche nicht, kann nur mit Blick auf das Ganze getroffen werden.
2. Zweitens besagt sie, dass Wahrheit nicht isoliert für einzelne Sätze festgestellt werden kann, sondern nur für einen Zusammenhang von Sätzen.

In diesem Sinn vertritt Hegel einen kohärenztheoretischen Wahrheitsbegriff und kritisiert korrespondenztheoretische Ansätze. Während korrespondenztheoretische Ansätze Wahrheit durch das Verhältnis erklären, in dem Aussagen zu bestimmten Sachverhalten in der Welt stehen, deuten kohärentistische Ansätze Wahrheit so, dass sich die Wahrheit einzelner Aussagen nur in einem Gesamt von Aussagen beurteilen lässt.

Die kohärenztheoretische Position Hegels beschränkt sich aber nicht auf diese übliche These: Sie besagt vielmehr, dass Wahrheit nicht einzelnen Aussagen, sondern nur einem Ganzen von Aussagen zugesprochen werden kann. Was dies bedeutet, lässt sich erst dann genauer begreifen, wenn man das dynamische Moment von Hegels Begriffsholismus nachvollzieht (was ich auf den kommenden Seiten zu leisten suche). In diesem Sinne ist die These, das Wahre sei das Ganze, präzise formuliert, aber an diesem Punkt noch nicht ganz verständlich.

In Bezug auf die These selbst ist ein Unterschied wichtig, den Hegel im ersten Drittel der Vorrede mit verschiedenen, teils recht polemischen Aussagen trifft. Die Polemik richtet sich in besonderer Weise gegen seinen Freund Schelling, in dessen Philosophie er ein falsches Verständnis des Gedankens artikuliert sieht, das Wahre sei das Ganze – ein Verständnis, das diesen Gedanken nicht begriffsholistisch fasst. Hegel charakterisiert Schellings Position, indem er sagt:

> Das Absolute soll nicht begriffen, sondern gefühlt und angeschaut [werden], nicht sein Begriff, sondern sein Gefühl und Anschauung sollen das Wort führen und ausgesprochen werden. (13/15)

Es ist wichtig zu beachten, dass diese Kritik ganz anders gelagert ist als die dem ersten Augenschein nach verwandte Kritik im Zusammenhang mit dem Begriff des Absoluten zu Anfang der Einleitung: Dort beklagt Hegel, dass in dem Projekt der Erkenntniskritik wie selbstverständlich vorausgesetzt wird, dass Subjekte im Erkennen einer von ihr unabhängigen Realität gegenüberstehen. Damit werde die unabhängige Realität einfach als das Absolute gesetzt, ohne dass dessen Begriff entfaltet werde. Zu Beginn der Vorrede geht es Hegel hingegen um eine bestimmte Entfaltung des Begriffs des Absoluten, die er für problematisch hält: Diese Entfaltung ist in der Hegel (bei Fichte und Schelling) vorangehenden Diskussion in erster Linie mit dem Begriff der »intellektuellen Anschauung« verbunden, der einen unmittelbaren geistigen Zugang zu dem grundlegenden Ganzen fasst.[3] Intellektuelle Anschauung soll so den grundlegenden Zusammenhang von Subjekt und Objekt erschließen, der nach Meinung Fichtes und Schellings (und auch Hegels) in Kants Philosophie verschlossen geblieben ist. Hegel ist aber der Meinung, dass die intellektuelle Anschauung keine angemessene Methode darstellt, um den in Frage stehenden Zusammenhang zu erschließen, da hier der Zusammenhang, das Ganze, nur als Resultat gefasst ist. Wie Hegel aber bereits dargelegt hat, muss der Zusammenhang ausgeführt werden, und dies dadurch, dass alle Beziehungen, die ihn ausmachen, zur Entfaltung kommen.

Hegel artikuliert seine Kritik an dem Vorhaben, den Zusammenhang von Subjekt und Objekt direkt zu fassen, auch, indem er sagt, das Absolute sei in sich reflektiert. Demzufolge ist das Absolute nicht der Gegenstand von Reflexion, so dass es darum gehen könnte, Reflexion in der richtigen Weise anzulegen (wie Schelling es macht). Das Absolute ist selbst die Reflexion, die in dem Zusammenhang vieler Begriffe realisiert ist. Drückt man es in dieser Weise aus, lässt sich eine erste Idee davon gewinnen, was es heißt, den Wahrheitsbegriff von der Satzebene zu lösen. Die Wahrheit ist das Gesamt der Zusammenhänge, innerhalb deren die Begriffe Bedeutung gewinnen. In einem einzelnen Satz kann sie nicht gefasst werden, sondern nur durch eine Ausführung des Zusammenhangs aller Sätze. Insofern wird das Wahre durch die Ausführung des Zusammenhangs der Begriffe eröffnet. Wahrheit besteht in der Bewegung, aus der heraus die unterschiedlichen Begriffe, die den Zusammenhang bilden, in ihrem Gehalt bestimmt sind.

3 Vgl. z. B. Johann Gottlieb Fichte, *Zweite Einleitung in die Wissenschaftslehre*, in: J. G. F., *Fichtes Werke*, Berlin 1971, Bd. I, S. 463; Friedrich Wilhelm Joseph Schelling: *Vom Ich als Prinzip der Philosophie*, in: F. W. J. S., *Ausgewählte Schriften*, Frankfurt a. M. 1985, Bd. 1, S. 61.

Insofern kann man davon sprechen, dass Wahrheit von Hegel prozessual verstanden wird. Damit bekommen wir auch eine erste Ahnung davon, was er mit der Aussage meint, es gelte, »das Wahre nicht als *Substanz*, sondern ebensosehr als *Subjekt* aufzufassen und auszudrücken« (21/23).

Das begriffsholistische Vorgehen ist aber für ihn nicht nur in der Sache motiviert, sondern hat zudem auch einen didaktischen Zweck. Auch in dieser Hinsicht grenzt Hegel sich von dem Gedanken ab, das Absolute könne in intellektueller Anschauung zugänglich gemacht werden, da er in diesem Gedanken ein esoterisches Programm artikuliert sieht. Insbesondere in der Position Schellings argwöhnt er eine Konzeption von Wissenschaft als einer exklusiven Veranstaltung für Eingeweihte. Mit dieser Konzeption aber wird Wissenschaft aus Hegels Sicht von Grund auf verfehlt. Wissenschaft ist etwas, das grundsätzlich allen offensteht, eine allgemeine Praxis, in der ein angemessenes Wissen vom eigenen Wissen erlangt wird.[4]

Genau eine solche Praxis wird für Hegel durch das begriffsholistische Vorgehen ermöglicht:

4 Insofern muss man bezweifeln, dass eine zentrale Aussage aus dem gemeinsam mit Schelling geschriebenen frühen Aufsatz »Über das Wesen der philosophischen Kritik überhaupt« von Hegel stammt. Dort heißt es, dass Philosophie »ihrer Natur nach etwas Esoterisches« und nicht »für den Pöbel gemacht« sei (Hegel, »Über das Wesen der philosophischen Kritik überhaupt«, in: *TWA*, Bd. 2, S. 171–187, hier: S. 182). Es ist zwar auch aus Hegels Sicht richtig, dass Philosophie der Arbeit und Bildung bedarf und insofern nicht ohne entsprechende Arbeit und Bildung zu haben ist. Er versteht Philosophie aber als wesentlich exoterisch, das heißt als eine Praxis, die sich grundsätzlich von allen, die sich ernsthaft mit ihr auseinandersetzen, nachvollziehen lässt.

> Erst was vollkommen bestimmt ist, ist zugleich exoterisch, begreiflich, und fähig, gelernt und das Eigentum aller zu sein. Die verständige Form der Wissenschaft ist der allen dargebotene und für alle gleichgemachte Weg zu ihr [...]. (18/20)

Hier wird markant der Anspruch artikuliert, die *PhG* sei auch im didaktischen Sinn als ein Weg zur Wissenschaft zu begreifen. Nicht nur will Hegel also aufklären, wie ein Wissen vom Wissen und damit die Wissenschaft konstituiert ist; er will zugleich mit der Rekonstruktion dieser Konstitution eine Hinführung zum Wissen vom Wissen, also zur Wissenschaft, geben. Dies soll dadurch geschehen, dass die bedeutungsverleihenden Beziehungen aller für den Anspruch von Wissenschaft relevanten Begriffe entwickelt und auf diese Weise nachvollziehbar gemacht werden.

Mit der These, das Absolute sei in sich selbst reflektiert, haben wir einen guten Ausgangspunkt, um uns der zweiten oben gestellten Frage zuzuwenden, nämlich der Frage nach dem Unterschied zwischen einer Perspektive der Vernunft und einer Perspektive des Verstandes in der Philosophie. Diesen Unterschied können wir dadurch angehen, dass wir einen weiteren zentralen Aspekt von Hegels Wahrheitsbegriff ergänzen. Dieser steckt in der bereits zweimal erwähnten These, es gelte, »das Wahre nicht als *Substanz*, sondern ebensosehr als *Subjekt* aufzufassen und auszudrücken« (21/23). Was soll es aber bedeuten, dass das Wahre nicht nur das Ganze, sondern auch als Subjekt aufzufassen ist?

Wir können uns dieser These Hegels mit folgender Erläuterung annähern: Die begrifflichen Zusammenhänge sind nicht einfach als solche Gegenstand der philosophischen Reflexion, sondern machen selbst die philosophische Reflexion aus. Anders gesagt: Das Wahre ist kein Gegenstand, der zu erschließen wäre. Das Wahre muss, so habe ich Hegels Umdeutung artikuliert, eröffnet werden. Diese Eröffnung allerdings geschieht nicht derartig, dass begriffliche Zusammenhänge, die unabhängig gegeben wären, nachvollzogen werden, sondern vielmehr so, dass diese Zusammenhänge überhaupt erst entwickelt werden. Insofern ist das Wahre nicht ein Gegenstand, sondern die Bewegung, innerhalb deren die Begriffe Gehalt gewinnen. Die begrifflichen Zusammenhänge konstituieren sich im Rahmen einer Dynamik, die zum Ganzen der Begriffe führt. Diese Dynamik ist dabei damit verbunden, dass es innerhalb begrifflicher Strukturen zu einem Bezug auf begriffliche Strukturen, also zu einem Selbstbezug kommt. So lässt sich Hegels Aufforderung, es gelte, die Substanz als Subjekt zu denken, vorerst verstehen. Das Ganze der Begriffe ist ein selbstbezügliches Geschehen und in diesem Sinne Subjekt seiner eigenen Entfaltung.[5]

Vor diesem Hintergrund lässt sich nun die Unterscheidung zwischen der Perspektive des Verstandes und der Perspektive der Vernunft angehen. Erst einmal ist es hier hilfreich, an Kants Bestimmungen von Verstand und Vernunft zu erinnern. Der Verstand ist für Kant das Vermögen zu urteilen.[6] Gegenstände werden durch ihn unter Begriffe gebracht. Die Vernunft hingegen ist das Vermögen zu schließen.[7] Sie stellt Zusammenhänge zwischen Urteilen her.

Diese Bestimmungen sind als Hintergrund derjenigen Cha-

5 Walter Jaeschke weist zu Recht darauf hin, dass es ein Missverständnis ist, die Rede vom Subjekt hier zum Beispiel im Sinne Kants zu verstehen. Hegel geht es hier nicht um die Differenz von Subjekt und Objekt, sondern um das Prinzip der Subjektivität: Selbstbewegung durch Tätigkeit und Selbstreflexion. Vgl. Walter Jaeschke, *Hegel-Handbuch*, Stuttgart 2010, S. 182 f.

6 Vgl. Kant, *Kritik der reinen Vernunft*, B 94.

7 Vgl. ebd., B 386.

rakterisierungen zu verstehen, die Hegel selber gibt. Ihm gilt der Verstand in Kants Sinn als jenes Vermögen, dem Gegenstände gegeben werden müssen. Aus seiner Perspektive gesehen werden Urteile gefällt, die etwas über Gegenstände aussagen. Der Verstand fasst den Gegenstand dabei von außen in spezifischen Formen, so dass Hegel auch von einem »äußerliche[n] Formalismus« (54 f./55) des Verstandes spricht. Die Tätigkeit des Verstandes ist dabei auf das angewiesen, womit sie durch Gegenstände in der Welt konfrontiert wird. In Hegels Worten: »[I]hre Bewegung [scheint] ihr durch eine fremde Gewalt angetan zu werden« (54/54).

Im Gegensatz dazu operiert die Vernunft so, dass sie sich selbst Gegenstand ist. Ihr müssen keine Gegenstände gegeben werden; sie bringt sie selbst mit hervor. Dies leistet sie durch eine Thematisierung der Formen des Denkens – eine Selbstthematisierung oder, wie Hegel sagt, eine »Selbstbewegung« (49/49). Die Vernunft wird nicht von außen angestoßen, da sie alle Anstöße als eigene erfährt. Form und Inhalt gehen für die Vernunft immer ineinander, so dass nicht das eine innerlich und das andere äußerlich ist. Für die Vernunft ist alles gleichermaßen innerlich und gleichermaßen äußerlich, allerdings nicht so, dass einfach alles eins, sondern so, dass alles aus Unterschieden und Widersprüchen heraus in Bewegung ist (das wurde im Kommentar zum absoluten Wissen bereits betont, vgl. hier S. 301 ff.).

Hegel führt hierfür den Begriff der Spekulation ein. Das Denken aus Perspektive der Vernunft ist nicht formell, sondern spekulativ, und das heißt: Dieses Denken entwickelt sich selbst im Rahmen der Spannungen von Form und Inhalt, von Innerlichkeit und Äußerlichkeit, von Materialität und Geistigkeit und anderen Spannungen dieser Art. Sofern es nun gilt, die Substanz als Subjekt zu denken, bedeutet dies auch, aus der Perspektive der Vernunft heraus zu denken.

Die Unterscheidung beider Perspektiven voneinander erweist sich damit als entscheidend für Hegels Verständnis von Philosophie: Mit der Perspektive des Verstandes lässt sich ihm zufolge der holistische Zusammenhang der für menschliche Erkenntnisse grundlegenden Begriffe nicht aufklären, da mit dieser Perspektive Begriffe nicht in ihrer Dynamik gefasst werden können. Begriffe werden in dieser Perspektive so verstanden, dass ihre jeweiligen Anwendungen isoliert voneinander geschehen. Sie werden aus diesem Grund nicht in ihren inhärenten Zusammenhängen mit anderen Begriffen verständlich. Zudem setzt die Perspektive des Verstandes eine Trennung von Gegenstand und den Erkenntnisvollzügen eines Subjekts. Der Gegenstand wird damit als äußerlich fixiert.

Dies sind aus Hegels Sicht die beiden wichtigsten Gründe dafür, dass die Perspektive des Verstandes keinen angemessenen philosophischen Standpunkt eröffnet. Einen solchen bietet demnach allein die Perspektive der Vernunft, da sie es erlaubt, sowohl dem Zusammenhang zwischen erkennendem Subjekt und erkanntem Gegenstand als auch der Dynamik der Begriffe Rechnung zu tragen. Alles Erkennen wird so als konstitutiv mit einem Selbstverhältnis verbunden verständlich, so dass der wahre Gegenstand der Erkenntnis die erkennende Praxis selbst ist. Erkennen ist, wie wir in Hegels Überlegungen zum absoluten Wissen gesehen haben, aus seiner Sicht als eine Selbstbefragung von begrifflichen Strukturen zu denken.[8]

Damit wird zugleich die Dynamik begreiflich, die begriffliche Strukturen ausmacht: Begriffe entwickeln sich nicht bloß

8 Im Sinne einer solchen Selbstbefragung kann man sagen, dass es in der Urteilstätigkeit der Vernunft immer um Urteilskraft geht. Begriffe werden nicht einfach angewendet, sondern werden immer wieder neu in ihren Zusammenhängen mit anderen Begriffen bestimmt. Vgl. zu einem Rekurs auf Urteilskraft für Hegels Bestimmung einer Perspektive der Vernunft Stekeler-Weithofer 2014, Bd. 1, S. 146–155.

als solche, sondern sind in ihrer Entwicklung Momente der Selbstbefragung einer begrifflich strukturierten menschlichen Praxis. Die Selbstbewegung der Substanz ist dabei aus Hegels Sicht kein zielloses Geschehen, sondern ist mit einem bestimmten Ziel verbunden: der Realisierung von Freiheit. Mit der Selbstbefragung einer begrifflich strukturierten menschlichen Praxis wird Freiheit hergestellt, wobei diese Selbstbefragung ihrerseits – wie in den Kommentaren zum Religionskapitel und zum absoluten Wissen gezeigt – in unterschiedlicher Weise entwickelt sein kann. Hier wird deutlich, dass Adornos oben erwähnte Kritik (sofern es sich um eine solche handelt) auf einem Missverständnis beruht: Hegels Begriffsholismus ist gar nicht als ein totalitäres, sondern vielmehr als ein emanzipatorisches Denken zu begreifen.

Die Aufforderung, die Substanz als Subjekt zu denken, lässt sich damit auch als ein Hinweis auf Hegels spezifische Bestimmung der Substanz interpretieren. Wie wir gesehen haben, ist bei ihm die gemeinschaftliche normative Praxis als Substanz zu verstehen. Eine solche Praxis liegt allem Gegenstandsbezug, allem Herstellen von Gegenständen und sonstigen praktischen Vollzügen in der Welt und mit anderen Menschen zugrunde. Die gemeinschaftliche Praxis ist aber nicht ein gegebener Bestand, zum Beispiel im Sinne eines Resultats von historischen Entwicklungen, sondern wird durch Selbstverständnisse geprägt. Innerhalb der Praxis müssen Selbstverständnisse artikuliert werden, und diese Artikulationen bestimmen die in der gemeinschaftlichen Praxis realisierten Typen und Formen von Praktiken und damit die Ausgestaltungen der praktisch-begrifflichen Zusammenhänge.

Insofern ist die gemeinschaftliche Praxis als Substanz Subjekt. Ihre praktisch-begrifflichen Zusammenhänge sind im Selbstbezug konstituiert. Die Konstitution der Zusammenhänge im Selbstbezug impliziert dabei für Hegel, dass die Zusammenhänge sich in steter Bewegung befinden. Bestimmte Beziehungen innerhalb dieser Zusammenhänge (zum Beispiel zwischen den Begriffen der Selbstständigkeit und der Freiheit) sind nicht einfach als solche bestimmt, sondern bedürfen einer Entwicklung, die in dem Sinne selbstbezüglich ist, als die Begriffe darin die ihnen inhärenten Widersprüche austragen.[9]

Die sprachliche Artikulation einer solchen Entwicklung ist – und damit komme ich zur dritten Frage, die oben aufgeworfen wurde – aus diesem Grund aber nicht mittels einfacher Aussagen möglich, sondern bedarf eines besonderen Ausdrucks der begrifflichen Dynamik. Oder anders gesagt: Wer eine Perspektive der Vernunft in sprachlichen Aussagen realisieren will, kann nicht einfach Bestimmungen von Begriffen geben, sondern muss eine Bewegung hervorbringen, durch die die Begriffe die ihnen inhärenten Widersprüche entfalten. Eine solche Bewegung bezeichnet Hegel – wie bereits angesprochen – als »Spekulation«, und die entsprechende sprachliche Praxis hat er in seiner Theorie des »spekulativen Satz[es]« – der auch als »philosophische[r] Satz« (60/60) bezeichnet wird – dargelegt. Wie viele Aspekte der Vorrede ist auch diese Theorie sehr knapp gehalten: Die zentrale Aussage Hegels lautet folgendermaßen:

> Formell kann das Gesagte so ausgedrückt werden, dass die Natur des Urteils oder Satzes überhaupt, die den Unterschied des Subjekts und Prädikats in sich schließt, durch den

9 Eine angemessene Interpretation der ontologischen Seite von Hegels Begriffsholismus muss das dynamische Moment seines Verständnisses von Substanz nachvollziehen. Ansonsten droht unklar zu werden (wie z. B. in der Interpretation von Ludwig Siep 2002, S. 66 ff.), wodurch sich Hegels Ansatz von anderen begriffsholistischen Positionen (wie zum Beispiel derjenigen Donald Davidsons) unterscheidet.

> spekulativen Satz zerstört wird, und der identische Satz, zu dem der erstere wird, den Gegenstoß zu jenem Verhältnisse enthält. (58 f./59)

Ein Urteil wird, so erinnert Hegel hier, üblicherweise so begriffen, dass über ein Subjekt ein Prädikat ausgesagt wird oder, anders gesagt, dass das Subjekt unter ein Prädikat gebracht wird. So wird in dem Urteil »Sokrates fliegt« das Subjekt »Sokrates« unter das Prädikat »… fliegt« gebracht. Dabei werden Subjekt und Prädikat voneinander unterschieden, so dass das Subjekt Sokrates als unabhängig von dem Prädikat des Fliegens gedacht ist. Das Subjekt wird als ein »*gegenständliche*[s] fixe[s] Selbst« (58/58) verstanden, dem ein von ihm strukturell verschiedenes Prädikat zugesprochen wird. Dies ist, wie Hegel sagt, im spekulativen Satz anders, da dieser einen »Gegenstoß« zu der festen Unterscheidung von Subjekt und Prädikat enthält.

Wir können damit erst einmal eine negative Charakterisierung festhalten, die besagt, dass in spekulativen Sätzen Subjekte und Prädikate nicht fest voneinander unterschieden sind. In welchem Verhältnis aber stehen sie dann zueinander? Positiv werden sie von Hegel mit den Begriffen der Bewegung und der Identität charakterisiert. Der spekulative Satz realisiert eine Bewegung vom Subjekt zum Prädikat und stellt damit eine Identität her. Es handelt sich nicht um eine einfache Identität, der zufolge Subjekt und Prädikat einfach bedeutungsgleich wären, sondern um eine gehaltvolle Identität, der zufolge das Subjekt im Prädikat aufgeht.

Hegel gibt selbst ein Beispiel für einen spekulativen Satz in diesem Sinn, und zwar den Satz »*Gott ist das Sein*« (59/59). Dieser Satz ist seiner Meinung nach falsch verstanden, wenn man zwischen dem Subjekt Gott und dem Prädikat Sein trennt und ihn so auffasst, dass er Gott einfach das Sein zuschreibt.

Vielmehr vollzieht der Satz eine Bewegung, aus der eine Identität hervorgeht, und dabei kommt in dieser Identität ein Widerspruch zum Tragen, der die Grundlage der Bewegung ist. Diesen Widerspruch kann man – sehr annäherungsweise – so erläutern: Gott ist ein vollkommenes Wesen. Dennoch ist er zugleich nur darin, dass etwas anderes ist, von dem er strukturell damit abhängig ist. Er ist also vollkommen nur darin, dass er in einer gewissen Weise unvollkommen ist. Wird dieser Widerspruch artikuliert, so wird etwas artikuliert, das Gott wesentlich ausmacht. Insofern stellt der Übergang von Gott zum Sein eine Identität her: Das Subjekt wird durch seine Aufhebung in dem Prädikat verändert.

Dieses Beispiel ist insofern nicht sonderlich hilfreich, als es nicht auf den Text der *PhG* zurückgreift. Hegel muss aber beanspruchen, in seinem Text selbst spekulative Sätze formuliert zu haben. Sein Anspruch besteht ja darin, die Konstitution begrifflicher Zusammenhänge im Selbstbezug nachzuvollziehen. Dazu muss er die Widersprüche, die der wesentliche Motor dieser Konstitution sind, artikulieren. Genau dies macht Hegel, wie wir gesehen haben, in seinem Buch durchweg. Er arbeitet zum Beispiel die Widersprüche der Selbstständigkeit, der Selbstbestimmung und der Anerkennung heraus.

Am Beispiel der Selbstständigkeit kann man gut verstehen, inwiefern Hegel dabei spekulative Sätze formuliert. In seinen Ausführungen zur Dialektik von Herr und Knecht schreibt er: »Die *Wahrheit* des selbstständigen Bewusstseins ist demnach das *knechtische Bewusstsein*.« (159/152) Sehr verknappt kann man die These dieses Satzes auch so artikulieren: »Die Wahrheit der Selbstständigkeit ist die Unselbstständigkeit.« So ausgedrückt, erkennt man besser, dass Hegel hier im Sinne der Ausführungen der Vorrede einen spekulativen Satz formuliert. Selbstständigkeit ist ohne ihr widersprüchliches Verhältnis zu Unselbstständigkeit nicht zu fassen, so dass durch die Bewegung von Hegels Satz der einheitliche Zusammenhang beider Begriffe artikuliert wird. Analoges gilt für andere zentrale Sätze in der *PhG* (wie zum Beispiel für die im Kommentar zum Kapitel über das absolute Wissen ausführlich behandelte Aussage, »dass das *Sein des Ich ein Ding ist*« [604/577]).

Hegels Theorie des spekulativen Satzes ist aber nicht nur eine methodische Reflexion auf das sprachliche Funktionieren seines Textes. Es handelt sich zugleich um eine Lektüreanweisung, und dies im folgenden Sinn: Problematisch an spekulativen Sätzen ist ja, dass man ihnen ihre Besonderheit bei oberflächlicher Betrachtung nicht ansieht: Die Sätze »Platon ist ein Mensch« und »Gott ist das Sein« sind syntaktisch nicht voneinander unterscheidbar. So kann man sich an spekulativen Sätzen leicht verlesen; man kann sie als Urteile im üblichen Sinn verstehen wollen. Auf diese Weise geben sie aber keinen Sinn. Hegels zentrale Aussagen vollführen eine Bewegung, mit der es immer wieder zur Aufhebung von Subjekten in prädikativen Bestimmungen und in diesem Sinn zu einer Artikulation von für die jeweiligen Begriffe konstitutiven Widersprüchen kommt.

Hegel weist seine Leserinnen und Leser in der Vorrede nun explizit darauf hin, dass die Sätze so gelesen werden müssen. Er formuliert damit auch eine Kritik der sprachlichen Darstellungsmittel, die dem spekulativen Denken zur Verfügung stehen. Die sprachliche Form der Aussage ist aus seiner Sicht deshalb irreführend, da sie feststehende Subjekte suggeriert, über die etwas ausgesagt wird. Der Gegenstandsbezug des Denkens ist aber mit dieser Unterstellung für Hegel nicht angemessen gefasst. Gegenstände stehen nicht fest, sondern verändern sich in der denkenden Bewegung stets. Erst im Ganzen der Bewegung klärt sich der Gegenstand, um den es eigentlich geht, nämlich um die gemeinschaftliche Praxis, in der Gegenstände ihre Bestimmtheit erhalten, als die Substanz, die es als Subjekt zu denken gilt. Auch hier haben wir noch einmal ein Beispiel für einen spekulativen Satz: Die Substanz ist Subjekt. Auch in dieser Aussage kommt es zu einer Bewegung, mit der sich der Gegenstand verändert. Die Substanz ist als das Zugrundeliegende nicht als statisches Fundament von allem, sondern als das zu denken, was sich unentwegt bewegt. Bewegung ist schlechthin das, was allem zugrunde liegt: Dies ist der spekulative Grundsatz, den Hegel formuliert.[10]

Es ist aber wichtig, noch einmal zu betonen, dass die *PhG* als solche nicht primär begriffliche Spekulation betreibt: Sie klärt vielmehr die Prinzipien des Standpunkts auf, von dem aus solche Spekulation möglich ist. Hegel gibt in der Vorrede mehrere Vorverweise auf die *Wissenschaft der Logik* als die spekulative Wissenschaft. Die *PhG* operiert nicht auf der Ebene begrifflicher Zusammenhänge als solcher. Denn die Bewusstseinsgestalt, in der sich der Begriff als Begriff weiß, hat Hegel ja erst im absoluten Wissen erreicht. Erst mit dieser Bewusstseinsgestalt ist ein Wissen vom Wissen erreicht, auf dessen Basis sich begriffliche Zusammenhänge spekulativ erkunden lassen, wie es Hegel in der *Logik* machen wird. Die *PhG* sammelt dennoch in ihren Auseinandersetzungen mit unterschiedlichen Wissenskonzeptionen Prinzipien einer solchen spekulativen Erkundung, die dann jedoch der *Logik* überlassen bleibt. Auch für die Aufklärung dieser Prinzipien durch die *PhG* aber sind spekulative Sätze entscheidend.

Hegels Neubestimmung des Denkens als spekulatives Denken hat noch eine weitere Implikation, die er auch in aller

10 Hegel unterscheidet sich damit in seinem Verständnis von Substanz deutlich von Aristoteles, mit dem er trotzdem immer wieder in Verbindung gebracht wird (vgl. z. B. zuletzt Stekeler-Weithofer 2014): Sein Begriff der Substanz liefert nicht, wie bei Aristoteles, eine Erklärung von Veränderung (vgl. z. B. Aristoteles: *Metaphysik VII*, 1031 b ff.), sondern ist selbst konstitutiv mit Veränderung verbunden.

Deutlichkeit zur Sprache bringt: Die Begriffe sind nicht als bloße Denkbestimmungen zu verstehen, sondern als Bestimmungen, in deren Bewegung Denken und Sein konstitutiv zusammenhängen. Er artikuliert dies folgendermaßen:

> Hierin ist es begriffen, dass das Sein Denken ist; hierein fällt die Einsicht, die dem gewöhnlichen begrifflosen Sprechen von der Identität des Denkens und Seins abzugehen pflegt. – Dadurch nun, dass das Bestehen des Daseins die Sichselbstgleichheit oder die reine Abstraktion ist, ist es die Abstraktion seiner von sich selbst, oder es ist selbst seine Ungleichheit mit sich und seine Auflösung, – seine eigne Innerlichkeit und Zurücknahme in sich, – sein Werden. (53/53)

Auch dieser Zusammenhang ist für Hegel spekulativ zu verstehen. Insofern wendet er sich gegen das »gewöhnliche begriffslose Sprechen«, gegen ein Verständnis des Satzes: »Sein ist Denken« im Sinne einer normalen Aussage. Hegel ist, so können wir diese negative These noch einmal anders artikulieren, kein gewöhnlicher Begriffsrealist. Er vertritt nicht die These, dass Begriffe einfach Bestandteile dessen sind, was ist. Es besteht nicht einfach eine unterschiedslose Identität von Denken und Sein. Denken und Sein stehen für ihn vielmehr im Widerspruch und hängen gerade dadurch untrennbar miteinander zusammen. Sein ist das, was unabhängig vom Denken ist und gerade dadurch nur in seinem Bezug zum Denken gefasst werden kann. In Hegels Worten:

> Dadurch nun, dass das Bestehen des Daseins die Sichselbstgleichheit oder die reine Abstraktion ist, ist es die Abstraktion seiner von sich selbst, oder es ist selbst seine Ungleichheit mit sich und seine Auflösung. (53/53)

Das unabhängige Sein ist nur eine Abstraktion seines Zusammenhangs mit dem Denken und ist so wesentlich mit begrifflichen Strukturen verbunden, in denen sich die Unabhängigkeit des Seins auflöst. Diese Strukturen sind Teil der Wirklichkeit, aber nicht so, dass die Strukturen als solche identisch in der Wirklichkeit und in sprachlichen Aussagen auftreten. Richtiger ist es aus Hegels Perspektive vielmehr zu sagen: Begriffliche Praktiken verbinden das, was it, mit begrifflichen Artikulationen. Die Identität von Sein und Denken ist so von Spannungen geprägt, die Hegel gerade nicht reduzieren, sondern aufklären will.[11] Das Sichselbstgleichsein des unabhängigen Seins ist seine Ungleichheit mit den begrifflichen Strukturen, die im Denken gefasst werden, die aber ihrerseits konstitutiv den Bezug auf das, was sie artikulieren, das Sein, voraussetzen.

Hegels Perspektive der Vernunft erweist sich somit als eine realistische Perspektive, die nicht einfach eine Wirklichkeit des Begrifflichen, sondern eine Dynamik des Begrifflichen innerhalb des Wirklichen behauptet. Zentral ist für ihn dabei der Gedanke, dass das Wirkliche nicht einfach ein Gegebenes ist (so sieht es aus der Perspektive des Verstandes aus), sondern dass es sich in einer Bewegung befindet, die begriffliche Zusammenhänge hervorbringt, also Zusammenhänge, wie sie vom Denken gefasst werden. Seine Polemik gegen die Perspektive des Verstandes erweist sich damit als ein Aspekt seiner Aufwertung des Skeptizismus. Das verstandesmäßige Denken fürchtet den Skeptizismus als die Lehre davon, dass das Denken das Sein nicht zu erreichen vermag.

Die Perspektive der Vernunft – von Hegel auch als »das be-

11 Es gilt somit auch für die Identität von Sein und Denken, dass sie die begriffliche Grundstruktur realisiert, eine Identität der Identität und der Nichtidentität zu sein (vgl. hierzu auch nochmals den Kommentar zum »absoluten Wissen«, hier S. 287 ff.).

greifende Denken« bezeichnet – macht hingegen klar, dass die Wirklichkeit sich aus sich selbst heraus (»an sich«, aber nicht »für sich«) skeptisch zu sich verhält: Immer wieder stellt sich heraus, dass in der Wirklichkeit Gestalten, die beanspruchen, Bestand zu haben, zugrunde gehen und sich andere Gestalten ausbilden. In der Wirklichkeit kommt es deshalb zu einer skeptischen Selbstbefragung daraufhin, was Bestand hat und was nicht. Mit dieser Selbstbefragung realisieren sich begriffliche Zusammenhänge, wie sie vom Denken festgehalten werden. Das Denken begreift damit die Identität im Wandel, indem es die antagonistischen Zusammenhänge der Wirklichkeit als Momente einer einheitlichen begrifflichen Struktur fasst. Dabei macht es sich den Skeptizismus der Wirklichkeit zu eigen: Mit dem Denken wird der Skeptizismus selbstbewusst und dadurch als eine produktive Kraft entwickelt, die die »Selbstbewegung des Begriffes« (66/65) antreibt.

Der systematische Ertrag

Die Vorrede erweist sich als eine große Reflexion auf den Standpunkt, den Hegel mit dem absoluten Wissen erreicht zu haben beansprucht. Mein Kommentar setzte bei dem holistischen Verständnis des Begrifflichen an, das Hegel vertritt, und ging von dort aus zur Theorie des spekulativen Satzes. Im Zentrum der Bestimmung der Spezifik von Hegels Standpunkt stand dabei der dynamische Charakter der Selbstbewegung des Begrifflichen. Entsprechend kann man die systematischen Ergebnisse meiner Auseinandersetzung mit der Vorrede mit den folgenden beiden Thesen zusammenfassen:

(a) Hegels Philosophie ist ein Denken in Bewegung. Die Bewegung geht von den Widersprüchen aus, die alle begrifflichen Gehalte und damit insbesondere auch die Grundbegriffe der philosophischen Reflexion des Wissens prägen. Die von der *PhG* erarbeitete philosophische Position ist also nicht an bestimmten Grundsätzen, an festen Grundbegriffen oder an »[l]etzte[n] Wahrheiten« (64/64) orientiert, sondern daran, begriffliche Zusammenhänge immer wieder in Bewegung zu halten. Die berühmt-berüchtigten Thesen der Vorrede haben sich damit nicht als Lehrsätze erwiesen, die Hegel verteidigen würde, sondern als Artikulationen von Prinzipien einer philosophischen Position, die eine grundlegende Dynamik geltend macht. Betrachten wir noch einmal die Aussage, von der mein Kommentar ausging. Behauptet Hegel, das Wahre sei das Ganze, so ist damit nicht ein festes Ganzes angesprochen, das Hegel mit seinem Denken zu erfassen beansprucht, sondern ein Ganzes, das in Bewegung ist. Es ist also nicht eine einfache Totalität bezeichnet, die es zu erfassen gelte, sondern ein Prinzip artikuliert, das für eine sich selbst nicht verstandesmäßig verkürzende Philosophie leitend ist: Immer sind begriffliche Gehalte von dem Ganzen her zu denken, in dem sich ihre widersprüchlichen Momente so entwickeln, dass ein umfassender Zusammenhang entsteht. Hegel erweist sich auf diese Weise gerade nicht als Metaphysiker der Totalität, sondern als Metaphysiker der Bewegung, das heißt als ein Denker, der mit seiner Philosophie die Bewegungen zu fassen sucht, aus denen heraus Begriffe ihre Bestimmtheit erlangen und aus denen heraus die Begriffe immer schon mit dem, was sie artikulieren, verbunden sind.

(b) Die Bewegung, die das philosophische Denken kennzeichnet, ist damit nicht als eine solche zu verstehen, die vom Denken ausgeht, sondern die aus der im Denken artikulierten Wirklichkeit resultiert, zu der das Denken untrennbar gehört. Hegel partizipiert mit seiner Philosophie auf diese Weise an der von Kant ausgehenden philosophischen Bemühung, die skeptischen Aspekte neuzeitlichen Denkens zu überwinden. Aus seiner Sicht liegen diese skeptischen Aspekte allerdings (anders als aus der Sicht Kants und wohl auch Fichtes) nicht darin begründet, dass das Denken nicht ausreichend in seiner wirklichkeitskonstituierenden Kraft verständlich geworden wäre, sondern darin, dass die Wirklichkeit nicht ausreichend in ihrer begriffskonstitutiven Kraft begreiflich gemacht wurde. Ihm geht es also in seiner Kritik an den Vorgängern in erster Linie darum, einen angemessen komplexen Begriff von Wirklichkeit zu erarbeiten. Dies leistet er unter anderem mit seinen Bestimmungen von Substanz als einer gemeinschaftlichen normativen Praxis, die von Selbstverständnissen getragen ist. Die Wirklichkeit besteht demnach in umfassenden Bewegungen, zu denen auch diejenigen Bewegungen gehören, die in einer gemeinschaftlichen normativen Praxis in der Selbstreflexion der eigenen Praxis hervorgebracht werden. Das Grundlegende für die philosophische Begriffsarbeit sind also nicht Gegenstände oder Sachverhalte, die unabhängig von Begriffen aus sich heraus bestehen, sondern Bewegungen, aus denen heraus sich in der Wirklichkeit begriffliche Zusammenhänge ausbilden. Im Rahmen einer als Subjekt gedachten gemeinschaftlichen normativen Praxis stößt Philosophie Bewegungen an. Nur dann, wenn wir von dieser Substanz ausgehen, können wir verstehen, inwiefern wir uns durch die philosophische Reflexion selbst bewegen.

Hegels Anliegen ist damit emanzipatorisch und therapeutisch zugleich. Als Therapeut will Hegel zeigen, dass die Bewegungen des Denkens der Wirklichkeit angehören, wir also in unserem Denken nicht vom Sein getrennt sind.

Hegels Therapie endet damit nicht in einem Quietismus (à la Wittgenstein).[12] Sie zeigt vielmehr darin eine emanzipatorische Seite, dass Hegel die Wirklichkeit, der wir mit unserem Denken angehören, als beweglich versteht. Mit unserem Denken können wir demnach Bewegungen vollziehen, mit denen wir die Grenzen menschlicher Praxis immer wieder neu zu bestimmen vermögen.

12 Sie endet auch nicht in einem »Spirit of Trust«, wie Robert Brandom meint (vgl. bes. Brandom 2019, 15. Kap.). Ein modernitätsüberwindender Zustand allgemeinen Vertrauens versteht Hegel als einen Zustand, in dem die Arbeit des Negativen und damit die Weiterentwicklung durch Widerspruch und Kritik aufhört, so dass das Denken seine Bewegung verliert und sich gerade dadurch wiederum von der Wirklichkeit entfernt.

Literaturhinweise

Werke Hegels

Hegel, Georg Wilhelm Friedrich: Phänomenologie des Geistes. Nachw. von Georg W. Bertram. Stuttgart 2020.
– System der Sittlichkeit. Hamburg 2002.
– Werke in 20 Bänden (Theorie-Werkausgabe). Hrsg. von Eva Moldenhauer und Karl Markus Michel. Frankfurt a. M. 1970. [Zit. als: *TWA*.] Darin:
  – Die Differenz des Fichteschen und Schellingschen Systems der Philosophie. In: Bd. 2, S. 9–138.
  – Enzyklopädie der philosophischen Wissenschaften im Grundrisse. In: Bd. 8–10.
  – Grundlinien der Philosophie des Rechts oder Naturrecht und Staatswissenschaft im Grundrisse. In: Bd. 7.
  – Phänomenologie des Geistes. In: Bd. 3.
  – Über das Wesen der philosophischen Kritik überhaupt und ihr Verhältnis zum gegenwärtigen Zustand der Philosophie insbesondere. In: Bd. 2, S. 171–187.
  – Vorlesungen über die Ästhetik. In: Bd. 13–15.
  – Vorlesungen über die Geschichte der Philosophie. In: Bd. 18–20.
  – Vorlesungen über die Philosophie der Geschichte. In: Bd. 12.
  – Vorlesungen über die Philosophie der Religion. In: Bd. 16–17.
  – Wissenschaft der Logik. In: Bd. 5–6.

Übersichtsdarstellungen zur *PhG* und zu Hegels Philosophie

Forster, Michael N. (1998): Hegel's Idea of a Phenomenology of Spirit. Chicago.
Heidegger, Martin (1980): Hegels Phänomenologie des Geistes. Frankfurt a. M.
Houlgate, Stephen (2012): Hegel's Phenomenology of Spirit: A Reader's Guide. New York.

Hyppolite, Jean (1979): Genesis and Structure of Hegel's »Phenomenology of Spirit«. Chicago.
Jaeschke, Walter (2010): Hegel-Handbuch: Leben – Werk – Schule. Stuttgart.
Pinkard, Terry (2008): Hegel's Phenomenology. The Sociality of Reason. Cambridge/MA.
Siep, Ludwig (2000): Der Weg der Phänomenologie des Geistes: Ein einführender Kommentar zu Hegels »Differenzschrift« und zur »Phänomenologie des Geistes«. Frankfurt a. M.
Stekeler-Weithofer, Pirmin (2014): Hegels Phänomenologie des Geistes: ein dialogischer Kommentar. 2 Bde. Hamburg.
Stern, Robert (2002): Hegel and the »Phenomenology of Spirit«. London / New York.
Taylor, Charles (1983): Hegel. Frankfurt a. M.
Vieweg, Klaus / Welsch, Wolfgang (Hrsg.) (2008): Hegels Phänomenologie des Geistes: Ein kooperativer Kommentar zu einem Schlüsselwerk der Moderne. Frankfurt a. M.
Westphal, Kenneth R. (Hrsg.) (2009): The Blackwell Guide to Hegel's Phenomenology of Spirit. Oxford/MA.

Weiterführende Literatur zur *PhG* und zu Hegels Philosophie

Avineri, Shlomo (1976): Hegels Theorie des modernen Staates. Frankfurt a. M.
Bertram, Georg W. (2008): Hegel und die Frage der Intersubjektivität. Die *Phänomenologie des Geistes* als Explikation der sozialen Strukturen der Rationalität. In: Deutsche Zeitschrift für Philosophie 56. S. 877–898.
Brandom, Robert (2019): A Spirit of Trust: A Semantic Reading of Hegel's Phenomenology. Cambridge/MA.
Bubner, Rüdiger (1992): Dialog und Dialektik oder Platon und Hegel. In: R. B.: Antike Themen und ihre moderne Verwandlung. Frankfurt a. M. S. 37–65.
Halbig, Christoph / Quante, Michael (Hrsg.) (2004): Hegels Erbe. Frankfurt a. M.

Heidegger, Martin ([6]1980): Hegels Begriff der Erfahrung. In: M. H.: Holzwege. Frankfurt a. M. S. 111–204.
Heidemann, Dietmar (2007): Der Begriff des Skeptizismus. Berlin.
Henrich, Dieter (Hrsg.) (1981): Kant oder Hegel? Stuttgarter Hegel-Kongress. Stuttgart 1983.
Houlgate, Stephen (1998): Absolute Knowing Revisited. In: The Owl of Minerva 30. S. 51–67.
Huddleston, Andrew (2014): Hegel on Comedy: Theodicy, Social Criticism, and the Supreme Task of Art. In: British Journal of Aesthetics 54. S. 227–240.
Hutchings, Kimberly (2003): Hegel and Feminist Philosophy, Cambridge/MA.
Hutchings, Kimberly / Pulkkinem, Tuija (Hrsg.) (2010): Hegel's Philosophy and Feminist Thought: Beyond Antigone? New York.
Kojève, Alexandre (1975): Hegel. Eine Vergegenwärtigung seines Denkens. Frankfurt a. M.
Lumsden, Simon (1998): Absolute Knowing, in: The Owl of Minerva 30, S. 3–32.
McDowell, John (2009): The Apperceptive I and the Empirical Self. Towards a Heterodox Reading of »Lordship and Bondage« in Hegel's Phenomenology. In: J. McD.: Having the World in View. Essay on Kant, Hegel and Sellars. Cambridge/MA. S. 147–165.
Menke, Christoph (1996): Die Tragödie im Sittlichen. Frankfurt a. M.
Mills, Patricia Jagentowicz (1996): Feminist Interpretations of G. W. F. Hegel. University Park / PA.
Pinkard, Terry (2013): Hegel's Naturalism. Oxford.
Pippin, Robert B. (2011): Hegel on Self-Consciousness: Desire and Death in the »Phenomenology of Spirit«. Princeton.
– (1989): Hegel's Idealism: The Satisfactions of Self-Consciousness. New York.
– (1991): Modernism as a Philosophical Problem: on the Dissatisfactions of European High Culture. Cambridge/MA.
Redding, Paul (2007): Analytic Philosophy and the Return of Hegelian Thought. Cambridge/MA.
Sedgwick, Sally (2012): Hegel's Critique of Kant. Oxford.

Sonstige Literatur

Adorno, Theodor W. (2003): Minima Moralia: Reflexionen aus dem beschädigten Leben. In: T. W. A.: Gesammelte Schriften. Hrsg. von Rolf Tiedemann / Gretel Adorno. Bd. 4. Frankfurt a. M.

Aristoteles (1989): Metaphysik. Hamburg.

Austin, John L. (2002): Zur Theorie der Sprechakte. 2., bibliogr. erg. Ausg. Stuttgart [u. ö.].

Derrida, Jacques (1999): Signatur. Ereignis. Kontext. In: J. D.: Randgänge der Philosophie. Wien. S. 325–351.

Descartes, René (1986): Meditationes de Prima Philosophia. Stuttgart.

Fichte, Johann Gottlieb (1971): Fichtes Werke. Berlin.

Förster, Eckart (2012): Die 25 Jahre der Philosophie: eine systematische Rekonstruktion. Frankfurt a. M.

Gadamer, Hans-Georg (⁶1990): Wahrheit und Methode. Grundzüge einer philosophischen Hermeneutik. Tübingen.

Habermas, Jürgen (1992): Die Einheit der Vernunft in der Vielfalt ihrer Stimmen. In: J. H.: Nachmetaphysisches Denken: philosophische Aufsätze. Frankfurt a. M. S. 153–186.

Heidegger, Martin (1990): Sein und Zeit. 17. Aufl. Tübingen.

Herder, Johann Gottfried (1986): Abhandlung über den Ursprung der Sprache. Stuttgart.

Hobbes, Thomas (1970): Leviathan. Stuttgart.

Horkheimer, Max / Adorno, Theodor W. (1969): Dialektik der Aufklärung: philosophische Fragmente. Frankfurt a. M.

Hume, David (1986): Eine Untersuchung über den menschlichen Verstand. Stuttgart.

Kant, Immanuel (1986): Kritik der reinen Vernunft. Stuttgart.

Kant, Immanuel (1977): Werkausgabe in 12 Bänden. Hrsg. von Wilhelm Weischedel. Frankfurt a. M.

Lacan, Jacques (1986): Die Ausrichtung der Kur und die Prinzipien ihrer Macht. In: Schriften I. Weinheim. S. 171–239.

Locke, John (1988): Untersuchung über den menschlichen Verstand. Hamburg.

Merleau-Ponty, Maurice ([19]1974): Phänomenologie der Wahrnehmung. Berlin.

Neuhouser, Frederick (2012): Pathologien der Selbstliebe: Freiheit und Anerkennung bei Rousseau. Berlin.
Nietzsche, Friedrich (1988): Kritische Studienausgabe in 15 Bänden. Hrsg. von Giorgio Colli / Mazzino Montinari. München / Berlin / New York.
Rousseau, Jean-Jacques (1998): Abhandlung über den Ursprung und die Grundlagen der Ungleichheit unter den Menschen. Stuttgart.
– (1986): Vom Gesellschaftsvertrag. Stuttgart.
Ryle, Gilbert (1969): Der Begriff des Geistes. Stuttgart.
Schelling, Friedrich Wilhelm Joseph (1985): Ausgewählte Schriften. Frankfurt a. M.